사례로 배우는
심리상담의 실제

Case Approach to Counseling and Psychotherapy

최명식 · 이경아 · 허재홍 · 박원주 · 신혜린 · 김민정 · 심은정 · 양현정 · 신주연 · 유나현 공저

📋 머리말

　이 책은 상담을 공부하기 시작할 때 만난 동문들이 모여서 만든 책입니다. 그동안 대학원을 다니면서, 또는 스터디 모임을 통해 공부하면서 많은 책을 보았지만 그 책들을 볼 때마다 느끼는 아쉬움이 있었습니다. 특히 저자들은 학부 수준에서 볼 수 있는 책이면서 사례를 중심으로 상담의 과정을 훑어볼 수 있는 책이 필요함에 공감했습니다. 기존의 교재나 상담 관련 교육 책들은 상담이론만을 나열하여 소개하거나, 상담과정을 설명하더라도 이론적인 면에 치중하여 상담 실제 사례를 통해 상담과정을 설명하는 책은 찾아보기 힘든 실정이었습니다. 번역서에 수록된 사례들은 번역투이거나 문화적으로 괴리가 있는 부분이 있어 우리말의 자연스러운 어투와 문화적으로 이질적이지 않은 내용의 사례를 가지고 상담의 과정을 살펴보면 좋겠다는 공통의 인식이 있었습니다. 이러한 인식하에 바로 이 책을 집필하게 되었습니다. 따라서 이 책에서는 사례를 이해하기 위해 꼭 필요한 이론적인 내용을 정의 중심으로 설명하고, 그 내용이 사례에서 어떻게 나타나는지 또는 사례를 어떻게 이해할 수 있는지를 설명하는 데 중점을 두었습니다.

　이 책을 만들기 위해 상담의 과정 중에 초기, 중기, 종결의 시기에서 가장 전형적인 과정들을 추렸습니다. 그다음으로는 각 과정에 맞추어 설명할 수 있는 사례를 구성하기 위해 애썼습니다. 사례는 실제 사례보다 가상의 사례를 만들어 사용하기로 하였습니다. 상담장면에서 만날 개연성이 높은 성인집단 중 대학생과 주부를 가정하고, 그동안의 상담경험에 비추어 충분히 있을 법한 내용과 면담의 과정을 토의하여 만들어 냈습니다. 책에 쓰인 축어록도 가상의 면담 내용을 담은 것입니다. 따라서 이 책에서 사용한 사례의 내용은 실제 상담사례가 아니며, 저자들이 각자의 경험을 토대로 있을 법한 사례를 만들었다는 점을 다시 한번 밝혀 둡니다.

　가상 사례를 만드는 작업에는 저자들이 모두 참여하여 두 팀으로 나뉘어 대학생 사례와 40대 여성 사례를 만들었습니다. 그리고 '제1장 상담신청 및 접수'는 허재홍, '제2장 상담구조화, 상담관계 수립, 주호소문제'는 이경아, '제3장 내담자 문제 이해를 위한 탐색'은 유나현, '제4장 사례개념화'는 최명식, '제5장 목표 설정'은 김민정, '제6장 저항'은 양현정, '제7장 변화를 위한 인지적 개입'은 심은정, '제8장 변화를 위한 정서적 개입'은 박원주, 유나현, 최명식, 허재홍, '제9장 변화를 위한 행동적 개입'은 신주연, 김민정, 심은정, '제10장 위기개입, 자문과 슈퍼비전, 의뢰'는 신혜린, 이경아, 양현정, '제11장 상담관계의 치료적 활용'은 박원주, '제12장 종결'은 신주연, 신혜린이 담당하여 저술하였습니다.

　이 책은 앞에서도 설명하였듯이 학부나 대학원에서 실제 사례를 통해 상담과정을 이해하고자 하는 사람들에게 유용할 것입니다. 일관되게 기술된 가상의 사례를 따라가며 이론에서 배우는 내용들이 실제 사례에서 나타나는 양상을 학습하기에 좋은 책입니다.

상담이라는 전문적인 활동은 책으로만 학습할 수 있는 활동이 아니기에 이론적인 학습 외에 실습과 지도를 통한 학습도 많이 필요합니다. 그럼에도 이전의 많은 상담자들이 책을 통해 상담의 실제를 담고자 노력해 왔습니다. 저자들 또한 그러한 노력의 일환으로 이 책을 만들었습니다. 여러 사람이 함께하며 서로 상의하고 모여서 작업하는 일이 많아 생각한 것보다 시간도 오래 걸리고 노력도 그만큼 많이 들었습니다. 때로 지지부진할 때 일을 진척시키고자 활력을 불어넣는 사람도 있었고, 빨리하도록 격려해 주는 사람도 있었습니다. 이렇게 서로가 서로를 격려하고 지지하며 각자의 경험과 지식과 노력을 이 책 안에 녹여 내고자 하였습니다. 저자들 모두 서로에게 애쓰고 수고했다는 말을 전해 주고 싶을 것이라고 생각합니다. 저자들을 대표하여 각 저자에게 수고하고 애쓴 데 대해 감사의 마음을 담아 박수를 보냅니다. 마지막으로 이 책이 상담을 공부하는 사람들에게 좋은 길잡이가 되길 기대합니다.

저자 대표 최명식

📋 차례

사례 소개

머리말에서 밝힌 바와 같이 이 책에서는 상담이 진행되면서 무슨 일이 일어나는지, 그리고 상담자가 무엇을 해야 하는지 설명하고 있습니다. 상담과정을 이해하기 위해서 이 책에서는 두 사례를 제시합니다.

〈사례 1〉에서는 행정고시 실패 후 진로문제로 어려움을 겪으면서 상담을 받게 된 대학생 내담자 사례를 소개합니다. 〈사례 2〉에서는 불면증과 답답함 등의 신체 증상으로 상담을 받게 된 40대 여성 내담자 사례를 소개합니다.

사례에 들어가기에 앞서 상담자들이 흔히 사용하는 '회기'에 대해 검토해 보고자 합니다. session을 '회기'로 번역하여 사용하고 있는데, 회기를 한자로 보면 가능한 조합은 回忌, 回期, 會期입니다. 각 단어의 의미는 다음과 같습니다.

- 回忌: 사람이 죽은 뒤 해마다 돌아오는 그 달. 그 날의 기일
- 回期: 돌아올 시기
- 會期: 1. 개회로부터 폐회까지의 기간, 2. 회합하는 시기

이렇게 보면 마지막 단어가 가장 유력한데, 국립국어원에 따르면 會期에는 반복된다는 의미가 없어서 해당되지 않습니다.[1] 따라

서 무심코 쓰는 회기라는 말은 잘못된 표현이라는 것을 알 수 있습니다. 국립국어원에 따르면 총 횟수를 나타내려면 '회'만 써야 하고 그 횟수에 해당하는 '시기'의 뜻을 나타내려면 '회차'를 쓰는 것이 올바르다고 합니다.[2] 올바른 표현의 예는 다음과 같습니다. '나는 총 10회 상담을 하였다. 1회차 상담에서는 내담자와 어머니를 함께 상담하였고 2회차 상담부터는 내담자만 상담하였다.'

이런 근거로 이 책에서는 '회기'라는 표현은 사용하지 않고 '회' 또는 '회차'를 써서 표현하기로 합니다.

1) 국립국어원 홈페이지 참조(http://www.korean.go.kr/front/onlineQna/online QnaView.do?mn_id=60&qna_seq=38661&pageIndex=1).

2) 국립국어원 홈페이지 참조(http://www.korean.go.kr/front/onlineQna/online QnaView.do?mn_id=60&qna_seq=63734&pageIndex=1).

사례 1

1. 내담자 인적 사항

내담자는 만 23세 남자로 현재 4년제 대학에 재학 중이며 역사학을 전공하고 있다. 2학년을 마친 후 1년간 휴학했으며, 내담자가 상담실을 찾았을 때는 3학년 1학기였다. 군복무는 마친 상태이다.

2. 이전 상담경험 및 상담신청경위

교내 상담센터에서 상담을 받을 수 있다는 사실은 전단지나 홈페이지를 통해 알고 있었으나 상담센터에 오는 것이 내키지 않았다고 하였다. 행정고시 1차 발표 이후 진로문제로 학과 지도교수와 면담하던 중 지도교수가 상담센터로 의뢰하여 상담센터를 방문하게 되었다.

3. 호소문제(내담자 보고)

1) 진로 고민

학교에 다니면서 행정고시를 준비하다가 본격적으로 해 보려고 휴학을 하고 고시를 준비했다. 하지만 최근 1차에서 불합격하고 난 후 마음이 잡히지 않는다. 행정고시를 더 준비해야 할지 말아야 할지 모르겠다.

2) 수면문제

잠을 못 잔다. 잠드는 것이 어렵다. 뭐라도 해야 하니까 빨리 눕지도 못하고 새벽 1시쯤 눕지만 3시쯤까지 뒤척인다. 아침 7시에 어머니가 깨우지만 못 일어난다. 눈 뜨면 9시, 10시이고 늘 피곤하다.

3) 집중문제

행정고시를 준비할 때도 집중이 잘 안되어 공부가 안됐다. 앉아 있으면 불안하고 딴생각만 든다. 책 펴 놓고 1시간 동안 두 페이지도 못 넘어간 적이 많았다. 학과 공부도 집중이 잘 안된다.

4. 인상 및 행동 관찰

키는 평균 정도이고 다소 마른 체형이다. 상담센터를 처음 방문했을 때 얼굴은 피곤해 보였으며 무거운 가방을 메고 느린 걸음으로 상담센터로 들어왔다. 복장은 깔끔한 캐주얼 차림이었다. 면담할 때는 다소 작은 목소리로 말끝을 흐리는 경향이 있었고, 표정 변화는 많지 않았다. 상담 횟수가 늘어가면서 목소리가 커지고 말을 분명하게 끝맺었으며 다양한 표정이 나타났다. 시선을 맞추는 것은 양호하였다.

5. 가족관계

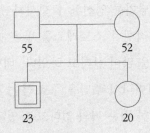

• 아버지(만 55세, 자영업, 대졸)

내담자 표현으로는 착하고 성실하다고 하였다. 젊은 시절, 한 중소기업에 입사하여 같은 직장을 20여 년간 다녔으나 내담자가 고2 때 회사가 어려워지면서 명예퇴직하였다. 현재는 자재를 납품하는 작은 회사를 운영하고 있으나 어려움이 많다고 한다. 물려받은 것 없이 스스로 등록금을 마련해서 학교를 다니는 등 억척같은 면이 있고 내담자는 아버지의 그런 면을 존경한다고 하였다.

20여 년간 다니던 회사를 퇴직할 때 "사는 거 녹록치 않다. 먹고 살 길 막막해지는 거 한 순간이다."라는 말을 자주 했다고 한다. 자식들에게는 비난하는 말과 평가하는 말을 하는 경우가 있고 직설적인 말투이다. 술을 마시면 내담자에게 큰 기대를 표현하지만 평소에는 주로 한숨을 많이 쉬는 편인데, 내담자는 아버지의 한숨을 내담자 자신에 대한 답답함의 표현으로 받아들인다고 하였다.

• 어머니(만 52세, 고졸)

내담자에 의하면 어머니는 불안하고 걱정이 많으며 이를 여과 없이 표현하는 편이라고 한다. 내담자는 어머니에 대해 '착하'고, '좋다'고 표현하였다. 25세에 결혼하여 29세에 내담자를 출산하였다. 아버지가 근무하던 회사의 경리 부서에서 일하다 아버지와 결혼하였고 결혼 후 내담자를 임신한 후 퇴사하였다.

성격은 밝고 외향적이나 스트레스를 받을 때는 내담자나 동생 앞에서 푸념과 한탄을 많이 한다고 하였다. 내담자는 어머니와 얘기는 많이 하지만 어머니의 푸념을 주로 듣는 편이고, 어머니에게 자신의 속 이야기를 한 적은 거의 없다고 하였다. 어머니는 종교가 기독교인데 내담자의 고시 합격이 기도 제목이라고 하였다.

• 여동생(만 20세, 전문대학교 재학)

보건계열의 전공을 하고 있으며 내담자가 볼 때 진로가 확실해 보인다고 하였다. 성격은 밝고 내담자와 관계는 좋다고 보고하였다. 내담자가 보기에 동생이 공부를 잘하지는 못하는데 아버지의 관심과 애정을 더 많이 받는 것 같다고 하였다.

6. 심리검사 결과

1) MMPI-2

F	L	K	S	Hs	D	Hy	Pd	Mf	Pa	Pt	Sc	Ma	Si
56	47	41	55	53	63	52	48	56	50	61	43	40	56

2) HOLLAND 진로탐색검사: ICS

7. 내담자 문제 이해

1) 발달사 및 성장배경

내담자의 보고에 따르면 내담자는 집안의 첫 손자로 환영과 기대 속에 태어났다고 한다. 5살 때 한글을 빨리 깨친 것에 대해 부모님이 늘 자랑스러워하며 '뭘 해도 할 놈'이라고 기대를 많이 했다고 한다. 그렇지만 내담자의 정서에 대해서는 관심을 기울이지 않는 편이었는데, 유치원 때 친구와 다툼이 있거나 하면 어머니는 늘 '너가 너무 예민하다. 친구들끼리 그럴 수도 있는 거다.'라고 하면서 내담자의 마음을 이해해 주지 않았다고 한다. 또한 행동이 빠르지 못하고 친구와 잘 어울리지 않는 내담자를 어머니는 답답해하면서 항상 채근하였다고 한다.

초등학교에 들어가서는 공부를 잘했고 이 덕분에 친구도 있었고 담임선생님의 관심도 많이 받으면서 학교생활은 괜찮았다고 한다. 동네에서는 아버지가 '한 자리 할 놈'이라고 말하고 다녔다고 하고 늘 내담자를 자랑스러워했다고 하였다. 초등학교 4학년 때 집안 사정으로 다른 지역으로 이사하였고 중학교 1학년 때도 이사한 일이 있었는데 이사할 때마다 새 학교에 적응하는 것이 어려웠던 기억이 있다. 전학 가서 친구를 잘 사귀지 못하는 내담자를 어머니는 답답해하면서 '왜 이렇게 예민하냐'고 했으며 이때 내담자는 많이 위축되었다고 하였다.

고등학교 입학하면서 가정형편이 더 어려워졌고 공부에 집중도 안되면서 성적이 다소 떨어졌다. 그래도 성적은 상위권을 유지했지만, 고2 때 아버지가 명예퇴직하는 등 가정형편이 급격히 악화되면서 성적이 들쭉날쭉하였다. 수능 때는 평소보다 성적이 안 나왔고 재수도 하고 싶었으나 집안 형편 때문에 말도 못했다고 한다. 아버지는 퇴직 후 말수가 줄어들었고 술을 마시는 날이 많았다. 술만 마시면 나오는 얘기가 '너가 잘 돼야 한다. 너가 우리 집안을 일으켜야 한다.'는 말이었다. 어머니는 어려워진 가정형편과 술만 마시는 아버지에 대한 불만을 내담자에게 얘기하면서 '너가 잘 되면 내가 어깨 펴고 다닌다.'라는 말을 수시로 하였다.

2) 내담자의 심리사회적 특성

내담자는 예민한 기질로 조용하고 걱정이 많은 편이다. 1년간 휴학하면서 고시에만 집중하였으나 실패했고, 3월에 복학해서 학과 공부에 집중하고자 하였으나 이 역시 잘 되지 않아 불안감이 고조된 상태이다. 현재 학점은 3.16이라고 보고하면서 자신의 기대에 부합하지 않는 매우 낮은 수준이라고 지각하고 있다.

내담자의 부적응적 패턴을 살펴보면, 인지적으로는 다소 파국적인 부정적 사고를 보였다. 내담자가 가장 두려워하는 것은 성공하지 못해서 부모님을 실망시키고 가난하고 주위에 아무도 없게 되는 상태이다. 자신이 집안을 대표하는 사람으로 자기가 잘 되지 않으면 집안에 수치심을 가져온다고 생각하고 있다. 학업적으로 성공해야만 관계가 유지될 것이라는 믿음이 있으며, 시험을 못 보면 학점이 안 좋고 그래서 성공하지 못하면 자신을 찾는 사람이 없을 것이고, 결국 외롭고 쓸쓸하게 죽을 것이라는 파국적 사고를 갖고 있다. 정서적인 면에서는 자신에 대한 다소 우울하고 불안한 정서를 보이고 있으며, 고시 실패에 대한 죄책감과 성공하지 못하고 있는 자신을 향한 분노를 가지고 있다. 더불어 자신에게 기대하는 부모님에 대한 미안함과 죄책감도 경험하고 있다. 행동적으로는 스트레스를 받으면 전전긍긍하면서 계속 붙잡고 있으며, 스트레스가 고조되면 회피하고 생각하지 않으려 게임을 한번 하고 떨치려 하는 패턴이 나타난다.

　　대인관계 측면에서는 소수의 친한 친구는 있지만 남이 다가올 때까지 기다리거나 의사표현이나 감정표현을 못하는 등 수동적이고 소극적인 양상을 보인다. 불안이나 압박이 심해지면 어머니에게 자잘한 짜증을 내기도 하지만 스스로 의식하고 있진 못한 상태이다. 다른 사람의 평가에 민감하다. 교내에 같이 밥을 먹을 사람이 없고 학과 활동이나 동아리 활동을 하지 않아서 교내에 아는 사람이 별로 없다.

8. 상담내용

회차	상담내용
1회차	[상담구조화, 호소문제, 라포 형성] 대입에서 좌절했지만, 고시로 회복해 보겠다는 의지가 있었음. 그러나 잡생각과 불안으로 집중하지 못했고 1차 시험에서 실패함. 부모님은 "공무원이 최고다." "어서 너가 자리를 잡아야 한다."는 얘기를 빈번하게 하심. (상담에서 얻고 싶은 것은?) 집중해서 공부를 잘하는 것임. 고시를 계속해야 할지 어떻게 해야 할지 답을 빨리 찾고 싶음. 고시가 안되면 취업을 해야 하는데 이렇게 집중이 안되면 학점도 잘 안 나오는데 걱정됨. 학점이 3.5는 넘어야 할 것 같음. 상담자 평가: 자살사고 없음. 학대 및 외상 경험 없음. 가족 및 드물게 연락하는 친구들이 지지체계임.
2회차	[내담자 탐색: 가족 탐색, 발달사] 아버지가 다시 시험 공부해야 하지 않냐, 다음에는 반드시 될 테니 기죽지 말라고 말씀하셨음. 어떻게 해야 할지 막막함. 어머니도 뒷바라지 열심히 해 주시는데 나만 잘하면 되는데 한심하고 스스로에게 화가 남. 동생은 진로가 분명하고 애교가 많아서 사랑을 많이 받음.

3회차	[사례개념화] 어릴 때부터 공부를 잘 하는 편이어서 부모님의 기대가 매우 컸음. 그러나 가정형편이 악화되면서 부담감이 커졌고 성적이 들쑥날쑥해짐. 아버지 퇴직 후 고시에 대한 기대가 더욱 커진 상태이며 어머니의 한탄과 푸념을 들을 때마다 미안함이 커짐. 잘 하고 싶지만 마음대로 되지 않는 것에 대해 화도 나고 답답함.
4회차	[목표 설정] 수면과 집중력 문제가 감소되고 진로를 확실히 정하고 싶음. 고시를 할지 말지 빨리 정하고 좀 집중해서 공부할 수 있으면 좋겠음. (진로에 대한 유연한 사고도 필요해 보인다) 진로를 급하게 정해야 한다고 생각했는데 진로에 대해 천천히 돌아보고 싶다는 생각이 듦.
5회차	[저항] 아버지가 친구 아들이 대기업에 취업했다며 빨리 고시공부를 다시 시작하라고 역정을 내심. (그때 마음은 어땠나?) 속 얘기 많이 하는 거 부담스러움. 나를 어떻게 볼까 염려됨. 상담에서 감정 얘기하다가 중요한 시간 다 버리고 있는 거 아닌지 염려됨. 상담이 원래 이런 건지 궁금함. 상담에서 진로에 대한 가이드를 줄 줄 알았는데 조급한 마음이 듦. 뭘 어떻게 해야 하는지 막막하고 답답함. 아버지의 말이 불편하고 나 스스로 진로를 결정할 여유를 주지 않는 것 같아 속상함.
6회차	[변화를 위한 개입] 진로에 대한 조급한 마음이 문제임. 고시도 안되고, 나이 많아서 직장도 못 구하고, 졸업도 못하고 가난하게 살다 길에서 죽게 될 것임. (최악을 걱정한다. 그런 생각이 어디서 온 것 같은지?) 아버지가 걱정이 많으심. (빨리 해결되지 않으면 어떨 것 같은지, 누가 빨리 하라고 했는지?) 아빠 목소리. 우리 집의 희망인데 못하면 부모님이 실망할 것임. 성공 못하면 집안이 다 망하는 것임.
슈퍼비전	내담자의 조바심에 상담자도 덩달아 조급해지고 내담자의 진로 선택에 대해 책임감과 죄책감을 느껴 슈퍼비전 받음.

7회차	[변화를 위한 개입] 학과 공부를 열심히 하고 싶은데 집중이 안 됨. 가슴이 벌렁거림. (지금 몸의 감각은?) 가슴이 답답하고 땀이 나고 숨이 가쁨. (그 감각이 무엇을 말하고 있는 것 같은지?) 잘 못하면 끝장임. 고시도 실패하면 사람들이 무시하고 실망할 것임. 최근에 학교 식당에서 가슴이 시린 느낌을 경험함. (그 느낌에 이름을 붙인다면?) 외로움. 공부만 하면 된다고, 사람은 방해만 될 뿐이라고 생각해 왔는데 사실 외로웠음.
8회차	[변화를 위한 개입] 고시를 하지 않기로 결정함. 아버지에게 고시 안한다고 말씀드려야 하는데 엄두가 나지 않음. (어떤 면에서 이야기하기 힘들었나?) 실망하실까 봐. -역할연습함- 다른 관계에서도 어떻게 다가가야 할지 연습해 보고 싶음.
9회차	[변화를 위한 개입: 훈습] 국가정책 연구소, 교사 등으로 일하는 선배들이 와서 어울리는 기회가 마련됨. 학과 교수님과도 이야기를 많이 함. 전공 학문에 흥미 느낌. 조금 더 전공 공부를 해 보고 경험해 보면서 진로에 대해 생각해 보는 시간을 가지고 싶음.
10회차	[상담자-내담자 관계] 상담에서 별로 할 이야기가 없음. 사실 잘된 것만 이야기해야 할 것 같음. 그리고 오늘은 과 행사가 있어서 20분 있다가 가야 함. 상담 약속을 바꾸면 책임감 없어 보일까 봐 조정을 요청하지 못함. 부모님께도 실망감을 주거나 기대에 부응하지 못할까 봐 걱정을 많이 함. 지난번에 선생님을 학생식당에서 뵈었는데 저를 몰라보신 것 같아서 서운했음. (어떤 생각 들었나?) 내가 그렇게 중요한 사람은 아니구나 생각함.

11회차	[평가, 계획(미해결 과제)] (종결까지 2회차 정도 남음. 어떤 이야기를 해왔는지 정리해 보자.) 고시를 안 하기로 결정해서 마음이 편하고 학교 오는 부담이 줄었음. 아버지가 내 걱정과 달리 고시에 재도전하지 않는 것을 받아들여 주심. (수면은 어떤지?) 많이 나아졌음. 상담에서 배운 기법으로 많이 대처할 수 있음. 진로가 너무 열려 있어서 여전히 불안하고 불편함. 아직도 고시에 미련 남음. 고시 합격생 만나면 그날은 마음이 불편함. 나만 포기한 것 같고 실패자 같고. 성공한 선배와의 대화나 조모임에서도 고시 생각하는 후배들을 보면 내가 패배자 같음. 괜히 포기한 건 아닐까 하는 생각도 있음.
12회차	[종결에 대한 저항(의존 욕구, 불안)] 종결하면 다시 예전으로 돌아갈 것 같아 불안함. (상담이 어떻게 도움이 되었나?) 내 이야기하면서 정리되고 지지받는 경험이었음. 종결하면 주변 사람들에게 그런 것을 받을 수 있을 것이라는 생각이 듦. 진로와 관련해서는 진로를 결정해야만 한다는 부담을 갖기보다는 해 보고 싶은 것과 할 수 있는 것을 탐색하고 실천하는 것의 중요성을 받아들이기 시작함.
13회차	[종결] 이번 학기 학점이 3.8로 나옴. 이번 학기가 힘들었던 것을 고려하면 만족스러움. 남은 여름방학 계획으로 아르바이트도 해 보고 여행도 가 볼 생각임. 그리고 전공 학술제 준비에 아는 형이 도와달라고 해서 함께 준비하기로 함. (상담에서 도움이 된 점은?) 나의 감정 등 해 보지 않았던 얘기를 처음 해서 때론 어려웠지만 새로웠고 마음이 홀가분해짐. 말하면서 내 생각이 분명해지는 것이 좋았음. (이번 상담에서 더 다루고 싶었던 것이 있다면?) 대인관계를 더 잘하고 싶은데 어떻게 해야 할지 고민됨. 방학 중 진행될 대인관계 집단상담 추천함. 필요시 본 상담센터에서 개인상담 진행이 가능함을 안내함.

사례 2

1. 내담자 인적 사항

내담자는 만 47세 여성으로 전업주부이다. 고등학교 졸업 후 대학을 포기하고 회사에 취업하였으며, 회사에서 현재 남편을 만났다. 첫 아이 임신 후 회사를 그만 두고 육아에만 전념하고 있다.

2. 이전 상담경험 및 상담신청경위

내담자의 아들이 심리상담을 받게 되면서 내담자 또한 부모상담을 받게 되었다. 부모상담 중 상담자가 내담자에게 개인상담을 권유하게 되었고, 내담자 또한 평소 느껴 오던 어려움을 해결하고 싶은 마음에 상담을 시작하게 되었다. 이전 상담경험은 없다.

3. 호소문제

1) 아들 양육의 어려움

아들이 초등학교 고학년부터 말과 행동이 거칠어지고 또래들과도 종종 시비가 붙었으며, 공부 얘기만 하면 화를 내고, 학원에도 간다고 하고 안 간 적도 종종 있어 양육하기가 어렵다. 남편은 아들 문제에 별로 신경을 안 쓰다가 한번 관여하면 심하게 혼내는 편이고 아들과 게임 문제로 크게 부딪힌 적이 몇 번 있었다.

2) 남편 및 시댁과의 관계

집의 형편이 좋지 못한데 첫째 아들도 아닌 남편이 시댁 일을 책임지는데도(시아버지의 빚보증을 서서 우리 가족이 돈을 모을 수 없는 상황, 아주버니는 고위직 공무원이지만 시가의 일에 모르쇠 함) 시부모님이 시아주버니 댁만 위하고 우리 집은 뒷전으로 생각하여 화가 난다.

3) 신체 증상

숨 쉴 때 가슴에 뭔가 꽉 차고 큰 돌덩이를 얹어 놓은 거 같다. 너무 아픈데 아무도 이해해 주지 않는다. 어쩌다 한번씩 확 아플 땐 정신이 없다. 암은 아닐지, 갑자기 쓰러져 버리는 건 아닌지 정말 두렵고 불면증이 있다.

4. 인상 및 행동 관찰

초기에 내담자는 매주 상담시간에 늦지 않고 미리 와서 기다리며 상담자의 말을 잘 기억해 두었다가 집에 돌아가서 실제로 적용해 보려고 노력하는 등 '좋은 내담자' 역할을 하는 모습을 보였다. 상담자의 정서적 지지에 많은 힘을 얻는 듯하였고 상담자에게 상당히 의지하며 기대는 모습을 보였다.

5. 가족관계

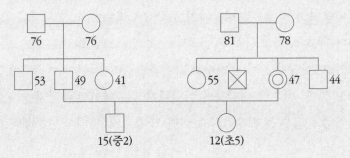

1) 친가 가족관계

• 아버지(81세, 현재 무직, 고졸)

내담자의 표현으로는 말이 별로 없고 고집이 세며, 내담자의 성장 시기에 아버지가 사업에 실패하여 경제적으로 어려웠다고 한다. 그리고 바람을 피워 집안에 풍파를 일으킨 적도 있었다고 하였다.

• 어머니(78세, 주부, 중졸)

내담자에 의하면 몸이 약했고 이로 인해 짜증이 있었다고 한다. 내담자보다 두 살 많았던 내담자의 오빠가 내담자가 세 살 때 사고로 죽었는데 이 사건 이후 어머니는 몸이 더 안 좋아졌고, 무기력해졌다고 하였다.

• 언니(55세, 회사원, 대졸)

언니는 일찍이 상경하여 스스로 돈을 모아 공부하는 등 부지런하다고 하였다. 내담자와는 나이 차가 많아 소원하였으며, 내담자에게 별 영향을 주지 않았다고 하였다.

- 오빠(내담자가 3세 때 사망)

내담자의 기억으로 내담자가 3세 때 오빠는 사고로 사망했다고
한다. 오빠의 사고 당시 온 가족이 오빠의 사고 처리로 아무도 집에
없었고, 내담자 혼자 남겨져서 자신을 돌보던 사람이 아무도 없었
다고 한다. 이후에 내담자의 어머니가 우울해져서 내담자를 보살
피거나 관심을 갖고 대하지 못했던 거 같고, 내담자의 남동생이 태
어난 이후에는 관심과 애정이 막내인 남동생에게로 갔다고 한다.

- 남동생(44세, 기계설비업, 전문대졸)

내담자가 보기에 남동생은 막내여서 그런지 베푸려는 마음은 없
고 받기만 하려고 한다고 한다. 어렸을 때 아버지와 친할머니가 아
들에 대한 기대가 많았는데, 첫째 아들인 오빠가 사고로 죽어 두 분
의 상심이 컸었던 것 같다고 한다. 그러다 남동생이 태어나자 가족
들의 관심이 온통 남동생에게만 갔다고 하였다. 내담자의 어머니
가 몸이 안 좋아 내담자가 남동생을 돌봐야 했는데 내담자가 남동
생을 돌볼 때 어머니에게 칭찬을 받았으나 속으로는 집안일이 너
무 힘들다는 느낌이었고 동생을 많이 질투했다고 하였다.

2) 시댁 가족관계

- 시아버지(76세, 무직, 고졸)

사업을 했고 초창기에는 번창하였으나 거듭된 실패로 내담자가
결혼할 당시에는 경제사정이 좋지 못했다. 그때 시아버지는 거의
매일 술을 마셨고, 자기중심적이며, 다른 가족이 있을 때도 시어머
니에게 험한 말을 서슴없이 하였고 화가 나면 물건을 던지거나 시
어머니를 때린 적도 있었다고 한다. 시아버지의 빚보증을 내담자

의 남편이 섰고, 그로 인해 남편이 그 빚을 갚고 있는 상황이라고 한다.

- 시어머니(76세, 주부, 고졸)

내담자에 의하면 시어머니는 마음이 따뜻한 편이나 시아버지를 무서워하고, 집에서 별로 영향력이 없다고 한다. 첫째 아들에 대한 기대가 많고, 첫째 아들을 좋아한다고 한다. 둘째 아들인 남편은 어머니가 아버지에게 맞는 것을 보았기 때문에 불쌍하게 여기는 마음도 있고 또 큰 아들만 좋아하는 데 대해 분노도 있다고 하였다.

- 시아주버니(53세, 고위공무원, 대졸)

시아주버니는 첫째 아들로서 기대를 한 몸에 받았고 대우를 받았다고 하였다. 명문대를 졸업했고 고시도 합격하여 고위직 공무원으로 재직하고 있다. 그러나 자기 가족만 챙기는 이기적인 모습으로 본가에 별 도움을 주지 않고 거리를 두고 살고 있다고 하였다. 시어머니는 성공한 큰아들을 자랑스러워하고 별 불만이 없다고 한다. 형님도 교사를 하고 있어 시어머니는 큰며느리를 오히려 어려워한다고 한다. 명절 때 형님이 제사 지낼 때만 왔다가 돈만 주고 바로 가고, 내담자는 이틀 전에 와서 장 보고 준비를 다 하지만 시어머니는 이를 인정하기보다 당연하게 여기는 듯하다고 하였다. 내담자는 아주버님 댁과 비교하게 되고 자꾸 열등감이 생기기도 하고 화가 나기도 한다고 한다. 하지만 이런 불만을 내담자가 남편에게 직접 이야기하는 것은 싫어한다.

3) 내담자 현재 가족

• 남편(49세, 건설업 현장 관리 및 영업, 대졸)

대학을 졸업하고 건설업 현장 관리 및 영업직을 하고 있다. 지방에 자주 가 있고, 보통은 일이 끝난 후 동료들과 어울리거나 거래처를 접대하느라고 술을 마시고 집에 늦게 들어오는 때가 많다고 한다. 남편은 집안일에 거의 무관심하고, 자녀들에 대해서도 무관심하지만 한번 화가 나거나 할 때 심하게 화를 내서 아이들이 무서워한다고 한다(예, 내담자의 아들이 초2 때 받아쓰기를 잘못했다고 따귀를 때린 적이 있음). 내담자에 의하면 남편과 싸우게 되는 것은 보통 시부모의 빚보증을 남편이 서서 이로 인해 금전적으로 나가지 않아도 될 돈이 계속 나가는 것에 대해 화가 날 때, 애들 건사하느라고 힘든데 남편은 술 마시고 집에 늦게 들어올 때, 그리고 시댁에서 인정을 받지 못하는 것에 대한 스트레스가 있을 때라고 한다.

• 아들(15세, 중2)

초등학교까지 내담자가 아들에게 공부에 대한 압박을 많이 주었다고 한다. 내담자는 공부를 못해서 대학을 못 간 데 대한 열등감이 있어 아들만큼은 좋은 대학에 입학시키겠다고 결심했다고 한다. 아들이 중학교에 입학하면서부터는 말도 듣지 않고 공부도 안할 뿐만 아니라 뭐라고 하는 등 대들기도 하였다.

• 딸(12세, 초5)

내담자 표현으로는 집에서 말썽을 피우지 않는 착한 딸이다. 때로는 내담자를 위로하여 기특하게 느껴지기도 한데, 그러다 보니 내담자가 시댁에 대한 불만이나 남편에 대한 불만을 딸에게 이야기하게 된다고 하였다.

6. 심리검사 결과

• MMPI-2 결과

F	L	K	S	Hs	D	Hy	Pd	Mf	Pa	Pt	Sc	Ma	Si
50	53	65	64	68	65	69	51	39	49	64	59	58	50

7. 내담자 문제 이해

1) 발달사 및 성장배경

내담자는 2남 2녀 중 둘째딸로 태어났으며, 아버지는 말이 없고 고집이 센 반면, 어머니는 유약하고 무기력해 보였다고 한다.

내담자가 세 살 때, 두 살 터울의 오빠가 사고로 사망하였다. 사고 당일 온 가족이 정신없이 바빴고 자신은 혼자 집에 남겨졌는데, 내담자는 이때 자신의 모습에 대해 뒷전으로 밀린 채 외롭고 쓸쓸했던 기억이 있다고 보고하였다. 오빠가 사망한 이후, 남동생이 태어나면서 집안의 유일한 아들이 된 남동생에게 부모와 조부모의 관심이 집중되었다고 한다. 내담자는 자신 또한 남동생처럼 관심을 받고 싶은 마음에 남동생을 돌보고 집안일을 하는 등 '착한 딸'로 살았지만, 늘 관심을 독차지하는 남동생에게는 종종 질투의 감정을 느끼기도 하였다. 내담자의 언니는 8살 위로, 나이 차이가 많이 나는 편이었기 때문에 가까워지기가 어려웠다고 하였다. 스스로 대학 진학을 포기하고 일찍부터 경제활동을 했던 내담자와는 달리, 언니는 자신의 힘으로 학비를 벌어 가며 대학을 졸업하였고,

현재도 회사생활을 한다고 한다.

남편은 내담자가 회사생활을 하던 중 만나게 되었으며, 원만하게 잘 살 수 있을 것 같아 쉽게 결혼을 결정한 편이었다. 그러나 내담자의 생각과는 달리 건설업 종사자인 남편은 지방출장이 잦아 집에 있는 시간이 적고, 집에 와서도 피곤하다며 내담자와 별로 시간을 보내지 않았다고 한다. 시댁 행사에 갈 때도 남편은 바쁘다며 못 가고 내담자만 혼자 일하러 가는 경우도 자주 있었고, 이때마다 내담자는 결혼생활에서도 뒷전인 느낌이 들었다고 하였다. 시댁에 가서는 별로 힘든 내색 없이 묵묵히 일했지만, 한편으로는 억울하고 부당한 대우를 받는 것 같다는 생각이 점점 더 많아졌다고 보고하였다.

내담자는 1남 1녀를 두었는데, 학교생활과 공부 문제로 유독 아들에게 잔소리와 간섭이 심한 편이라고 하였다. 이러한 모습에 대해 내담자는 자신이 대학에 진학하지 못한 콤플렉스가 있어서 아들의 공부로 보상받고 싶은 마음이 있는 것 아닌가 하는 생각이 들기도 했다고 하였다. 한편, 딸은 문제를 일으키는 아들과는 달리 '무엇이든 알아서 잘 한다.'고 하였다.

2) 내담자의 심리사회적 특성

내담자는 어려서부터 자신의 감정을 표현하고 자기주장을 하기보다 순응적이고 유순한 태도를 보여 왔다. 이를 통해 부모의 인정을 받기를 원했으나, 실제로는 제대로 인정받거나 관심을 받지는 못했다. 내담자는 인정 욕구의 좌절로 인해 생긴 분노를 주로 억압하는 편이었고, 자신의 감정을 표현하지 못하였으며, 상대의 요구를 거절하지 못하고 들어주는 등 소극적으로 대처해 왔다.

이러한 양상은 현재의 가족관계에서도 유사한 패턴으로 드러나고 있다. 현재 남편이나 시댁과의 관계에서 충실하게 자신의 역할을 하고 있지만, 그러한 노력에 무관심한 남편과 시댁에 서운함과 억울함, 화를 느끼고 있으며, 이를 직접적으로 표현하지 못하고 우울과 무기력, 신체 증상 등으로 나타내고 있다. 내담자는 이 같은 상황에서 자신을 '제대로 인정받지 못하고 감정을 솔직히 표현하지 못하는 미숙한 사람'으로 인식하고 있고 남편을 비롯한 주변인들을 '자신의 노력을 알아주지 않고 자신에게 관심이 없는 야속하고 무심한 사람들'로 인식하고 있다. 자녀들과 관계에서도 적절한 자기주장을 하지 못하여 아들에게 무시당하거나 눈치를 보며 따라가는 모습을 보이다가, 짜증을 내는 패턴이 반복되고 있다.

친가와 시댁을 제외한 대인관계에 대해서는 특별히 보고된 바가 없다. 현재 내담자가 겪는 어려움에 대해 초등학생인 딸에게 이야기하는 것을 제외하고는 편하게 이야기할 만한 대상은 없었다고 한다.

8. 상담내용

회차	상담내용
상담 의뢰 과정	[청소년 상담에서 내담자 상담으로 이어지는 과정] 내담자의 아들이 학교에서 친구와 다툼이 있었고, 이때 친구를 때려 친구가 크게 다쳤다. 다행히 학교폭력위원회에 가기 전에 피해 친구의 부모와 합의를 하였다. 평소에도 또래와 시비가 붙은 일이 종종 있었으나 이번에 크게 친구를 다치게 하는 사건이 터진 것이다. 체육시간에 축구 경기 중 내담자 아들의 실수로 경기에서 졌는데, "너 때문에 졌다!"는 말을 듣고 화가 나서 욱하는 마음에 공을 찼는데, 친구 얼굴에 공이 맞아 안경이 깨지면서 얼굴에 찰과상을 입게 되었다. 이 사건으로 선생님이 심리상담을 권유하여 아들의 심리상담을 시작하게 되었다. 내담자가 아들과 부모의 심리검사 결과에 대한 해석상담을 듣게 되었는데, 아들의 SCT, 가족화 그림에서 부모의 문제(아버지의 폭력적 태도, 엄마의 무력한 모습, 부부싸움)가 보다 명백히 드러났다. 내담자의 MMPI 검사 결과에서도 3-1-2 척도가 높이 나온 것에 대해 상담자가 해석을 해 주자, 내담자는 남편이 폭력적이고, 자신은 무기력하며, 아들은 아빠를 닮아 가는 것 같다고 호소하였다. 그리고 이러한 스트레스로 불면증이 생겨 힘들다는 이야기와 무엇보다 아들이 성장하면서 점점 더 아들을 양육하기가 힘들다는 이야기를 하였다. 이에 상담자가 상담을 권유하였다. 처음에 부부 모두에게 상담을 권유했으나 남편은 상담을 받지 않겠다고 하여 내담자만 상담을 받게 되었다.

1~2 회차	[상담구조화, 호소문제 듣기, 내담자 탐색-가족 탐색, 발달사] (내담자는 처음에 호소문제를 얘기할 때 주저하고 불안한 모습을 보일 때가 있었으며, 상담자가 내담자의 마음을 알아주고 마음을 편하게 해 주니 다시 이야기를 시작하였다.) 첫 번째 호소문제는 무력하게 느껴지고 어찌해야 할지를 몰라 우울하고 삶이 버겁다. 특히 아들의 문제 행동에 대해서 주변에는 도와주는 사람이 한 명도 없다. 남편은 별로 신경 쓰지 않지만, 한번 관여하면 세게 나가 도움이 안된다. 두 번째 문제는 시댁과의 문제인데 시댁에 많은 도움을 주지만 둘째인 남편과 나는 인정을 못 받는 것 같아 억울함이 쌓였다. 이러한 스트레스 때문인지 숨 쉴 때 가슴에 뭔가 꽉 차고 큰 돌덩이가 얹혀 있는 거 같다. 너무 아픈데 아무도 이해해 주지 않는다. 어쩌다 한 번씩 확 아플 땐 정말 정신이 없다.
	[목표 설정] 몸이 아프지 않았으면 좋겠고, 아이가 안정되기 위해서 나도 우울하지 않고 싶다. 아이랑도 잘 지내고 싶다.
3~5 회차	[라포 형성] (상담에서 내담자는 아들과의 대화의 어려움, 시댁과의 관계에서 피해의식 등의 이야기를 주로 하였으며 상담자는 내담자의 어려움을 공감하면서 이야기를 들었는데 상담자의 정서적 지지에 많은 힘을 얻는 듯하였다. 내담자는 '좋은 내담자' 역할을 하는 모습을 보였다. 예를 들면, 매주 상담시간에 늦지 않고 미리 와서 기다리며, 상담자의 말을 잘 기억해 두었다가 집에 돌아가서 실제로 적용해 보려고 노력하는 모습을 보였다. 상담자에게 대단히 의지하며 기대는 모습을 보였다.)

[사례개념화(호소문제와 내담자 이해)]

(상담자는 내담자의 가족관계와 호소문제를 통해 내담자의 현재 가족들과의 관계에서 드러나는 역동을 파악하며 이에 대해 내담자도 함께 이해하는 시간을 갖게 되었다. 내담자가 자신에 대해 완전히 이해를 하지는 못했지만 상담자가 파악한 내담자의 역동과 관련된 내용은 다음과 같다.)

1) 남편과의 관계에서 드러나는 역동
남편은 건설업 종사자로 지방출장이 잦아 함께 보내는 시간이 대단히 적으며 집에 와서도 피곤하다며 내담자와 별로 시간을 보내지 않았다. 시댁 행사에 갈 때도 남편은 바쁘다며 못 가고 내담자만 혼자 일하러 가는 경우도 종종 발생하였다. 이럴 때 여전히 결혼생활에서도 뒷전인 느낌이 든다. 자기주장을 못하고 내 것을 못 챙기고 있었다. 부당한 대우를 받아도 그것에 대한 주장을 하지 않았고 대신 불평과 짜증을 내기만 하였다. (상담자가 보기에 내담자는 남편과의 관계에서 자기 존재가 뒷전으로 밀린 느낌을 갖고 있으며, 이러한 불편감으로 인하여 불평과 짜증을 표현하지만 금방 불안이 올라와서 결국 적절한 자기주장을 못하거나 자기주장을 한 후에도 금방 철회하는 경향이 있었다. 이는 친정어머니에 대한 감정을 남편에게 비슷한 모습으로 '동일시'하고 있었던 것으로 보인다.)

6~15
회차

2) 자녀와의 관계에서 드러나는 역동
• 엄마로서 자기주장을 못하니까 아들로부터 무시당하는 일들이 발생하였다. 내쳐지는 것을 두려워하기 때문에 아들한테 따라가는 모습을 보였다. 아들에게 한계를 정해 주거나 적절한 의사소통을 하기보다는 짜증을 내는 방식을 사용했고 이 감정이 남동생을 돌볼 때 느꼈던 감정 같다. (상담자가 보기에 내담자가 아들에게 비일관적이고 적절한 훈육을 하지 못했던 것 같고, 무기력하게 적절한 한계 설정을 하지 못했던 것 같다. 그리고 아들에게 휘둘리고 따라가다가 임계치에 다다르면 적절한 훈육이 아닌 짜증을 폭발하는 식으로 드러낸 것으로 이해가 된다. 내담자가 적절한 부모-자녀 한계를 설정하지 못하는 모습은 친정 남동생에 대한 감정이 아들에게 반복되고 있을 가능성이 보인다.)

	• 딸에 대해 안쓰럽게 여겨지기도 하지만 나처럼 자신의 욕구를 억압해야 한다는 메시지를 보내기도 했던 거 같다. 딸은 마음고생하는 엄마를 지켜보면서 알아서 잘 하는 스타일이다. (상담자가 보기에 내담자의 딸에게는 자신의 모습을 투사하고 있는 것 같다.)
16~20 회차	(내담자는 자신의 대화 패턴을 깨달아 갔다. 자신이 이해받지 못하거나 인정받지 못한 상황에 대해 억울함을 느끼고 있으나 이해받기 위해 자기의 감정이나 욕구를 표현하지 못하고 짜증이나 화, 침묵으로 표현하고 있었다는 점을 이해하게 되었다. 그리하여 상대방이 자신이 원하는 것을 잘 모른다는 것에 대한 인식을 점점 깨달아 나가기 시작하였다.)
21회차	[저항, 전이] (상담자 일정 변경으로 상담을 한 주 쉬게 되자, 그동안 성실하게 오던 내담자가 다음 상담에서 2주 연속 지각을 하고, 지각한 것에 대해서도 성의 없이 대충 사과하고 상담 중에도 반응이 시큰둥한 모습을 보였다. 상담자는 이러한 태도가 내담자의 주요한 대인관계의 역동이 재경험되는 것으로 보고 저항을 다루고자 하였다.) 사실은 상담선생님이 상담을 미루니 '난 뒷전이다'라는 감정이 올라온다. 이 감정이 다른 관계에서도 계속 올라온다.
23~24 회차	[변화를 위한 개입-정서적 개입(깊은 공감)] 명절에 시댁에서 일하고 돌아왔는데 시댁에서는 여전히 뒷전 취급당하면서 일한 것 같다. 집에 돌아와서 힘들어서 끙끙 앓고 잠이 들었는데 나를 제외한 가족들은 함께 식사를 하고 돌아와서 내가 아픈데도 전혀 신경 써 주지 않았다. 이럴 때도 상담선생님이 일정을 변경할 때 느꼈던 감정과 비슷한 감정이 일어났다. 감정에 집중하니 자신이 늘 뒷전으로 밀려나서 외롭게 살아왔던 존재라는 점이 떠올랐다. 혼자 불 꺼진 집에 있었던 유년시절 기억도 함께 떠오르며 자신이 늘 뒷전이었다는 생각과 동시에 이렇게 내가 살아서 뭐하나? 이대로 그냥 스르르 사라져도 되지 않을까 하는 생각마저 들게 되더라. 내가 얘기한다고 해도 남에게 받아들여지지 않을 것이고 지금처럼 억울하고 부당하더라도 무엇인가를 하지 않으면 관계가 깨지고 버려질(내쳐질) 것에 대한 두려움이 있는 거 같다. (상담에서 '나는 뒷전이다'라는 감정에 대해 공감하며, 내담자의 원가족관계에서 영향 받은 것에 대한 통찰과 애도 과정을 진행하였다.)

25~29 회차	**[변화를 위한 행동적 개입–자기주장 내용]** (내담자는 적절한 자기주장을 못하고 뒷전 신세로 스스로 살아왔음에 대해 통찰한 뒤, 자기주장의 필요성을 인식하였다. 그리하여 상담자는 시댁, 남편, 아들 대상으로 다음과 같이 자기주장훈련을 하였다.) 1) 남편: 남편이 시댁에만 가면 퉁명스럽게 있고 자신을 별로 도와주지 않은 부분에 대해 남편과 이야기를 하였다. 이야기를 할 때 내 이야기만 하지 않고 남편 입장에 대한 이야기를 경청하면서 들어주고 공감해 주었다. 이후에 남편도 나에게 좀 더 다정하게 대하는 것 같다. (자기주장을 하는 변화뿐만 아니라 내담자도 타인의 어려움을 경청하고 공감할 수 있는 능력이 생기게 되었다.) 2) 아들: 아들의 스마트폰 게임 시간을 조절하는 문제 때문에 짜증이 난다. (어떻게 대처할 것인지 미리 계획하고 짜증과 화가 아닌 아들과 함께 논의하면서 사용 시간 등을 합의해 가는 과정을 연습하였다.) 3) 시댁: 나만 계속 시부모님 병원 약을 타러 갔었는데 형님과 나눠서 하자는 제안을 하게 되었다.
30회차	**[위기개입]** (상황이 좋아지는 시점에 내담자가 위기를 맞게 되는 상황이 생겼다. 그러나 이를 잘 넘기면서 내담자가 좀 더 단단해지게 되는 계기가 되었다.) 술 마시고 온 남편한테 잔소리를 늘어놓았다. (그러나 실제로 이 당시 내담자의 남편은 실직당한 상태였으며, 내담자가 그 사실을 몰랐던 상황이었고 추후에 알게 되었다.) 남편이 평소에 물건만 던지다 욱해서 나를 한 대 쳤는데 맞은 건 처음이었다. 남편도 때리려고 했던 건 아닌 것 같고 스스로 놀란 것 같다. 그렇지만 부부싸움 후 자괴감이 들어서 무작정 집을 나가서 걷다가 한강다리까지 가게 되었다. 그냥 이대로 사라지는 건 어떨까 하는 생각이 들면서 그런 자신이 무서워서 상담선생님께 전화하게 되었다. (현재의 상황에 대해 파악한 후, 지금 같이 있을 만한 사람이 누가 있는지 탐색하였다. 내담자는 큰언니와 연락이 되었으며, 이후의 가장 빠른 상담시간을 예약하여 상담을 진행하였다.)

자문	내담자의 위기개입 후 약물치료의 필요성을 확인하고자 정신과의사에게 자문을 구하였다.
31~34 회차	(내담자의 변화에 대한 다음과 같은 보고들이 시작되었다.) 1) 아들의 성취와 수행 결과가 자신의 문제가 아님을 알게 되었다. 요즘에 아들이 상담을 해서인지 폭력성이 줄어들고 무작정 화내던 모습도 줄어들게 된 것 같다. 2) 남편과의 관계에서 그 전에는 내가 싸움을 더 악화시켰는데 내가 관계를 악화시키고 화를 돋우는 대화법을 쓰고 있다는 것을 알게 되었다. 남편의 건강이 안 좋아지면서 자연스럽게 술을 줄이게 되고 집에 일찍 귀가하게 되었다. 이로 인해 부부가 함께 활동할 시간이 늘어났다. 이제 남편의 이야기를 경청하고 나의 욕구와 감정을 표현하기 시작하였는데 이러한 표현을 신기하게 남편이 받아들여 주고 변화하는 모습을 보여 주었다. 3) 새로운 관계를 모색(예, 취미활동이나 봉사활동 시작)하고 시댁으로부터 인정을 받으려는 마음을 내려놓고 시댁과 거리 두기를 하게 되었다. 4) 큰언니로부터 먼저 전화가 와서 뜻하지 않게 자신의 힘든 상황을 얘기하게 되고, 큰언니로부터 위로와 지지를 받게 되었다. 이를 계기로 자신의 처지를 허심탄회하게 얘기할 대상을 새롭게 찾게 되었다. (이러한 보고를 들으면서 상담의 종결 시기를 생각해 보도록 하였다.)
35회차	[종결] (내담자와 그동안의 변화에 대해 짚어 보고, 변화의 원인을 다시 한 번 되새겼다.) 상담이 끝나는 것에 대한 불안감이 조금 있다. 그렇지만 추후 일상생활에서 노력할 수 있을 것 같다. 착하기만 하던 딸도 어려움이 있다는 것을 알게 되어 상담 종결 후 내담자가 신경을 써야 할 부분으로 보인다. (2개월 후 추수상담을 약속하였다.)

상담신청 및 접수

1. 상담신청 절차

상담신청 과정은 내담자가 상담을 받으려고 생각할 때부터 시작된다고 볼 수 있습니다. 내담자는 아는 사람에게서 상담기관이나 상담자를 소개받아서 기관을 방문하기도 하고, 인터넷 등을 통해 상담기관이나 상담자를 직접 알아보기도 합니다. 이 과정에서 내담자는 상담기관이나 상담자의 특성과 자신이 받게 될 상담에 대해 알아보기도 합니다. 이런 과정을 거쳐 상담을 받기로 최종 결정하고 나면 기관을 방문하고 상담신청을 하게 됩니다.

이렇게 보면 상담신청 과정은 내담자가 상담을 받으려고 생각할 때부터 상담을 하기로 최종 결정하기까지 과정과 실제로 상담기관을 방문하여 상담을 신청하는 과정으로 나누어 볼 수 있습니다.

1) 상담 받기로 결정하기까지

내담자가 어떤 계기로 상담을 받아야겠다고 생각하더라도 상담을 실제로 신청하기로 결심하는 데까지는 시간이 필요합니다. 상담을 받아봐야겠다는 생각이 들면 상담기관이나 상담자를 물색하게 됩니다. 최근에는 인터넷을 통해 상담기관이나 상담자를 알아보기도 하지만 여전히 지인에게서 상담기관이나 상담자를 추천받는 경우가 많습니다. 어떤 경우든 내담자는 상담에 대해 알고 싶은 것이 많습니다. 내담자가 알고 싶은 것에는 내가 이상한 것은 아닌지, 상담을 받으면 해결될 수 있는지, 얼마나 상담을 받아야 하는지, 상담료는 얼마인지, 그리고 상담실 위치는 어디인지 등이 있습니다(박태수, 고기홍, 2007). 내담자가 상담을 받기로 최종 결정하기까지는 여러 가지 고민이 있게 되므로 상담기관이나 상담자는 내담자가 가질 수 있는 여러 가지 궁금증을 풀어 줄 수 있어야 합니다. 내담자가 알고 싶어 하는 내용은 주로 상담기관에서 도움을 받을 수 있는 상담 영역, 상담접근 방식, 상담자 상담경력 등입니다. 이와 함께 내담자는 상담기관에서 어떤 활동을 하는지 궁금해하기도 하고 정신건강과 관련된 정보를 알고 싶어 하기도 합니다(Diana, 2010).

내담자가 궁금한 점을 해결하는 수단을 보면 ① 인터넷을 통해서 검색하는 경우도 있고, ② 전화나 이메일로 문의하는 경우도 있으며, ③ 직접 방문하는 경우도 있습니다. 이런 경우 상담자는 어떻게 하는 것이 좋은지 알아보도록 하겠습니다.

(1) 인터넷을 통한 경우

인터넷의 발달로 최근에는 상담에 대해 궁금한 점은 주로 인터넷을 통해 해결하는 경우가 많습니다. 주변 사람에게서 상담기관이나 상담자를 소개받았다고 하더라도 상담에 대해 여전히 궁금한 점은 많습니다. 내담자는 인터넷에서 얻는 정보를 통해 상담을 받을지 최종 결정하기도 합니다. 따라서 상담자는 내담자가 궁금해할 수 있는 사항을 상담기관 홈페이지나 블로그, 또는 카페 등을 통해 정보를 얻을 수 있도록 하는 것이 바람직하겠습니다.

이메일로 문의하는 경우도 있는데 이 경우에는 상담 또는 상담기관에 대해 바로 문의하는 경우는 없고 자신의 어려움에 대해 먼저 도움을 구하는 경우가 많습니다. 이런 경우에는 내담자가 고민하고 있는 문제를 해결할 수 있는 조언을 주는 것이 일반적인데, 가능한 한 답신을 빨리하는 것이 좋겠습니다.

(2) 전화를 통한 경우

최근에 상담이 보편화되면서 상담을 받는다는 데 대해 부담감이 많이 줄기는 했지만, 상담기관에 상담을 문의하기 위해 직접 전화를 하는 것은 여전히 쉬운 일은 아닙니다. 그만큼 내담자가 상담기관에 전화를 했다는 것은 상당한 용기를 냈다는 것을 의미하는데, 내담자가 전화를 하기 전에 여러 번 망설이다가 전화했다는 사실을 염두에 두어야 합니다. 내담자가 상담 문의를 위해 전화했을 때 전화기를 통해 들려오는 목소리가 어떤가가 매우 중요합니다. 용기 내어 전화했을 때 응대하는 목소리가 나를 반기는 느낌을 준다면 내담자는 편하게 궁금한 내용에 대해 질문할 수 있을 것입니다. 하지만 사무적인 말투라면 궁금한 내용을 편하게 질문하기가 어려울 것입니다. 그렇다고 과장되게 친절한 응대 방식도 바람직하지 않습니다. 내담자가 편하게 질문할 수 있는 분위기를 형성하는 것이 중요하겠습니다. 상담 문의를 전담하는 담당자가 있는 것이 바람직하겠지만 그렇지 못할 경우에는 상담 문의에 필요한 자료를 요약해 마련해 놓고 누가 상담 문의를 받더라도 바로 응대할 수 있도록 하는 것이 좋겠습니다. 전화를 한 사람이 다음에 또 문의할 가능성은 거의 없기 때문에 전화했을 때 궁금증을 바로 해소할 수 있도록 하는 것이 바람직합니다.

(3) 직접 방문하는 경우

내담자가 직접 방문하여 상담을 신청할 경우는 스스로 오는 경우도 있고 다른 사람이나 기관이 의뢰하여 오는 경우도 있을 것입니다. 어떤 경우이든 접수자가 내담자를 어떻게 맞이하는가가 매우 중요합니다. 접수하는 사람이 내담자를 어떻게 맞이하는가에 따라 상담기관에 대한 내담자의 느낌이 달라지고 이후 진행되는 상담에도 영향을 미칠 수 있기 때문입니다. 내담자가 기관을 방문했을 때 상담 문의를 받는 사람이 상담 관련 정보를 제대로 전달하는 것도 중요하지만 내담자를 대하는 태도가 더 중요할 수 있다는 사실을 다시 한번 강조합니다. 내담자가 상담기관을 방문하는 것은 어려운 결정이었다는 것을 염두에 두도록 합시다. 내담자를 대하는 태도 가운데 중요한 요소는 내담자를 응대하는 사람의 복장입니다. 정장차림이 바람직하지만 정장이 아니라면 캐주얼한 정장차림 정도는 갖추고 있어야 합니다. 여성의 경우에는 깊게 패인 옷이나 진한 화장은 바람직하지 않겠습니다. 내담자가 기관을 방문하여 상담을 신청하기 위해 기다려야 할 때를 대비하여 대기실을 마련하는 것이 좋습니다. 대기실에는 차나 음료 등 간단한 다과를 준비해 놓고 읽을거리를 마련해 두도록 합니다. 대기할 때는 상담

실에서 나오는 소리가 작게나마 들릴 수 있으므로 잔잔한 음악을
틀어 놓는 것이 바람직합니다. 여러 가지 사정으로 대기실을 마련
하기 어려운 경우에는 가까운 거리에 있는 커피숍 등 편의시설을
이용할 수 있도록 합니다.

2) 상담신청

내담자가 상담 안내를 받고 상담하기로 결정하고 나면 상담을 신
청하게 됩니다. 상담을 신청한 이후의 절차는 상담기관 특성에 따
라 다양하지만 대체로 ① 상담신청서 작성, ② 접수면접, ③ 심리검
사 실시, ④ 해석상담, ⑤ 본 상담으로 구성됩니다. 기관에 따라서
는 접수면접이나 검사를 하지 않고 바로 본 상담을 시작하기도 하
고, 심리검사가 필요하지 않을 때는 접수면접만 하고 심리검사와
해석상담은 생략하기도 합니다. 따라서 상담신청 과정이란 내담자
가 상담신청서를 작성하는 과정을 말하게 됩니다.

상담신청서 양식은 기관에 따라 다양합니다. 하지만 다음 항목
은 상담신청서에 공통으로 들어가는 항목이라고 할 수 있습니다.

신청일자
접수자 이름
내담자 인적사항
내방경위
호소문제 또는 상담 받고 싶은 내용
가족사항 등

내담자에게 상담신청서를 작성하도록 하면서 각 항목별로 어떤 내용을 쓰면 되는지 안내합니다. 이렇게 안내하더라도 내담자는 잘 모를 수 있기 때문에 신청서를 작성하다가 궁금한 사항이 있으면 언제든지 질문하라고 안내합니다. 또한 잘 모르는 내용에 대해서는 빈칸으로 남겨 두어도 된다고 안내합니다. 질문을 하지 않고 특정 항목을 오래 붙들고 생각하는 경우에는 빈칸으로 두어도 된다고 안내하면서 필요 이상의 시간이 소요되지 않도록 합니다(현정환, 2007).

내담자가 상담신청서를 작성하고 나면 접수자는 신청서를 검토합니다. 신청서 내용과 함께 접수자는 접수할 때 보인 내담자의 독특한 말이나 행동이 있으면 같이 기록해 둡니다. 내담자가 접수한 날짜와 시간, 그리고 접수한 사람이 누구인지는 중요한 정보이므로 빠트리지 말고 잘 기록해 둡니다.

3) 상담연계

내담자가 상담신청서를 작성하고 필요한 내용을 다 기록하고 나면 접수자는 기관의 특성에 따라 접수상담자에게 인계할 수도 있고 본 상담자에게 인계할 수도 있습니다. 접수자는 접수하는 동안 보인 내담자의 독특한 말이나 행동을 신청서에 기록해 두지만 말로도 같이 설명하는 것이 좋습니다.

2. 접수면접

1) 접수면접이란

접수면접이란 본 상담 이전에 심리검사, 면접, 행동관찰 등을 통해 내담자에 대한 정보를 수집하고, 수집된 자료를 토대로 내담자의 특성, 문제 및 증상, 원인, 상담방향 및 방법에 대해 개념적으로 설명하고, 적합한 상담자를 배정하기 위해 실시하는 초기면접을 의미합니다(김계현, 2001; 현정환, 2007). 따라서 기관 규모가 작은 경우에는 접수면접을 본 상담자가 하게 되는 경우도 있고, 접수면접 과정을 생략하고 첫 상담을 바로 진행하는 경우도 있습니다.

2) 접수면접 과정

접수면접은 내담자에게서 정보를 수집하고 수집한 정보를 개념화하여 본 상담자에게 전달하는 과정을 말합니다. 접수면접은 정보를 수집하는 과정과 수집한 정보를 개념화하는 과정이 있습니다.

정보를 수집하는 과정은 접수면접의 필수 영역이라고 할 수 있습니다. 접수면접을 하는 동안 수집하는 정보는 상담기관에 따라 달라질 수 있으나 대체로 다음과 같은 내용은 공통으로 들어가는 내용이라고 볼 수 있겠습니다.

내담경위

이전 상담경험

인상 및 행동관찰

호소문제

가족사항

강점과. 약점

건강 문제 등

여기에 학생을 대상으로 접수면접을 한다고 하면 내담자가 초등학생인지, 중학생인지, 고등학생인지, 대학생인지에 따라 달라질 수 있지만 대체로 학년, 전공, 출신학교, 편입 유무, 휴학 유무, 교우관계 등이 포함될 수 있습니다. 그리고 일반인을 대상으로 접수면접을 한다면 직업, 연애경험, 결혼 유무, 자녀 등이 포함될 수 있습니다.

상담에 필요한 정보를 수집한 다음에는 수집한 정보를 종합하여 내담자의 문제 및 증상, 원인, 심리적 특성, 상담방향 및 방법 등을 설명하는 개념화를 합니다. 접수면접의 개념화는 본 상담에서 하는 사례개념화와는 다릅니다. 접수면접의 개념화는 본 상담의 사례개념화와는 달리 간결하게 해야 합니다.

접수면접을 할 때 기관에 따라서는 상담동의서를 받는 경우도 있습니다. 상담동의서에는 자료 보관, 비밀보장 한계 등 상담과 관련된 내용들을 수록하여 내담자가 상담이 무엇인지 이해하는 것을 돕도록 합니다.

〈사례 1〉의 대학생 사례를 예로 접수면접이 진행되는 간략한 예를 살펴보도록 하겠습니다.

상담자1: 안녕하세요? ◇◇ 씨, 저는 △△△라고 합니다. 지금 하는 상
　　　　담은 접수면접이라는 것인데 이 면담의 목적은 ◇◇ 씨가 받
　　　　을 상담이 가장 효과적으로 되게 하기 위해 ◇◇ 씨가 어떻게
　　　　상담센터에 오게 되었는지 이야기를 나누는 것입니다. 면
　　　　접을 시작하기 전에 먼저 동의서를 읽어 보시기 바랍니다.

　　　　(상담동의서를 읽어 보도록 하고 동의하면 서명하도록 한다.)

상담자2: 더 궁금한 점이 있나요?

내담자1: 그런데 이거 기록에 남나요?

상담자3: 우리 기관에서는 ○○년간 보관한 후 폐기하도록 하고 있
　　　　습니다. 혹시 염려되는 부분이 있나요?

내담자2: 취업이나 정부 기관 가는 데 불이익은 없나 해서요.

상담자4: 아, 그런 게 걱정이시군요. 상담동의서에 있는 바와 같이
　　　　상담 기록은 비밀이 유지됩니다. 다만 외부 기관이나 개
　　　　인에게 상담내용을 공개해야 하는 경우가 생긴다면 반드
　　　　시 본인의 의사를 먼저 확인합니다. 더 궁금한 점이 있으
　　　　세요?

내담자3: 없습니다.

상담자5: 그럼 어떤 이유로 상담센터를 방문하게 되었는지 말씀해
　　　　주시겠어요?

내담자4: 교수님과 면담하다가 교수님이 상담센터에 가 보라고 하
　　　　셔서 왔어요. 제 생각에는 공부를 더 열심히 하면 해결될
　　　　것 같은데 꼭 상담이 필요한 것 같진 않은데…….

상담자6: 어떤 어려움이라도 이곳에서 이야기할 수 있습니다. 반드시 심각하거나 특별한 일이 있어야만 오는 곳은 아닙니다. 교수님이 무엇 때문에 상담센터에 가 보라고 하셨는지요?

내담자5: 사실 지난주에 행정고시 1차 발표가 났는데 떨어졌거든요. 그래서 진로 문제 때문에 교수님과 면담했는데 여기가 보는 게 좋겠다고 하셔서…… 중간시험도 코앞인데 수업에 들어가도 집중도 안되고…… 나만 실패한 것 같고 어떻게 해야 할지 모르겠어요.

상담자7: 어떤 사람은 불합격하고 나면 혼자서 방황을 하는 경우도 많은데 ◇◇ 씨는 교수님과 면담도 해 보고 또 상담센터까지 오고 극복하려는 의지가 많네요. 행정고시에 떨어지고 난 후 진로문제로 힘들고 또 힘든 게 있나요?

내담자6: 고시가 안되고 나니까 진로도 막막하고 잠도 안 와요.

상담자8: 이런 문제로 전에 상담을 받아본 적이 있나요?

내담자7: 없습니다.

상담자9: 그럼 지금과 같이 전에도 잠이 안 온다든가 집중이 안된다든가 그런 적이 있었나요?

내담자8: 없었어요.

상담자10: 그럼 행정고시가 안된 이후로 진로도 걱정되고 잠도 안 오고 집중도 안된다는 거네요.

내담자9: 맞아요.

상담자11: 이 문제 외에 건강상 문제는 없고요?

내담자10: 없어요.

상담자12: 행정고시 안된 이후로 고민을 많이 했을 텐데 잘 오셨어요.

내담자11: 혼자만 가지고 있던 생각을 얘기하고 나니 마음이 좀 편해진 것 같아요.

상담자13: 네. 그럼 저희 센터에서 회의를 해서 ◇◇ 씨를 가장 잘 도와
줄 수 있는 상담자가 배정될 수 있도록 할게요. 상담자가 배
정되고 나면 그 상담자가 ◇◇ 씨에게 연락을 할 것입니다.

----

3) 상담자 배정

접수면접을 마친 다음에는 상담자를 배정하게 됩니다. 대개의 경
우 접수면접자가 상담자를 배정하기보다는 사례배정회의와 같은
과정을 거쳐 상담자를 배정합니다. 기관의 특성에 따라 사례배정회
의의 방식은 다양하지만 대체로 접수면접자가 먼저 내담자의 호소
문제 및 증상, 원인, 상담방향 및 방법에 대한 소견을 제시하면 참
가자들이 제시된 개념화 내용에 대한 의견을 주고받습니다. 이 과
정을 거치면서 개념화 내용은 보다 정교한 형태로 바뀌게 되며, 상
담자의 전문 분야, 내담자의 선호, 상담자의 가능한 상담시간, 배정
순위 등을 함께 고려해 최종적으로 본 상담자를 배정하게 됩니다.

> **📂 접수면접할 때 유의할 사항**
>
> • 접수면접자와 본 상담자의 역할 구분이 명확해야 합니다.
> • 내담자가 접수면접자에게 상담을 받고 싶다고 하는 경우가 종종 있는데
> 이때는 접수면접은 본 상담과는 다른 과정이라는 사실과 접수면접자는
> 내담자와 상담자를 연결시켜 주는 역할을 한다는 사실을 알려 주어야
> 합니다.

• 호소문제를 지나치게 구체화하지 말아야 하며 내담자가 호소문제를 필
요 이상으로 상세하게 드러내면서 도움을 요청할 때는 제한을 하고 본
상담에서 자세한 이야기를 하도록 합니다.

3. 심리검사

상담에서 심리검사는 상담 초기에 내담자를 좀 더 빨리 이해하
여 내담자를 전체적으로 이해하기 위해서 실시합니다. 이렇기 때
문에 보통 상담 초기에 심리검사를 실시하며 내담자가 호소하는
문제를 이해하고 이후의 전망이나 대응 방향을 결정하는 데 필요
한 정보를 얻습니다. 또한 내담자의 상태 변화나 상담 성과를 측정
하기 위해서도 사용하는데, 상담자의 판단에 따라 필요한 경우 실
시할 수도 있습니다(김계현 외, 2004; 현정환, 2007). 심리검사는 면
담과 함께 내담자를 이해하는 중요 정보원이 되지만, 검사 결과는
면담 내용, 면담 시 내담자의 행동, 내담자에 대한 상담자의 경험
등 내담자에 대한 다른 정보들과 함께 종합적으로 해석합니다.

심리검사 과정은 ① 내담자 또는 내담자 문제를 이해하기 위한 적
절한 검사를 선택하고, ② 선택한 검사를 설명하고 실시하며, ③ 검
사 결과에 대한 해석상담을 하는 과정으로 구성되어 있습니다.

1) 검사 선택

내담자 또는 내담자 문제를 이해하기 위해서 상담자가 검사를
선택하기도 하지만 내담자가 특정 검사를 원하는 경우도 있습니

다. 이런 경우에는 왜 그 검사를 원하는지 무엇을 알고 싶은지 탐색해야 합니다. 내담자가 원하는 검사가 없는 경우에 접수면접자가 심리검사를 선택하게 되는데, 이때는 접수면접을 바탕으로 내담자 또는 내담자 문제 이해에 도움이 되는 검사를 선택합니다. 따라서 상담자는 기관에서 실시하는 검사에 대해 잘 알고 있어야 합니다. 검사를 두 가지 이상 실시할 때는 내용이 겹치는 검사를 선택하지 않으며 같은 정보를 얻을 수 있다면 되도록 실시하는 검사 수를 줄여야 합니다. 상담기관에서 실시하는 대표적인 검사로는 〈표 1-1〉과 같습니다.

표 1-1 **상담기관의 대표적인 검사**

호소문제	자기보고식 검사	투사법 검사
진로	Holland/Strong /U&I 진로탐색/적성진단 등	
성격	16요인 검사(16 Personality Factors: 16PF) 마이어스-브릭스 성격유형검사(Myers-Briggs Type Indicator: MBTI) 애니어그램(Enneagram) 표준화 성격진단검사(일부 임상척도 포함) 미네소타 다면적 성격검사(Minnesota Multiphasic Personality Inventory: MMPI) PAI(Personality Assessment Inventory) 기질 및 성격 검사(Trait Character Inventory: TCI) LCSI(Lim's Character Style Inventory)	집-나무-사람 그림 검사(House-Tree-Person: HTP) 가족화 검사(Kinetic Family Drawing: KFD) 문장완성검사(Sentence Completion Test: SCT) 주체통각 검사(Thematic Apperception Test: TAT) 로르샤흐 잉크반점 검사(Rorschach ink blot test)
지능	K-WAIS(Korean-Wechsler Adult Intelligence Scale)	
학습	MLST 학습전략/U&I 학습유형 검사	

2) 심리검사 실시

심리검사를 실시할 때는 검사자가 실시하는 검사에 대해서도 잘 알아야 하지만 검사를 받는 내담자와 관계를 잘 형성해야 합니다. 접수면접을 하는 경우에는 접수면접에서 관계 형성이 되어 있기 때문에 문제가 되지 않습니다. 하지만 접수면접을 하지 않고 검사를 소개하고 실시해야 하는 경우에는 내담자가 검사를 한다는 것에 대해 불안해할 수 있으므로 내담자와 관계를 잘 형성하는 것이 중요합니다. 또한 검사를 실시할 때는 검사를 하는 목적을 명확하게 설명해야 합니다. 이렇게 하는 것은 검사에 대한 내담자의 불안을 감소시킬 수 있기 때문인데(김계현 외, 2004), 그렇다고 해서 검사를 안내하거나 실시할 때 지나치게 배려하면 오히려 내담자의

📂 검사 실시할 때 유의할 사항

- MMPI, SCT, PAI 등은 수검자가 척도명만 보고 잘못 해석할 가능성이 있기 때문에 검사 결과지를 주지 않습니다. 다만 피검자가 결과지를 원할 경우에는 해석상담을 충분히 하고서 유의사항을 충분히 설명하고 결과지의 사본을 배부합니다.
- 사람 그림이나 가족화 등은 그림을 잘 그리는지가 중요한 것이 아니므로 검사를 실시할 때 이 점을 잘 설명해야 합니다.
- SCT도 글씨체를 보는 것이 아니므로 잘 쓰려고 노력하지 않아도 된다는 점을 설명합니다. 그리고 읽자마자 빠짐없이 작성할 수 있도록 안내합니다. SCT에서는 내담자가 내용을 고치는 것도 매우 의미가 있으므로 필기도구는 볼펜을 사용하도록 권유합니다.

4. 상담자와 내담자 불안   **53**

의존성을 강화할 수도 있습니다(현정환, 2007).

3) 검사해석상담

검사해석상담은 검사 결과에 대해 단순히 정보를 전달하는 것이 목적이 돼서는 안 됩니다. 해석상담은 훌륭한 1회 상담이 될 수 있습니다. 해석상담을 할 때는 검사 결과를 일방적으로 전달하는 것이 아니라 검사 결과를 하나의 도구로 1회 상담을 한다고 보는 것이 좋습니다.

상담자가 '결과는 ～입니다.'라고 검사 결과를 말하기보다는 '결과를 보면 ～하다고 나왔습니다. 이 결과에 대해 어떻게 생각하시나요?'라는 식으로 내담자가 자신의 이야기를 할 수 있는 기회를 주는 것이 바람직합니다. 그리고 내담자의 감정이 나타나면 그 부분을 조금 더 이야기하도록 하여 내담자가 검사를 통해 자기 자신을 이해할 수 있는 시간이 될 수 있도록 하는 것이 좋습니다.

4. 상담자와 내담자 불안

내담자가 상담을 받을지 고민할 때부터 상담을 받는 것에 대해 불안을 느끼기도 하지만 상담을 받겠다고 결정한 후에도 여전히 불안을 느낄 수 있습니다. 초보상담자도 상담을 할 때 내담자와 마찬가지로 불안을 느낍니다. 여기서는 파이프스와 데이븐포트(Pipes & Davenport, 2005)가 설명하는 내담자가 느끼는 불안과 상담자가 느끼는 불안에 대해 살펴보도록 하겠습니다.

1) 내담자가 느끼는 불안

내담자가 느끼는 불안에 대해 파이프스와 데이븐포트(1999)는 여러 가지를 언급한 바 있습니다만 이들이 언급한 내용을 정리하면 상담자와 관련한 불안과 상담 결과와 관련한 불안으로 나눌 수 있습니다.

(1) 상담자와 관련한 불안

첫째는 상담자가 나를 문제 있는 사람으로 보지 않을까 하는 불안입니다. 내담자는 문제를 해결하려고 상담을 신청하지만 내가 문제가 심각한 사람은 아닐까 하는 두려움이 있습니다. 이 두려움은 문제가 심각하다는 얘기를 들을 것에 대한 두려움일 수도 있으나 상담자가 나를 이상한 사람으로 보지 않을까 하는 두려움인 경우가 많습니다. 즉, 내담자는 상담자가 자신이 가진 문제와 더불어 강점도 봐 주기를 바라는 것입니다. 이렇기 때문에 상담 초기에 상담자가 상담하는 동안 전화를 받는다던지 내담자가 말한 내용을 잊어버린다던지 하게 되면 내담자의 불안은 커지게 됩니다.

둘째는 상담자가 내 문제를 제대로 이해할까라는 불안입니다. 내담자는 자신의 문제를 상담자가 제대로 이해할 수 있을까 하는 두려움이 있을 수 있습니다. 이런 경우는 특히 무료 상담기관에서 있을 수 있는데, 이 때문에 내담자는 자신이 겪고 있는 고통을 있는 그대로 말하기보다는 누구나 겪을 수 있는 고통 정도만 말하려고 할 수 있습니다. 그렇기 때문에 내담자가 자신의 문제를 심각하지 않은 것처럼 이야기한다고 하더라도 상담동기가 없다고 생각하지 않도록 합니다.

셋째는 상담자가 문제를 해결할 수 있는 능력이 있는지에 대한 불안입니다. 이 불안은 내담자가 직접 표현하지는 않지만 많은 내담자가 가지고 있는 불안입니다. 연구에 따르면 첫 상담에서 상담자를 전문성이 있다고 지각하면 이후 다시 상담을 받으러 올 가능성이 많았고(Kokotovic & Tracey, 1990), 조기종결한 내담자들은 성공적으로 종결한 내담자들보다 상담자 전문성 평정에서 다소 낮은 점수를 주는 것으로 나타났습니다(Pipes & Davenport, 2005에서 재인용). 이 연구들은 내담자에게 상담자의 전문성이 중요하다는 것을 시사하는 것으로 초기에 내담자가 상담자의 전문성을 확신할 수 있도록 초기상담을 잘 하는 것이 중요하다고 하겠습니다. 대학원생들이 실습할 때 이런 문제로 어려움을 겪는 경우가 있습니다. 이럴 때는 솔직하게 자신이 실습과정에 있고 슈퍼비전을 받고 있다는 사실을 이야기하는 것이 좋습니다. 이렇게 솔직하게 이야기하고 나면 이후 상담을 편하게 진행할 수 있습니다.

넷째는 상담내용에 대한 비밀보장이 지켜질까에 대한 불안입니다. 내담자는 여태껏 누구에게도 말한 적이 없는 것을 이야기합니다. 따라서 내담자는 내 얘기가 다른 사람에게 들어가지 않을까 두려워할 수 있습니다. 비밀보장에 대해서는 상담구조화에서 이야기하기 때문에 이 불안은 해소될 수 있습니다. 하지만 내담자는 이런 불안을 가지고 있으므로 앞에서 말한 바와 같이 문제해결의 목적 외에 내담자 얘기를 상담자가 다른 사람에게 하지 않도록 유의해야 합니다.

(2) 상담 결과와 관련한 불안

첫째는 상담을 받고 나서 알고 싶지 않은 뭔가를 알게 되지는 않

을까 하는 불안입니다. 이러한 불안에는 자신의 결점에 대해 알게
되면 실망하지 않을까 하는 불안이 있을 수 있고 또 잊고 있던 과
거의 외상에 대해 알게 되거나 외상에 직면하게 되는 것을 불안해
할 수도 있습니다. 이런 불안은 감정을 통제하지 못하게 될 것에
대한 불안일 수 있으므로 상담자는 이런 위험성을 잘 알고 있어야
합니다.

둘째는 희망이 없다는 것을 알게 되지 않을까 하는 불안입니다.
내담자들은 종종 상담을 마지막 지푸라기로 생각하고 상담마저 도
움이 안된다면 어떡하나 걱정하고 이렇게 되면 희망이 없다고 여
기면서 상담받는 것을 주저하기도 합니다. 이런 까닭에 상담을 받
으면서도 상담에서 나아진다는 느낌이 없을 때 내담자들이 매우
우울해하는 경우가 있습니다. 이런 경우는 상담이 실제로 진전이
없을 수도 있으나 이보다는 내담자가 상담에서 이룬 성과를 변화
로 보지 않아서 우울해할 수도 있습니다.

2) 상담자가 느끼는 불안

다음은 상담자가 느끼는 불안에 대해 살펴보겠습니다. 상담자는
내담자의 특성 때문에 불안을 느낄 수도 있고 상담과정에 대해 불
안을 느낄 수도 있습니다. 차례대로 보겠습니다.

(1) 상담자가 불안을 느낄 수 있는 내담자

상담자가 불안을 느낄 수 있는 내담자의 첫째 유형은 상담자보
다 똑똑한 내담자입니다. 내담자가 상담자보다 IQ나 학력이 더 높
다거나, 책을 더 많이 읽었다거나 하면 상담자는 불안을 느낄 수 있

습니다. 이 경우 상담자는 내담자만큼 빨리 생각하려고 하는 데 시간을 소비해서는 안되며 내담자에게 초점을 맞춰 상담자가 어떠한 도움을 제공해야 하는가를 알아야 합니다. 내담자가 계속해서 '그건 이미 생각해 본 거예요'라고 하면 상담자의 개입이 효과적인지 다시 생각해 봐야 합니다.

만일 내담자가 상담자를 지배하려고 한다면 이런 내담자의 태도 자체가 내담자의 문제를 보여 주고 있을 가능성이 많습니다. 이런 내담자는 실제 생활에서도 다른 사람과 경쟁을 하면서 거리를 두고 있을 가능성이 있습니다. 이들이 보이는 태도는 가까워지기를 바라지만 가까워지면 상대가 자신을 지배할 것을 걱정하는 것일 수 있습니다.

상담자가 불안을 느낄 수 있는 두 번째 유형의 내담자는 상담자에게 의존하려는 내담자입니다. 특히 초기나 중기에 내담자가 이런 양상을 보일 수 있는데 이때 상담자가 불안해서 미리 방어하면 내담자가 도움을 요구하는 것은 잘못된 것이라는 생각을 할 수도 있고 내담자 문제를 다룰 수 없게 되는 상황이 생길 수도 있습니다.

이때는 내담자가 의존하려는 것을 자연스럽게 여기고 피해서는 안 됩니다. 내담자가 의존하는 데 대해 내담자의 의존 문제를 다룰 수 있다는 자신감을 가질 필요가 있으며 내담자의 의존을 방어적으로 조심하지 않는 것이 좋습니다.

상담자가 불안을 느낄 수 있는 세 번째 유형의 내담자는 상담자의 개입을 폄하하면서 자신을 방어하는 내담자입니다. 내담자가 상담자의 개입을 계속해서 진부하다고 지적한다면 다른 대안을 생각해 보는 것이 좋습니다. 만일 내담자가 상담자 개입을 비판하여 상담자와 대등해지려고 한다면 이 문제를 내담자와 충분히 다루어야 합니다.

상담자가 불안을 느낄 수 있는 네 번째 유형의 내담자는 상담자가 어떻게 다뤄야 할지 모르는 문제를 호소하는 내담자입니다. 능숙하게 도움을 주는 것이 당연히 어려울 수밖에 없으며 상담자의 능력에 상관없이 상담효과가 없는 내담자가 있을 수 있고 상담자 또한 잘 하지 못하는 영역이 있음을 인정해야 합니다. 이럴 때는 ① 자신에 대한 기대를 낮추거나 ② 무능감에 대해 이야기할 동료를 찾거나 ③ 슈퍼비전 등으로 대처할 수 있겠습니다.

(2) 상담과정에 대한 불안

다음으로는 상담과정에 대해 상담자가 느낄 수 있는 불안에 대해 알아보겠습니다.

상담과정에서 상담자가 불안을 느낄 수 있는 첫 번째 경우는 상담자 자신이 무능해 보이는 데 대한 불안입니다. 내담자가 상담자의 개입에 대해 "그건 이미 생각해 봤어요."라고 하면 상담자는 자신이 무능해 보이지 않을까 두려움을 느낍니다. 이때 상담자는 주제를 바꾸고 싶은 마음이 들게 되는데 이를 극복하고 내담자가 말한 내용을 계속 이야기하게 되면 내담자가 세상을 바라보는 시각 등 여러 가지 치료적인 자원을 얻을 수 있습니다.

상담과정에서 상담자가 불안을 느낄 수 있는 두 번째 경우는 내담자를 싫어할지도 모른다는 데에 대한 불안입니다. 상담자가 모든 내담자를 동등하게 좋아해야 한다고 생각하거나 내담자가 싫음에도 불구하고 상담을 계속하려는 경우를 제외하고는 문제가 되지 않습니다. 특정 내담자를 싫어한다는 것은 그 내담자와 상담자 자신에 대한 이해를 높일 수 있는 과정입니다. 내담자를 싫어하는 감정의 원인을 찾으면 그 감정이 줄어들게 되며 그 내담자가 겪고 있는 고통으로 다시 초점을 맞추는 것이 도움이 됩니다. 어떤 고통을 겪는지 알게 되면 고통을 겪는 사람을 싫어하기는 어려우므로 싫어하는 마음이 들면 어떤 면이 싫은지 상담자가 자신을 들여다볼 필요가 있습니다.

상담과정에서 상담자가 불안을 느낄 수 있는 세 번째 경우는 내담자가 자신을 좋아하지 않을까 하는 불안입니다. 상담자가 모든 내담자를 좋아할 수 없듯이, 내담자 또한 항상 상담자를 좋아할 것으로 기대해서는 안 됩니다. 내담자가 상담자에 대해 어떤 감정을 가지고 있는지, 그 내담자에게 어떤 치료를 진행하고 있는지, 상담자가 자신에 대해서 어떻게 느끼는지 상담자가 스스로 구별하는 것이 중요합니다.

상담과정에서 상담자가 불안을 느낄 수 있는 네 번째 경우는 내담자 증상이 더 나빠질 것에 대한 불안입니다. 도움이 될 수 있는 개입기법은 위험이 될 가능성 역시 가지고 있습니다. 보통 내담자가 망상과 비슷한 생각, 수면장애, 통제가 안되는 듯한 느낌, 매우 이례적인 행동, 불안에 대처할 때 비효과적인 방법을 쓰는 것 등을 보일 때가 정신적 상태가 악화되고 있음을 알 수 있는 지표입니다. 이러한 악화를 알아차리는 것은 굉장히 중요하므로 늘 슈퍼바이저와 긴밀하게 사례에 대한 의견을 주고받아야 합니다.

상담과정에서 상담자가 불안을 느낄 수 있는 다섯 번째 경우는 슈퍼비전을 통해 좋지 못한 평가를 받는 것에 대한 불안입니다. 누구나 좋은 평가를 받고 싶어 합니다. 그러다 보니 슈퍼비전을 받으면서 지적을 받는 데 불안을 느끼는 것은 당연합니다. 그러나 이런 불안이 심한 경우에는 평가에 대한 불안을 슈퍼바이저와 이야기하는 것이 좋습니다. 슈퍼비전에서는 실수를 지적받게 되는데 이런 경우 자신의 판단과 생각을 시험해 볼 기회로 보는 것이 좋습니다. 그리고 남의 비평을 받지 못하면 성장할 수 없는 것은 사실입니다.

지금까지 파이프스와 데이븐포트(2005)가 언급한 상담자와 내담자 불안에 대해 살펴보았습니다. 다음은 초보상담자가 느끼는 불안에 대해 살펴보겠습니다.

3) 초보상담자가 느끼는 불안

여기에서는 상담을 처음 시작하는 초보상담자들이 느끼는 불안을 알아보고자 합니다. 이를 위해 2개 대학 학생상담센터에서 수련을 받고 있는 상담수련생 20명을 대상으로 상담할 때 느끼는 불안에는 어떤 것들이 있는지 조사하였습니다. 결과를 정리하면 다음과 같습니다.

(1) 내담자에게 도움을 주지 못할 것에 대한 불안

상담수련생들은 상담할 때 내가 하는 말이 내담자에게 도움을 주지 못할까 봐 불안하다고 하였습니다. 내가 하는 말이 내담자 문제를 오히려 악화시키는 것은 아닌지 그리고 내가 당황하는 모습이 드러나 내담자가 상처받는 것은 아닌지 걱정된다는 것입니다. 이 때문에 무언가를 해야 한다는 압박이 든다고 하였습니다.

(2) 내담자가 하는 말에서 중요한 부분을 놓칠 것에 대한 불안

상담수련생들은 상담이 잡담으로 흘러가 중요한 부분을 놓치는 것은 아닌지 불안하다고 하였습니다. 중요하지 않은 말로 50분을

채우면 어떡하나 하는 불안, 그리고 예상하지 못한 말을 내담자가
했을 때 중요한 부분이 있을 수도 있는데 그냥 넘길까 봐 불안하다
는 것입니다. 그러다 보니 내담자의 모든 말이나 행동을 놓치지 않
아야 한다는 압박을 느끼게 된다고 하였습니다.

(3) 상담 전 세운 계획대로 안 될 것에 대한 불안

상담수련생들은 상담이 계획한 대로 되지 않을 때 불안하다고
하였습니다. 특히 슈퍼비전을 받은 다음 나름대로 계획을 하였는
데 그 계획대로 되지 않을 때 불안하다고 합니다. 이러다 보면 엉뚱
한 응답을 하게 되는 경우가 있는데 이렇게 되면 슈퍼바이저에게
혼날 것 같은 불안도 함께 생긴다고 합니다. 그리고 내담자가 상담
자가 의도했던 것과는 달리 반응할 때 당황하게 되고 불안을 느끼
게 된다고도 하였습니다.

(4) 상담을 잘 하고 있는지에 대한 불안

상담수련생들은 상담할 때 잘 하고 있는지 확신이 서지 않아서
불안하다고 합니다. 내 반응이 잘 되었는지 알 수 있는 것은 내담자
의 반응밖에 없는데 내담자 반응만으로는 내가 잘 하는 건지 판단
이 서지 않는다는 것입니다. 또 기법을 적용할 때도 기법을 제대로
적용하고 있는 건지 확신이 서지 않아서 불안하다고 합니다. 경우
에 따라서는 부모상담을 할 때도 있는데 부모님이 나보다 경험이
많은데 내가 아는 사실을 어떻게 설명해야 할지 고민하게 된다고
하였습니다.

(5) 내담자에게 상담자 감정이 드러날 것에 대한 불안

상담수련생들은 내담자에게 자신의 감정이 드러날까 봐 불안하다고 합니다. 상담을 하다 보면 어쩔 수 없이 긴장하게 되는데 이 모습을 내담자에게 들킬까 봐 불안하다는 것입니다. 그리고 내담자 애기를 듣다 보면 울컥하게 될 때가 있는데 이런 내 모습이 내담자에게 드러날까 봐 신경이 쓰인다고 하였습니다.

(6) 초보 티가 날 것에 대한 불안

상담수련생들은 초보처럼 보여서 내담자에게 무시를 당하면 어떡하나라는 불안을 느낀다고 합니다. 즉, 나이가 어리고 초보이다 보니 내담자가 나를 전문가로 인정해 줄까 그리고 신뢰를 할까 걱정이 든다는 것입니다. 이런 이유로 전문가처럼 보이려고 하는데 다소 어색하다는 것입니다.

(7) 내담자 반응에 적절한 반응을 하지 못할 것에 대한 불안

상담수련생들이 많이 느끼는 것 중 하나가 아직 상담 지식이 부족해서 어떻게 대응해야 할지 잘 모른다는 것입니다. 여기에는 내담자가 정신병 증상을 보일 때, 갑자기 울거나 화를 낼 때, 표정이나 태도가 갑자기 바뀔 때, 그리고 내담자 말이 끝나 가는데 할 말이 없을 때 등 다양하였습니다.

(8) 기타

기타 상담수련생들이 느끼는 불안으로는 상담자가 기대하는 기대와 내담자가 생각하는 기대가 다를 때 느끼는 불안, 공감을 하지 못하면 어떡하나라는 불안, 그리고 내담자가 또 올까라는 불안 등이 있었습니다.

4) 적절한 불안의 중요성

상담자가 불안을 느끼는 것은 불편을 주기도 하지만 동시에 힘이 되기도 합니다. 상담자는 상담하는 동안 불안을 느끼면서 불안한 이유를 검토해 보면 자신의 문제가 작용하고 있음을 알게 됩니다. 이렇게 자신의 문제를 이해하게 되면 다른 사람의 고통도 더 잘이해하게 됩니다. 또한 두렵다는 것은 내담자에게 얼마나 도움이되는지에 대해 상담자가 신경 쓰고 있다는 증거이기도 합니다. 상담자가 상담에 대해 전혀 불안을 가지지 않으면 위험한 착각에 빠질 수 있고, 자신이 하는 일이 중요하다는 것을 잊을 수 있습니다. 실수를 저지른다 할지라도 상담자가 자신과 내담자에 대해 중요한무언가를 아는 기회가 됩니다. 그렇기에 불안을 느끼는 것은 그것을 활용하는 첫 시작이기 때문에 중요합니다. 초보상담자로서 실수하는 것을 너무 심각하게 걱정하거나 스스로를 비난할 필요는없습니다. 실수는 성격 전반적인 결함이 아닌 개선할 수 있는 특정행동으로 보는 것이 좋겠습니다. 상담자 불안은 슈퍼바이저와 상의하도록 각성시키는 역할을 하며, 어떠한 불안이든지 상담자와슈퍼바이저가 깊이 다룰 필요가 있습니다.

참고문헌

김계현(2001). 카운슬링의 실제. 서울: 학지사.

김계현, 황매향, 선혜연, 김연빈(2004). 상담과 심리검사. 서울: 학지사.

박태수, 고기홍(2007). 개인상담의 실제(2판). 서울: 학지사.

허재홍, 진현정, 박명희(2014). 초보상담자를 위한 정신역동상담. 서울: 학지사.

현정환(2007). 상담이론 · 실제 · 연습의 상담심리학. 경기: 양서원.

Pipes, R. B. , & Davenport, D. S. (2005). *Introduction to psychotherapy: common clinical wisdom.* Needham Heights, MA: Allyn and Bacon.

제2장

상담구조화, 상담관계 수립, 주호소문제

1. 상담구조화

상담에서 하는 대화가 일반적인 대화와 다른 점은 보이지 않는 규칙과 원칙을 바탕으로 상담자와 내담자 사이에 대화가 오간다는 점입니다. 상담 초기에 내담자와 함께 대화하면서 상담자가 주도 적으로 상담의 구조를 설명하고 만들어 가는 일련의 과정을 상담 구조화라고 합니다. 상담구조화에서는 상담의 방향과 목표, 상담 절차와 방법, 내담자의 역할과 규범 등을 설명하고 내담자와 합의 합니다.

상담구조화에서 상담자는 우선 내담자에게 상담의 구조를 충분 히 안내하고 설명합니다. 다음으로 내담자가 상담에 대해 어떻게 인식하고 어떤 태도를 가지고 있는지 탐색하고 확인하며 상담구조

에 대해 명시적인 동의를 받습니다. 마지막으로 상담자는 구조화
한 대로 상담을 진행하면서 내담자의 역할을 요구하고 적절한 행
동은 강화하고 부적절한 행동은 소거하면서 점차 상담구조를 견고
히 구축합니다.

상담구조화는 상담과정 가운데 가장 중요한 부분이라고 할 수
있습니다. 상담자가 내담자에게 단지 암묵적으로 상담 동의를 구
하거나 상담구조화를 소홀하게 다루고 넘어갈 경우 내담자는 종종
상담에서 지켜야 하는 기본적인 규칙을 어기거나 상담에 대해 잘
못된 기대를 할 수도 있습니다. 때로는 상담과정에서 일탈된 행동
을 함으로써 상담자−내담자 관계에 위협을 초래하기도 합니다.

상담구조화의 내용은 상담자가 말로 설명하기는 하지만 상담방
식, 상담약속에 대한 합의나 상담비용 문제 등의 기본적인 합의사
항은 상담동의서에 기록하고 내담자의 확인을 받아 두는 것이 필
요하기도 합니다.

📂 상담구조화 팁

- 상담동의서 내용에 대한 내담자의 궁금증을 다루고 추가적인 설명이 필
  요한 부분에 대해서는 강조하며 부연 설명합니다.
- 상담자가 주로 사용하는 이론적 접근이 있다면 상담구조화 시 이에 대
  한 소개를 하고 상담자가 상담을 진행하는 방식을 간단히 설명해 주기
  도 합니다.
- 자살, 자해 혹은 타해의 위험이 있을 경우 그 위험성을 보호자 및 관련
  기관에 알릴 수 있음을 사전 동의서에 명시하고 이에 동의하지 않을 경
  우 상담이 제한됨을 설명해야 합니다.

- 일반적으로 내담자들은 상담 중 드러나는 자신의 문제들을 보호자 혹은 제3자에게 제공하는 것에 특히 우려하는 모습을 보입니다. 상담자는 자살/자해, 타해 위험, 심각한 정신병리/중독 등 고위험 사례의 경우 필요시 외부 전문치료기관(정신건강의학과나 정신보건센터 등)으로 연계하거나 내방을 권유할 수도 있음을 설명하고 동의를 구하는 것이 좋습니다.
- 또한 사전 연락 없는 무단결석, 기관(학교 등 무료상담센터의 경우)의 규정에 어긋나는 장기상담 요구 시 상담이 진행되지 않을 수 있음을 설명하고, 유료상담의 경우 임의로 상담을 취소할 때의 상담비 규정 등 소속기관의 방침에 대해서도 구체적으로 설명해야 합니다.

다음은 대학생 사례에서 상담자가 한 상담구조화의 일부 내용입니다.

(상담동의서의 내용을 설명한 후)

상담자1: 혹시 더 궁금한 점 있으세요? 모든 내용에 동의하시면 사인해 주세요.

내담자1: 그런데 이거 기록 남나요?

상담자2: 저희 센터에서는 상담기록 파일을 접수일 기준으로 5년간 보관한 후 폐기합니다. 어떤 부분이 염려되시나요?

내담자2: 혹시 나중에 상담기록 때문에 취업이나 정부기관 가는 데 불이익이 있을까 봐서요.

상담자3: 아, 그런 게 걱정이시군요. 앞서 설명 드린 것처럼 자해 혹

은 타해의 우려가 있는 경우 외에는 본인의 동의 없이 상
담내용이 외부에 알려지는 경우는 없으니 그 부분에 대해
서는 상담자를 믿고 따라와 주시면 될 것 같아요. 혹시 더
궁금하신 점이 있으세요?

내담자3: 제가 아침에 늦잠 잘 때가 많은데 상담시간을 오전에 잡으
니 지각하게 될까 봐 부담되는데 혹시 시간을 좀 더 늦은
시간으로 바꿀 수 있을까요?

상담자4: 네. 이른 시간의 상담이 부담되는군요. 현재 비어 있는 상
담시간을 이용하여 최대한 ◇◇ 씨가 가능한 시간으로 변
경해 보도록 할게요. 그런데 아까 상담동의서를 설명하면
서 말씀드렸듯이 상담은 ◇◇ 씨와 저의 약속을 바탕으로
이루어지는 과정이므로 사전에 합의 없이 일방적으로 상
담에 결석한다던가 잦은 지각이 발생하면 ◇◇ 씨가 본 상
담에 충실하게 임할 의지가 없는 것으로 간주하고 종결로
처리하게 됩니다. 그러니까 부득이하게 상담에 늦거나 시
간 변경이 필요한 경우에는 사전에 상담센터에 꼭 연락하
셔서 메모를 남겨 두시기 바랍니다.

----

2. 상담관계 수립

상담구조화를 한 후 본격적인 상담이 시작된다고 볼 수 있지만,
사실상 상담자와 내담자가 첫 대면을 한 순간부터 상담자와 내담
자는 치료적 관계에 돌입하게 된다고 볼 수 있습니다. 상담관계란

상담효과를 얻기 위해 요구되는 상담자-내담자 간의 관계를 말하는 것으로 이는 친밀감이나 신뢰를 주는 긍정적인 관계를 맺는 것을 의미하는 라포(rapport) 형성으로 시작됩니다. 라포 형성에 이어 상담자-내담자가 상담목표를 세우고 치료적 성과를 내기 위해 함께 협약하고 관계 맺는 과정을 작업동맹(치료동맹)이라고 합니다. 작업동맹은 상담자를 상담 작업에 전념하게 하고, 협력하게 하며, 상담 중 어려운 시기에 계속 상담을 하게 하는 힘이 됩니다. 또한 작업동맹이 잘 이루어진 내담자는 수동적 모습으로 상담에 이끌리기보다는 상담자와의 상호 교류를 통해 보다 주도적으로 상담에 참여하게 됩니다. 이러한 라포 형성과 작업동맹을 통해 맺어진 촉진적인 관계를 기반으로 본격적인 상담관계가 이루어집니다.

상담자는 친절하고 온정적인 자세로 내담자의 의견을 존중하고 인격적으로 대하며, 평가하거나 판단하지 않고 수용하며, 허용적이고 개방적인 마음을 지니며, 꾸밈없는 진솔한 태도로 내담자를 도와주어야 합니다. 이와 동시에 내담자에게 집중하고 경청하면 라포 형성이 촉진되고, 내담자를 상담에 개입시키고 상담목표를 향해 협조하도록 자극할 수 있습니다(신경진, 2010).

상담을 받으러 오는 내담자는 대인관계에서 상처를 받거나 대인관계에서 어려움이 있는 경우가 많으므로 그런 내담자를 진실되게 대하고 내담자의 말에 공감을 표현하고 진정으로 자신이 존중받고 있다고 느낄 수 있도록 대한다면 내담자들은 다른 사람에게는 드러내지 못한 자신의 속마음과 문제를 있는 그대로 털어놓을 수 있습니다(천성문, 이영순, 박명숙, 이동훈, 함경애, 2015).

다음은 40대 여성 사례에서 첫 상담 후 2회에서 상담자가 공감적

이해를 바탕으로 라포 형성을 하는 장면입니다.

상담자1: 안녕하세요. 지난 첫 상담시간에 ○○ 씨가 그간 살아오면서 힘드셨던 이야기들을 많이 하셨는데요… 상담 마치고 어떤 마음이셨나요?

내담자1: 아들 때문에 속상한 마음에 상담을 받게 된 건데 지난 시간에 쭉 이야기 나누면서 그간 잊고 있었던 내 옛날 기억들이 떠올라 상담 마치고 좀 힘들었어요.

상담자2: 네. 힘드셨군요. 어떤 부분이 제일 힘드셨나요?

내담자2: 그간 얼마나 힘들게 살았는지를 생각하니 내 자신이 너무 불쌍하고… 또… 왜 이런 힘든 일들이 어쩜 내게 이렇게 연속적으로 일어났는지… 생각해 보니 너무 억울했어요. 상담 마치고 집에 가면서 버스 안에서 눈물이 자꾸 나서 참느라 힘들었어요. 그날 밤에도 잠이 안 와 밤새 잠을 설쳤어요. 오늘 오면서는 오늘은 무슨 얘기를 해야 하나 좀 난감한 마음이었어요.

상담자3: 네. 힘든 한 주 보내시고도 다시 이렇게 상담에 와 주어 감사하네요. 잊고 싶던 힘든 이야기들을 떠올리고 이야기를 꺼내자니 많이 힘드시지요. 처음이라 아마도 한동안은 매주 무슨 말을 해야 할지 좀 난감하기도 하고… 감정이 많이 오르락내리락 할 수도 있어요. 또 눈물도 많이 흘리고 그러다 보면 몸도 마음도 많이 소진되는 느낌이 들 수도 있어요. 그렇지만 그렇다고 상담해서 더 힘들어진다 생각

할 것이 아니라 오히려 내 문제의 핵심에 접근해 가는 과
정이라 생각하고… 그럴수록 내 마음을 좀 더 들여다보고
상담시간에 그 느낌과 감정을 함께 새기고 나누는 것이 좋
을 것 같아요.

내담자3: 네, 노력해 봐야죠. 자신이 좀 없지만요.

----

3. 주호소문제

주호소문제란 내담자가 상담에 가져와서 해결하고자 털어놓는
문제를 말합니다. 상담자는 내담자의 호소문제에 귀 기울이고 이
를 상담에서 우선적으로 다뤄야 하지만 때로는 상담자가 생각하는
내담자 문제와 내담자가 호소하는 문제가 다를 수 있음에 유의해
야 합니다.

예를 들어, 내담자는 진로 선택의 어려움에 대한 문제를 호소하
지만, 상담자가 파악하기에 그보단 부모님의 기대 혹은 타인의 평
가에 대한 지나친 의식이 내담자에게 더 큰 문제로 보일 때가 있습
니다. 상담 초기에 내담자의 핵심적인 문제양상이 드러나 상담자
가 이를 내담자의 문제로 지적하고 우선적으로 다루고 싶어지기도
합니다. 그러나 상담자는 내담자가 상담 초기에 자발적으로 꺼내
는 주호소문제가 내담자의 현재와 직접적으로 연결되어 있음을 알
고 내담자의 주호소문제에 보다 주의를 기울일 필요가 있습니다.
상담자가 생각하는 내담자의 주요문제와 내담자가 호소하는 문제
가 다르더라도 상담자가 이를 직접적으로 내담자에게 말하고 상담

자가 파악한 문제를 우선적으로 다루지 않는 편이 좋습니다. 상담이 진행되면서 상담자는 자신이 파악한 내담자의 주요문제가 타당한지 내담자의 여러 에피소드를 통해 확인하게 됩니다. 이 과정에서 내담자는 자신의 호소문제와 상담자가 생각하는 문제가 어떻게 연결될 수 있는지 자연스럽게 자각하게 됩니다.

상담자는 내담자가 문제를 털어놓는 방식으로 주호소문제를 파악해 볼 수 있는데 내담자의 구체적인 언어 표현을 살펴봄으로써 내담자가 호소하는 문제를 명료화할 수 있습니다. 이를 확인하기 위해 상담자는 다음과 같은 질문을 활용할 수 있습니다.

- 어떤 문제 때문에 오셨습니까? 상담에서 다루고 싶은 문제가 있습니까?
- 어떤 고민 때문에 오셨습니까? 상담에서 다루고 싶은 고민이 있습니까?
- 어떤 도움이 필요하십니까? 어떤 도움이 필요해서 오셨습니까? 상담에서 도움받고 싶은 것이 있습니까?
- 저희가 도와 드릴 일이 있을까요? 무엇을 도와 드릴까요? 어떤 점을 도와 드릴까요?
- 상담에서 어떤 것들을 기대하고 있습니까? 상담에서 어떤 것들을 얻고 싶으십니까? 상담을 통해 얻고 싶은 것이 있습니까?
(고기홍, 2014)

다음은 진로문제를 고민하는 대학생 사례의 주호소문제를 파악하기 위한 상담의 일부분입니다.

상담자1: 그럼 어떤 문제로 상담을 받고 싶은 건가요?

내담자1: 제가 지금 3학년 1학기로 복학을 했는데… 시험 결과 발표가 지난주에 났거든요. 근데 이번에도 안됐더라고요. (한숨)

상담자2: 열심히 했는데… 실망이 컸겠어요.

내담자2: (한숨) 저번에 안됐을 때는 첫 번째니까 뭐 그럴 수 있다고 생각했고요. 그리고 진짜 본격적으로 해 보려고 휴학도 했거든요.

상담자3: 아… 행시 준비하기 위해 휴학을 총 1년을…

내담자3: 학교 올 때부터 고시 생각하고 왔는데… 1학년 때 해 보니까 집중해야 할 것 같아서 일단 군대부터 갔어요. 군대에 갔다 와서 2학년으로 복학을 했어요. 그러면서 시험을 같이 준비했는데 학교 다니면서 해서 그런지 안됐어요. 그래서 진짜 집중해야겠다 싶어서 휴학을 했어요. 1년 열심히 한다고 했는데……

상담자4: (한숨) 오랜 시간 공부하고 준비하고 힘들었을 것 같은데 이번에도 안돼서 상심이 크겠네요. 요즘 지내는 건 어때요? 참 지내기 어려울 것 같은데 어떤 게 가장 어려우세요?

내담자4: 곧 중간고사인데 공부가 손에 안 잡히고… 고시 준비하느라 학점도 안 좋고… 학점을 포기하면서까지 고시 공부에 올인했는데… 갑자기 어떻게 해야 할지 막막하고 잠도 잘 안 오구요.

상담자5: 학점은 어느 정도인가요?

내담자5: 그냥 좀… 3.1 정도요.

상담자6: 학점이 아주 낮은 편은 아니라고 볼 수 있는데 학점에 대
해 어떤 거 때문에 염려가 되세요?

내담자6: 요즘은 서류 통과하려면 적어도 3점대 후반은 되어야 한
다던데 저는 이거밖에 안되니까 이제 와서 취업도 어려울
것 같고요. 어떻게든 끌어올리려면 이번에 중간고사를 잘
봐야 하는데 도저히 집중도 안되고 뭘 어떻게 해야 할지
모르겠어요.

상담자7: 그럴 때 어떤 생각이 많이 드세요?

내담자7: 그냥 학점 관리를 해야 할지 고시를 더 해야 할지… 고시
를 또 한다고 생각하면 답답하고 자신도 없고… 그렇게 몇
년을 했는데 또 한다고 될까……

상담자8: 고시를 다시 하자니 엄두가 나지 않고 그런데 다른 걸 하
자니 준비가 안되어 있고 답답하고 혼란스러운 상태이네
요. 잠자는 건 어떠세요? 몇 시간 정도 자나요?

내담자8: 뭐라도 해야 하니까 빨리 눕지도 못하고 1시쯤 눕지만 3시
쯤까지 뒤척이는 것 같아요. 1교시 수업이 있으면 7시에
는 일어나야 하는데 엄마가 깨워 주셔도 잘 못 일어나겠
고요. 눈 뜨면 9, 10시고 늘 피곤해요. 근데 다른 친구들은
학점 관리도 잘 하고 있는 것 같고 인턴도 하고 스펙 쌓고
있는데……

상담자9: 남들은 다 잘하고 있는 것 같은데 나만 뒤처진 것 같아 많
이 초조하고 불안하네요. 먹는 건 어떠세요? 체중의 변화
같은 건 없나요?

내담자9: 원래부터 많이 먹는 편은 아니지만… 그냥 밥맛은 좀 없지
만 특별히 문제는 없는 것 같아요.

상담자10: 상담을 통해 무엇을 얻고 싶으세요?

내담자10: 뭘 해야 할지 결정되면 좋겠고 공부에 집중할 수 있으면 좋겠어요.

어떤 내담자들은 자신의 문제를 직접 말하기보다 상황이나 다른 사람에 대한 불평을 늘어놓는 등 쉽게 자신의 문제를 꺼내 놓지 못하기도 합니다. 이런 경우 상담자는 내담자의 어조와 억양, 표정과 몸짓 등 비언어적인 측면에 주목할 필요가 있습니다. 상담자는 내담자의 이야기에 세심하게 주의를 기울이며 반응하다가 특징적으로 드러나는 문제가 있으면 질문을 하여 주호소문제를 탐색해야 합니다.

다음은 앞의 대학생 사례에서 자신의 호소문제를 말로 표현하지 못하는 내담자를 다루는 상담자의 모습을 보여 주는 한 장면입니다.

상담자1: … 그래서 상담에서 다루고 싶은 문제가 무엇인가요?

내담자1: 모르겠어요……. 지난번 접수면접 때까지만 해도 제 문제가 꽤 심각하다고 느꼈었는데 2주 정도 시간이 지나고 나니 지금은 힘든 줄 모르겠고… 한결 마음이 가벼워진 것 같아요. 솔직히 지금 같아서는 상담을 받지 않아도 잘 지낼 수 있을 것 같아요.

상담자2: 그런데 아까 친구문제를 이야기할 때 이젠 괜찮다고 말하면서도 순간 목소리가 울먹하면서 눈물이 맺히는 듯한 느

낌이 들었거든요. 혹시 아직 해결되지 않은 어려움이 있는
건 아닌가 하는 생각이 들어요.

내담자2: 아… 그건 저도 잘 모르겠어요. 지난 몇 주간 특별한 사건
이 없었던 건 확실하고 마음도 훨씬 안정된 것 같은데…
이상하게 그 친구와 있었던 일만 생각하면 목이 메고 답답
한 마음이 들어요.

상담자3: 그럼 이번 상담에서는 그 친구와의 문제를 통해 드러난 ◇◇
씨의 갈등과 어려움을 다뤄 보고 함께 해결점을 찾아보는
걸로 하면 어떨까요?

내담자3: 네, 좋아요.

때로 내담자의 자발적인 동기가 아니라 지인 또는 기관의 의뢰
로 상담을 하게 되는 경우가 있습니다. 이때는 상담관계를 형성하
는 데 보다 주의를 기울여야 하며, 상담자는 내담자를 보낸 의뢰인
이 원하는 바에 대한 내담자의 마음을 탐색해야 합니다. 의뢰를 통
해 시작하게 된 상담에서는 의뢰한 문제가 일차적인 상담주제가 되
기도 하나, 의뢰를 계기로 상담을 결심한 내담자의 상담 배경 및 내
담자가 호소하는 이차적인 문제에도 귀를 기울일 필요가 있습니다.

특히 청소년의 경우 내담자가 처한 구조나 상황의 문제가 내담자
의 심리적 어려움을 야기하여 증상으로 표출되는 경우가 있으므로
보호자나 교사가 의뢰한 문제 자체를 중심으로 상담하기보다는 내
담자의 문제에 더 초점을 맞추고 상담을 진행할 필요가 있습니다.

다음은 40대 여성 사례에서 내담자가 상담에 내방하여 털어놓는
주호소문제를 파악한 내용입니다.

내방 경위

💻 내담자의 아들(□□)이 학교에서 친구와 다툼이 있었고, 이때 친구
를 때려 친구가 크게 다침. 다행히 학교폭력위원회에 가기 전에 피
해친구의 부모와 합의를 하게 됨. 평소에도 또래와 시비가 붙은 일
이 종종 있었으나 이번에 크게 친구를 다치게 하는 사건이 터진 것
임. 체육시간에 축구 경기 중 내담자 아들의 실수로 경기가 졌는데,
"너 때문에 졌다!"는 말을 듣고 화가 나서 욱하는 마음에 공을 찼는
데, 친구 얼굴에 공이 맞아 안경이 깨지면서 얼굴에 찰과상을 입게
됨. 이 문제로 담임 선생님을 만나게 되었는데, 내담자의 아들이 원
래 문제행동을 종종 보이던 터라 청소년 상담을 권유받게 됨.

상담자1: 안녕하세요, 상담자 △△△입니다. 아드님을 상담하시는
선생님께 상담을 하시게 된 이유를 간단히 들었습니다. 상
담선생님께서 권해서 ○○ 씨가 상담을 시작하셨지만 이
에 대해 동의도 하시고 ○○ 씨도 상담을 하고 싶으신 이
유가 있을 거 같아요. 어떤 부분 때문에 상담을 받고 싶으
신지 그 얘기부터 시작하면 좋을 거 같네요.

내담자1: 네. 저도 상담을 권유받은 후에 좀 더 생각해 보게 되더라
구요. □□(아들)가 학교에서 사고를 친 것에 대해 제가 너
무 화가 났는데 사실 화보다는 뭔가 □□를 잘못 키운 거
같고, 제가 뭐가 문제인지… 에휴… (한숨) 그래서 제가 뭘
잘못했는지 알고 싶고, 저도 얘 때문에 스트레스가 너무
많아 잠도 못 자고 앞으로 어떻게 얘를 키워야 하나 좀 알

고 싶어서요.

상담자2: □□가 학교에서 사고 친 이후 양육방식 등에 대해 좌절감
이 많이 드시는 거 같네요. 그런데 어떤 부분이 좀 잘못 키
운 거 같다 생각이 드시는지요?

내담자2: 저도 저지만 남편이 욱하는 게 있어요. 저는 잔소리를 많
이 하지만 남편은 한번 화가 나면 애를 심하게 때리기도
하고… 그래서 애도 친구한테 화가 나면 이렇게 욱하는 성
질이… 지 애비 닮아서 나오는 거 같고, 그래서 이번 일도
그렇게 된 거 같아요.

상담자3: 아버지의 양육방식이 조근 조근 설명하는 식이 아니라 뭔
가 잘못했을 때 욱하고 화를 크게 내신다는 거군요. 그래
서 아이도 그 방식으로 화가 표현되는 것 같고요.

내담자3: 네. 한번은 애 어렸을 때 남편이 받아쓰기 공부를 가르
친 적이 있는데, 거의 제가 애들 돌보고, 애들 교육시키는
데… 그날은 어쩌다가 남편이 한 번 했어요. 그런데 애가
잘 못한다고 따귀를 때린 거지요. 그래서 엄청 아빠를 무
서워하게 된 거죠. 그래서 그런지……. 애도 그래서 친구
한테 참고 있다가 한번씩 욱하고 크게 표현이 돼요. 이번
에도 친구랑 축구하다가 지 때문에 졌다는 말에 화가 나서
욱해서 공을 세게 찼는데 그게 친구 얼굴에 날아가 안경이
깨지면서 문제가 생긴 거거든요.

상담자4: 그렇군요. 그러면 남편 분이 욱해서 아이들에게 표현을 많
이 하실 때 ○○ 씨는 어떻게 중재를 하시는지요?

내담자4: 사실 제가 기본적으로 남편이랑 사이가 좀 안 좋아요. 그
래서 애 아빠가 애들한테 그렇게 화를 낼 때 제가 나서면

남편이랑 더 싸움이 커져서 아무 말 안하고 있지요. 그냥 모른 척해요. 근데 보통은 제가 애들한테 잔소리를 많이 하지요.

상담자5: 어떤 부분에 대해 잔소리를 많이 하시나요?

내담자5: 공부지요, 뭐. □□가 그래도 초등학교 때까지는 제가 하라는 거 시키면 했는데 중학교 올라오면서부터 점점 제 말을 안 듣네요. 머리 컸다고 말대꾸하는 것도 점점 강해지고 지 애비 닮아서 화나면 물건을 던지기도 했어요. 저번에는 핸드폰이 막 박살이 나고… 그땐 정말 충격이었어요. 아들이 아빠를 닮아 점점 폭력적으로 되는 거 같아요. 남편이랑 사이가 안 좋지만 그래도 □□를 보면서 살고 있었는데, 점점 저는 남편에게도 시댁에게도 아들에게도 영향력이 없는 사람 같고…… (눈물)

상담자6: ○○ 씨 자신이 참 무력하게 느껴지겠네요. 특히 □□에게마저도 ○○ 씨의 말이 안 통한다고 생각하시는 거 같아요.

내담자6: 네… 저는 다 뒷전이에요. 남편한테도 시댁에도 아들마저도……

상담자7: 뭔가 뒷전이다라는 느낌이 ○○ 씨를 특히 힘들게 하는 거 같네요.

내담자7: 남편이랑 처음 연애할 땐 잘 대해 주고 열정이 있었는데, 결혼하고 나서부터 나는 뒷전인 거 같다는 생각이 들었어요. 친정에서도 사랑받지 못하고 내 존재감이 없어서 친정을 벗어나고 싶어 이제 나를 사랑해 줄 것 같은 남편과 일찍 결혼했는데, 속은 느낌이 들더라구요. 남편은 가족에게 무관심하고 회사일 아니면 술, 친구에만 관심이 있는 거

같아요. 시댁에서도 내가 인정받지 못하는데 그것에 대한
이해를 못 해 주고… 그리고 남편이 여자가 접대하는 술집
에 가는 것도 너무 스트레스예요. 남편에게 아무리 말해도
자기 직업상 어쩔 수 없다고… 내가 사회생활을 안 해서
모른다고 내 말을 귓등으로 들어요. 아들도 크면서 내 말
을 안 듣고… 내 마음대로 되는 일이 없어요. 밤에 자려고
누워도 머릿속이 복잡해서 잠도 잘 못 자겠고… 꼭 가슴에
돌덩이가 얹힌 거 같아요.

상담자8: 현재 남편과의 관계에서도 뒷전, 시댁 관계에서도 뒷전,
아들과의 관계에서도 뒷전, 그리고 친정에서도 뒷전의 느
낌으로 살았네요. 이런 마음들 때문에 ○○ 씨가 너무 힘
들 것 같아요. 더욱이 불면증까지… 마치 가슴에 돌덩이가
얹힌 느낌까지 가지고 계신 상태네요.

내담자의 주호소문제를 명료화하는 과정에서 처음에 호소했던
문제와는 다른 문제들이 새롭게 드러나기도 합니다. 이때 여러 가
지 문제 중 이번 상담에서 우선적으로 다뤄야 할 문제를 내담자와
협의하여 선정해야 합니다. 이를 상담문제 선정이라고 합니다. 예
를 들어, 우울증 때문에 왔던 내담자는 호소문제 명료화 과정을 거
치면서 정서적 우울 이외에도 분노문제, 신체적 건강문제, 자살행
동, 부부갈등, 부모자녀갈등, 형제갈등, 고립행동, 취업이나 직장
내 부적응 문제 등과 같은 많은 문제가 드러날 수도 있습니다. 이
럴 때 제시한 문제를 모두 다룰 수는 없기 때문에 문제 중에서 가장
우선적으로 다뤄야 할 문제를 선정하여 그 문제를 중심으로 상담

을 진행해 나가야 합니다. 상담문제를 선정할 때는 '내담자가 호소하는 문제가 무엇인가?' '내담자가 변화시키고 싶어 하는 문제가 무엇인가?' '현재 당면한 현안문제가 무엇인가?' '힘든 문제가 무엇인가?' '해결 가능한 문제가 무엇인가?' '구체적인 문제가 무엇인가?' '심리나 인간관계문제가 무엇인가?'(고기홍, 2014) 등을 고려하고 상담자-내담자가 협의하여 우선적으로 다뤄야 할 문제를 결정해야합니다.

참고문헌

고기홍(2014). (통합적 자기관리 모형을 통한) 개인상담. 서울: 학지사.
신경진(2010). 상담의 과정과 대화 기법. 서울: 학지사.
천성문, 이영순, 박명숙, 이동훈, 함경애(2015). 상담심리학의 이론과 실제. 서울: 학지사.

제3장

내담자 문제 이해를 위한 탐색

　이번 장에서는 내담자 문제 이해를 위해 어떻게 탐색할지 알아
보도록 하겠습니다. 탐색이란 다양한 에피소드 속에서 내담자의
호소문제를 촉발자극, 행동, 감정, 생각, 타인과의 상호작용 등까지
자세히 살펴보는 것입니다. 흔히 구체적 탐색이라고도 합니다. 더
불어 구체적으로 탐색하는 과정에서 내담자의 전반적 기능상태도
확인할 수 있습니다.

　이 장에서는 호소문제와 내담자의 전반적 기능에 대해 탐색하는
방법을 살펴보겠습니다. 내담자 문제 이해를 위한 탐색은 '사례개
념화'와 '목표 설정'으로 이어지며 작업동맹 형성을 돕기도 합니다.

1. 구체적 탐색

구체적 탐색의 중요성은 많은 슈퍼바이저들이 이야기합니다. 그렇지만 초보상담자 입장에서 무엇을 어떻게 구체적으로 봐야 하는지 쉽지 않을 수 있습니다. 구체적으로 살펴볼 생각을 하지 못하기도 하고 어려워하기도 합니다. 예를 들어, 내담자가 따돌림을 경험했다고 하면 상담자 자신의 직접적 또는 간접적 경험으로 미루어 짐작하고 넘어가기 쉽습니다. 또한 초보상담자는 내담자가 힘들어하는데 자세히 물으면 내담자를 더 고통스럽게 할까 봐, 꺼내기 싫은 이야기를 하도록 할까 봐 걱정합니다. 이런 불편함과 어려움을 극복하기 위해 구체적 탐색이 왜 중요한지, 무엇을 봐야 하는지, 어떻게 봐야 하는지 알아봅시다.

상담자가 구체적으로 탐색하는 것이 중요한 이유를 충분히 이해해야 구체적 탐색을 시도하게 될 것입니다. 구체적 탐색은 문제를 이해하기 위해 내담자가 경험한 문제와 관련된 장면에 대해 자세히 살펴보는 것입니다. 이 과정에서 역기능적인 외현적, 내현적 문제 행동을 탐색하여 명료화합니다. 예를 들어, 가시적으로 드러나는 역기능적인 언어적 표현, 비언어적 행동, 반복행동이나 습관이 있을 수 있습니다. 또한 겉으로 드러나지 않는 역기능적인 내적 반응이 있을 수 있습니다. 감각, 주의, 인지 도식, 표상, 기억, 상상, 감정, 추리판단, 가치판단, 신념, 욕구, 기대, 선택, 계획, 의지, 자기방어 및 조절 등이 여기에 해당합니다(고기홍, 2014). 내담자가 불편하고 힘들었던 장면에서 촉발자극이 무엇이었는지, 그때 내담자가 드러내 보인 행동은 무엇이었는지, 내면의 경험은 무엇이었는지, 그리고 외부의 반응은 어떠했는지 면밀히 살펴보게 됩니다. 이를 통해 내담자의 부적응적인 행동, 역기능적인 행동, 욕구 충족을 방해하는 행동이 확인되며 동시에 적응적인 방향으로 변화시킬 수 있는 부분이 무엇인지 명료하게 드러나게 됩니다. 즉, 문제의 탐색은 해결의 실마리로 이어지게 되는 것입니다. 내담자의 경험 안에 문제와 해결방법이 모두 들어 있습니다. 경험을 구체적으로 탐색하지 않고 해결방법을 모색하는 것은 모순이라고 할 수 있습니다.

내담자의 내적, 외적 경험 속에서 문제를 이해하고 해결 방향을 잡는 것은 상담자가 내담자의 어려움을 이해하는 과정이기도 하지만 더 중요한 의미는 내담자 스스로 자신의 어려움을 새롭고 다양한 시각에서 보게 된다는 데 있습니다. 내담자가 경험하는 문제상황을 구체적으로 탐색해 보면 내담자는 자신을 더욱 잘 이해하게 되고, 그 결과 자신의 문제도 효과적으로 해결할 수 있게 됩니다. 이 과정 없이 내담자가 보고하는 어려움만 표면적으로 듣고 해결책을 제시하려는 상담자의 성급한 마음은 상담자와 내담자가 협력하여 해결책을 찾아가는 과정을 방해할 수 있습니다. 또한 내담자가 자신의 문제를 다각도로 바라보고 스스로 해결함으로써 문제해결에 대한 효능감을 느낄 기회를 박탈할 수도 있습니다.

다음은 '무엇'을 구체적으로 탐색할 것인가입니다. 구체적 탐색은 최근의 문제상황 및 과거 비슷한 문제상황에 대한 탐색으로 시작할 수 있습니다. 상담 첫 회라면 특히 왜 지금 문제가 되고 있는지 살펴봐야 합니다. 내담자가 지금 상담에 찾아왔다는 것은 예전에는 크게 어려움을 느끼지 않았거나 견딜 만했었는데 현재는 그렇지 않다는 것을 의미합니다. 내담자가 최근에 불편과 긴장을 느끼게 된 일이 있었는지, 있었다면 무엇인지 일일이 확인하여 내담자를 힘들게 만드는 현재의 이유를 이해할 수 있습니다(이장호, 정 남운, 조성호, 2005). 더불어 과거에도 비슷한 어려움을 경험한 적이 있는지, 있다면 어떻게 대처했는지도 알아봐야 합니다. 과거에도 비슷한 어려움으로 고통 받았었다면 현재 문제는 일시적이라기보 다 내담자의 성격이나 가족 등과 관련된 비교적 지속적이고 뿌리 깊은 문제일 가능성이 있습니다. 이러한 경우, 현재 문제뿐 아니라 과거 문제와 성격, 가족 등도 상담의 초점이 되어야 합니다(이장호, 정남운, 조성호, 2005).

흔히 내담자가 꺼내는 이야기가 바로 문제상황입니다. 따라서 내담자가 하고 싶은 이야기부터 자연스럽게 시작하면 되겠습니다. 어떤 이야기로 상담을 시작하고 싶은지 물어봄으로써 내담자에게 상담의 주도권을 주며 상담과정으로 초대할 수 있습니다. 상담 초 기 어색함을 풀기 위해 한 주간 어떻게 지냈는지 물어보기도 하는 데, 이때 내담자가 한 주 동안 있었던 일을 보고해야 한다는 인식을 가질 수 있고, 더 중요한 하고 싶은 이야기를 못하게 될 수 있습니 다. 따라서 개입 전략으로 사용하는 것이 아니라면 정기적인 한 주 간의 생활 체크는 지양합니다. 대학생 사례에서 상담을 시작하는 장면을 잠시 봅시다.

상담자1: 오늘은 어디서부터 시작할까요? (오늘은 어떤 얘기를 하고
        싶으세요? 어떤 이야기를 하면 가장 도움이 되겠어요?)
내담자1: 잘 모르겠는데요… 어떤 얘기를 해야 하죠?
상담자2: 처음 상담을 할 때는 어떤 이야기를 해야 할지 어렵고 잘

모를 수 있어요. 예를 들면, 지내면서 특별히 기억 남았던 이야기를 하기도 하고 때로는 떠오르는 데서 시작을 하기도 해요. 어떤 이야기도 좋은데 ◇◇ 씨가 하고 싶은 이야기, ◇◇ 씨에게 중요한 이야기를 하면 보통 도움이 됩니다.

내담자2: 아 네… 아버지가 앞으로는 어떻게 할지, 일주일 정도 쉬었으니 다시 공부해야 하지 않냐고 하시더라구요. (한숨)

상담자3: 그 얘기 듣는 ◇◇ 씨 마음이 어떠셨어요?

내담자3: 너무 답답했어요. 제 자신에게 화도 나고. 왜 이렇게 나는 능력이 부족한가. 아버지 얼굴을 또 어떻게 보지?

내담자가 꺼내는 이야기부터 구체적인 탐색은 시작됩니다. 내담자의 이야기 속에서 내담자에게 자극이 된 것과 내담자가 보이는 행동 및 내적인 반응을 살펴보아야 합니다. 먼저 자극, 즉 무슨 일이 있었는지 들어보아야 합니다. 대학생 사례에서 자극은 아버지가 내담자에게 "앞으로는 어떻게 할지, 일주일 정도 쉬었으니 다시 공부해야 하지 않냐."라고 한 말이었습니다. 상담자는 내담자에게 어떤 마음이었는지 물어보며 내적인 경험을 탐색합니다. 어떤 감정을 느꼈는지, 무슨 생각을 했는지, 기대했던 바는 무엇이었는지, 계획은 무엇이었는지, 어떤 결정을 했는지 등 다양한 내적인 경험에 대해 질문함으로써 내담자와 함께 구체적으로 살펴볼 수 있습니다. 사례에서 내담자는 답답하고 자신에게 화나는 감정을 경험하고 있습니다. 그 감정을 일으킨 생각으로 "왜 이렇게 나는 능력이 부족한가."를 드러냈고, 아버지를 마주하는 것에 대한 부담스러움도 표현했습니다.

내담자가 꺼내놓은 에피소드에서 내적으로 경험했던 감정, 사고
뿐 아니라 외적으로 표현했던 행동도 살펴봐야 합니다. 내담자가
처한 상황에서 어떤 행동을 했는지 구체적으로 살펴보기 위해 "그
상황에서 ◇◇ 씨는 어떻게 행동했나요?"라고 물어볼 수 있습니다.
또한 어떻게 무슨 이야기를 했는지, 어떤 제스처(비언어적 행동)를
취했는지를 물어보는 것도 효과적입니다.

대학생 사례의 진행 과정을 좀 더 지켜봅시다.

상담자4: 아버지는 어떤 분이세요?

내담자4: 열심히 살아오셨고, 자수성가하신 분이구요. 평소에는 말
씀을 많이 안 하시는데 술 드시거나 하면 늘 너는 한자리
할 놈이다, 크게 성공할 놈이다, 그런 거 한번 실패했다고
기죽지 말라고… 다음번에는 꼭 된다고.

상담자5: 아버지가 ◇◇ 씨에게 기대를 많이 하시나 봐요.

내담자5: 제가 장남이거든요. 뭐라도 보여 드려야 하는데… 지금 아
버지 하시는 일도 잘 안되고… 경제적으로도 넉넉지 않은
데. 제가 이러고 있으니 진짜 답답하고 한심하죠.

상담자6: 아버지가 그렇게 말씀하실 때 부담이 많이 되겠어요. 꼭
성공을 해야 될 것 같은 압박감이 들겠네요.

내담자6: 네. 근데 제가 잘해야죠 뭐… 뭐 틀린 말씀 하시는 것도 아
니고……

상담자7: ◇◇ 씨 어머니는 어떠세요?

내담자7: 어머니도 제 고시 때문에 엄청 고생하셨죠. 기도 제목이

제 고시 합격이거든요. 아침마다 따뜻한 국 해 주시고. 공부 열심히 하라고 용돈 주시면서 알바할 때 하지 말라고 하시고 그런 거 신경 쓰지 말라고 공부만 하라고.

상담자8: 어머니가 그렇게 해 주시는 것에 대해 마음이 어땠어요?

내담자8: 너무 감사하죠. 저만 열심히 하면 되죠. 제가 잘 되어야 하는데.

상담자9: 한편으로는 감사한 마음이 들지만 또 한편으로는 그만큼 공부에 대한 부담감도 많았겠어요. 아, 여기 보니 여동생이 한 분 있으시네요. 동생 얘기 좀 해 주실래요?

내담자9: 동생은 착하고 성격 좋아요.

상담자10: 부모님이 ◇◇ 씨에게 하는 기대랑 동생에게 하는 기대랑 좀 차이가 있나요?

내담자10: 걔는 공부 안했고 제가 공부 잘하기도 했고 장남이기도 했고 아무래도 저한테 더 기대를 하셨는데 오히려 지금은 제 동생이 훨씬 낫죠.

상담자11: 어떤 면에서 그러세요?

내담자11: 걔는 진로가 확실하거든요. 요즘에 보건 쪽이 잘되니까 금방 취업할 거구요. 그럼 돈을 벌겠지요. 게다가 여동생은 애교도 많고 사람들이 다 좋아해요. 부모님도 그렇고요.

상담자12: 학교생활은 어떠세요?

내담자12: 수능을 못 봐서 학교가 마음에 드는 학교가 아니었고 고시 공부하느라 오티도 안 가고 동아리도 안 해서 그냥 인사하고 지내는 동기 몇 명 정도…

상담자13: 그렇게 답답하고 그럴 때 연락할 친구는 있나요?

내담자13: 고등학교 친구들이랑 만나서 게임 정도 해요.

상담자14: 그럼 스트레스 받거나 힘들 때 주로 어떻게 하세요?

내담자14: 방에서 혼자 핸드폰 보고 그래요. 뉴스 보고 취업 정보 찾
  아보고 계획을 세워 보려고 했다가 그냥 누워 있다가 도서
  관에도 가고.

상담자15: 여러 가지 시도를 해 보고 있는데 마음이 많이 나아지지
  는 않는군요.

이 사례에서는 상담 초기이기 때문에 가족관계와 학교생활 전반
에 대해 탐색을 했습니다. 이는 내담자의 반응 패턴을 이해하기 위
한 환경에 대한 탐색으로, 상호작용 방식과 형성 배경을 살펴볼 수
있습니다. 내담자에 대한 부모님의 기대가 어떤지 알 수 있고, 기대
에 대한 내담자의 마음이 죄송함과 잘해야 한다는 부담임을 알 수
있습니다. 동생에 대한 부모님의 기대는 어떠한지 물어보면서 내
담자가 동생과 비교를 통해 더 큰 부담을 느끼고 있는 점도 스트레
스로 작용하는 것을 알 수 있습니다. 그 밖에 내담자가 부담과 스트
레스를 해소하고 있는 방략이 있는지도 살펴봤습니다.

내담자 호소문제가 나타나는 상황이나 내담자의 경험을 탐색하
는 것과 더불어 상담 초기에는 내담자의 전반적인 기능에 대해서
도 구체적으로 탐색합니다. 내담자를 평가하는 것은 내담자 호소
문제의 본질을 보다 면밀히 이해하는 데 필요합니다. 또한 내담자
를 잘 이해하려고 하는 상담자의 시도는 내담자에게 신뢰감을 줄
수 있으므로 치료적 동맹을 형성하는 데에도 좋은 방법입니다. 내
담자를 평가할 때 일반적으로 고려해야 하는 사항을 나열해 보면
다음과 같습니다(한국정신치료학회, 2016).

1) 내담자 인적 사항

  (1) 기본적인 인적 사항

  (2) 일반적인 외모 또는 분위기

  (3) 상담 또는 정신과적 치료 경험, 신체적인 질병이나 건강상태

  (4) 교육 정도와 취업경험

  (5) 의사소통 양식

2) 호소문제

  (1) 호소문제의 유형, 상담에 오게 된 경위

  (2) 관련된 개인의 발달사, 성장배경, 가족사, 가족관계

  (3) 호소문제를 해결하기 위해 시도한 노력과 방법들

3) 증상

  (1) 임상적 측면(우울증, 불안, 과잉행동, 자살 충동, 수면장애 등)

  (2) 성격적 측면(성격장애, 반사회성, 수동 공격성 등)

  (3) 신체적 측면(두통, 소화불량, 신체화 증상, 자해행동 등)

4) 현재의 기능상태

  (1) 사고기능(현실 판단 능력, 문제해결 능력 등)

  (2) 정서적인 안정 정도 및 감정 조절 능력

  (3) 사회적 기능(가정생활, 사회생활, 전체적인 대인관계 양식)

5) 사회적인 지원체제의 정도

가족, 친척, 동료, 교사, 종교기관 등 내담자를 위한 지원 정도 등

이와 같은 정보는 접수면접에서도 기본적으로 파악하게 되는데, 여기에 덧붙여 상담 초기에는 좀 더 깊이 있는 이해를 위해 추가적인 관찰과 탐색을 합니다. 이때 고려하는 사항을 살펴봅시다(한국

정신치료학회, 2016).

먼저 내담자의 자아기능을 평가합니다. 이를 위해 상담자와 관계 형성이 가능한지, 상담에서 경험하는 감정을 견딜 수 있는지, 현실지각력에 손상은 없는지, 충동 조절이 가능한지, 만족 지연이 가능한지 알아볼 수 있습니다. 두 번째로 내담자가 자신의 정신 기능에 대해 어떻게 생각하는지 평가하는 것은 상담의 전략과 방향을 결정하는 데 중요합니다. 이를 심리화(또는 심리적 마음가짐)라고도 하는데 자신의 마음 상태와 작용에 대해 이해하는 데 관심을 두고 탐색해 나갈 수 있는지를 의미합니다. 특히 무의식적인 요소가 있다는 것을 개념화할 수 있는지도 심리화 능력을 평가하는 데 고려할 수 있습니다. 세 번째는 자기성찰 능력입니다. 내담자가 자신의 행동, 사고, 타인과의 관계 등에 대해 탐색하고 다루어 나가려면 스스로에 대해 그리고 자신의 경험에 대해 떨어져서 볼 수 있어야 합니다. 상담 초기에 "상담을 한 시간 해 보니 어땠나요?" "상담에 오기 전에 어떤 생각이나 기대가 있었나요?" 등의 질문을 통해 간단히 내담자의 성찰 능력을 가늠해 볼 수 있습니다. 네 번째로 호소문제가 여러 가지일 때 어떤 순서대로 다루어 나갈 것인지도 파악해야 합니다. 자살, 타해 등의 안전 문제가 있을 경우에는 최우선순위로 다루게 됩니다. 그렇지 않은 경우 내담자가 가장 중요하고 긴급하다고 느끼는 것들이 무엇인지 평가해야 합니다. 마지막으로 내담자의 문제뿐 아니라 내·외적 자원, 사회적 상황, 사회적 지지망을 평가해야 합니다.

구체적 탐색과 관련하여 마지막으로 살펴볼 내용은 '어떻게' 탐색할지입니다. 상담자가 상담기법을 효과적으로 사용하면 내담자가 자신을 이해하는 과정을 더욱 잘 도울 수 있습니다. 따라서 상담자로서 적절한 상담기법을 습득하는 것은 중요합니다. 다만, 상담기법은 단순히 기술이라기보다는 상담자의 태도와 자세, 마음가짐을 잘 표현하고 전달하는 방법이라고 강조하고 싶습니다. 특별히 어떤 반응을 언어로 표현하지 않아도 그저 내담자와 함께함으로써 공감과 수용을 비언어적으로 전달할 수도 있습니다. 따라서 기법의 습득도 중요하지만, 공감과 수용하는 상담자의 태도가 더욱 중요합니다. 그럼에도 불구하고 상담기법을 배우는 것은 태도를 잘 표현하는 것이 어려운 일이기 때문입니다. 상대방을 존중하고 이해하고 싶지만 어떻게 해야 귀 기울여 듣는 것인지, 무슨 말을 해야 상대가 내 마음을 전달받을 수 있을지 당황할 때가 많습니다. 다양한 기법을 꾸준히 연습하고 자연스러운 표현으로 녹여 낼 수 있도록 해야 합니다.

구체적인 탐색을 위해 상담자는 내담자의 경험을 경청하고 질문하며, 공감하는 모습으로 함께하게 됩니다. 잘 듣는다는 것은 집중하며 고개만 끄덕이고 있는 것을 의미하지는 않습니다. 두루뭉술하게 이야기할 때 구체적으로 질문하고, 행동의 의미와 내담자의 마음에 대해 질문해 주어야 합니다. 그리고 해당 장면에서 내담자의 마음이 어떠했을지 상담자가 느끼는 바도 전달해 주게 됩니다. 이렇듯 경청, 질문, 공감은 드러나는 형태는 달라도 내담자의 이야기를 잘 따라가고 있는 상담자의 마음이라고 볼 때는 뚜렷하게 구분할 수 없는 기법이기도 합니다. 그러나 우선 상담자의 마음과 반응을 표현할 수 있는 기법을 구분하여 살펴봅시다. 내담자를 존중하는 태도, 이해하려는 마음을 가지고 상담기법을 살펴봅시다.

2. 탐색을 위한 기법

1) 경청

칼 로저스(Rogers, 1980)는 공감적 경청이란 판단하지 않으며 상대방의 지각 세계로 들어가 상대가 경험하는 모든 것에 민감하게 귀 기울이는 것이라고 하였습니다. 제라드 이건(Egan, 1999)은 상담자가 내담자와 온전히 함께하기 위해 자기의 관심사를 제쳐 두기 때문에 공감적 경청에는 사심이 없다고 하였습니다. 즉, 경청에서 중요한 점으로 상담자가 자신의 고민이나 갈등, 관심에서 벗어나 깨어 있는 것을 강조하고 있는 것입니다. 이건(1999)은 경청의 네 가지 요소를 언급하였습니다. ① 내담자의 언어적 메시지를 듣고 이해하기, ② 내담자가 나타내는 자세, 얼굴표정, 몸의 움직임, 목소리 등의 비언어적 행동을 관찰하고 읽기, ③ 상황, 즉 내담자가 처한 사회 환경이라는 상황 속에서의 내담자를 보기, ④ 내담자가 언젠가는 깨닫고 변화시켜야 할 문제까지도 들어보기의 네 가지 요소의 공통점은 매우 적극적으로 듣는다는 것입니다. 언어적 메시지뿐만 아니라 비언어적 메시지, 그리고 메시지 속에 숨은 메시지까지 들으려고 집중하는 것입니다.

2) 공감

로저스(1980)의 공감에 대한 정의는 "치료자가 환자의 경험을 마치 자신의 것처럼 지각하고 이해하며, 이해한 바를 환자에게 전달하는 것"입니다. 초보상담자는 상담자가 내담자와 유사한 경험이 있어야 공감할 수 있는 것이 아닌지 걱정하기도 합니다. 인간이라면 누구나 가지고 있는 보편적 욕구와 가치 그리고 원하는 바가 있습니다. 예를 들어, 사랑받고 싶은 마음, 도움이 되고 싶은 마음, 이루고 싶은 마음 등을 떠올려 볼 수 있습니다. 그 밖에도 다양한데 내담자가 하는 특수한 경험 밑의 욕구는 상담자가 동일한 경험을 하지 않아도 인간이면 보편적으로 경험하는 욕구이므로 공감할 수 있는 것입니다.

앞서 언급하였듯이 공감은 기술이라기보다 내담자를 한 인간으로서 무조건적으로 존중하려는 태도입니다. 그리고 이것이 표현되는 것이 공감적 반응입니다. 공감한다는 것은 내담자 경험의 주관적 의미와 감정의 세계에 대한 깊은 관심에서 비롯됩니다. 상담자의 무비판적이고 수용적이며 공감적 분위기는 내담자가 자신의 경험을 온전히 바라볼 수 있도록 돕게 됩니다(Rogers, 1980). 이를 통해 구체적으로 탐색하여 문제를 이해하고 해결책을 찾게 되며, 나아가 자신을 존중하고 돌보는 태도를 갖게 합니다. 로저스(1980)는 이러한 결과로 자신을 새로운 경험에 개방하게 되고, 새로운 경험을 자기 개념에 통합시킬 수 있다고 하였습니다. 따라서 공감은 효과적인 상담을 위한 전제 조건이라고 할 수 있습니다.

3) 질문

질문은 이론적 접근과 상관없이 상담의 전체 과정에서 모든 상담자가 사용하는 기법입니다(Seligman & Reichenberg, 2014). 질문의 기능에는 ① 정보 수집, ② 핵심 주제에서 벗어나지 않게 하기,

③ 탐색 촉진하기, ④ 자각과 이해를 깊게 하고 표현을 촉진하기
가 있습니다. 그렇기 때문에 상담자가 내담자에게 질문할 때는 목
적을 가지고 해야 하며, 질문이 내담자에게 어떤 영향을 주는지
생각해야 합니다. 어떤 정보를 얻으려고 하는지, 그 정보가 상담
과정에 어떤 이바지를 할 것인지, 질문을 통해 다루고 싶은 부분
은 무엇인지, 상담을 어떤 분위기로 만들고 싶은지 등을 고려하게
됩니다(Seligman & Reichenberg, 2014). 상담자는 내담자에게서 필
요한 정보를 얻기 위해 질문을 사용하더라도 내담자로 하여금 자
신을 충분히 표현할 수 있도록 해야 합니다. 그렇지 않으면 상담
자와 내담자의 관계가 질문자-답변자의 관계가 되어 버리기 쉽습
니다.

　질문의 시기 또한 중요합니다. 특정 주제는 내담자가 어느 정도
상담자와 관계를 편안하게 느끼고 준비가 되었을 때 꺼내야 할 수
있습니다. 상담을 시작하자마자 내담자의 외상 경험에 대해 질문
하는 것은 관계를 해칠 수 있습니다. 내담자가 다루기 주저하는 내
용, 고통스러운 기억, 감정이 해소되지 않은 주제 등은 작업동맹 형
성을 고려하여 조심스럽게 질문되어야 합니다. 이런 우를 범하지
않는 가장 좋은 방법은 내담자 이야기의 흐름에 맞게 연상되는 질
문을 하는 것입니다. 상담자가 상담의 주제를 이끌어 가는 것이 아
니라 내담자의 흐름에 맞게 질문해 나가면 내담자는 더욱 편안하
게 자신의 내적, 외적 경험을 탐색해 나갈 수 있습니다.

　사실관계를 파악하는 질문도 필요하지만, 내담자에게 초점을 둔
질문이 더 유용한 정보를 끌어내기 마련입니다. 예를 들어, "부모
님이 이혼하게 된 이유는 무엇이었나요?"보다 "부모님이 이혼하게
됐을 때 ○○ 씨는 어땠나요?"는 내담자에게 초점을 맞추어 내담자

의 자기탐색을 촉진할 수 있습니다.

질문은 더 탐색하고 표현하도록 격려하기 때문에 공감의 한 형
태일 수 있습니다. 질문은 사건을 묘사하고 처리할 기회를 주기도
하며 감정의 탐색을 북돋기도 합니다. 이때 개방형으로 질문하여
내담자가 반응할 수 있는 범위를 폭넓게 열어 두는 것이 좋습니다.

끊임없는 질문 공세는 내담자가 방어하게 만들 수 있고, 상담자
와 내담자 간의 힘의 불균형을 가져올 수 있으므로 주의해야 합니
다. 과도한 질문은 취조당하고, 공격당하고, 판단의 여지를 주고,
무시당한다는 느낌을 줄 수 있으므로 주의를 필요로 합니다.

4) 재진술, 요약, 반영

그 밖에 재진술, 요약, 반영 등의 기법도 탐색 과정을 촉진할 수
있습니다.

재진술은 바꾸어 말하기, 환언이라고도 하며 내담자의 말 중 가
장 중요하고 의미 있다고 생각되는 것을 그대로 반복하는 것입니
다. 재진술을 통해 중요한 내용을 강조하고 명료화할 수 있습니다.

요약은 내담자의 생각과 감정을 간략하게 묶어서 정리해서 말
하는 것으로 내담자의 말에서 중요한 내용과 감정을 언급합니다
(Brems, 2005). 요약을 통해 내담자가 자기 생각을 정리해 보게 할
수 있고, 중요한 주제에 대해 자세히 살펴보게 할 수 있습니다. 특
히 내담자의 이야기가 장황하고 두서없을 때는 상담자가 이해한
바를 전달하여 잘 따라가고 있는지 확인할 필요가 있습니다. 상담
을 마무리하거나 전 시간을 되돌아보며 상담을 시작할 때도 유용
한 기법입니다.

반영은 내담자가 말과 행동으로 표현한 기본적인 감정, 생각, 태도를 상담자가 참신한 다른 말로 부언해 주는 것입니다. 이를 통해 내담자의 자기이해를 도울 수 있고, 내담자가 이해받고 있다고 느끼게 할 수도 있으며, 자유롭게 표현하도록 격려할 수 있고, 숨어 있는 의미를 드러나게 할 수도 있습니다. 이때 상담자가 내담자의 표현 그대로 반복하면 지겨울 수 있으므로 간결하고, 명확하고, 의미 있게 전달되어야 합니다. 또한 상담자의 단어가 내담자의 실제 경험과 일치하고, 감정의 내용과 강도까지도 반영할 수 있어야 합니다. 예를 들어, 내담자는 가벼운 걱정을 이야기하는데 상담자가 공포라고 표현하는 것은 부적절하겠습니다.

상담 초기에 사용하는 기법은 이처럼 내담자의 자기탐색을 촉진합니다. 탐색하는 과정이 판단이나 비난을 위한 것으로 전달되지 않도록 공감적으로 이해하는 자세가 무엇보다 중요합니다. 그런데 이때 상담자의 태도나 자세뿐 아니라 내담자의 이전 경험이나 민감성도 중요하게 작용합니다. 같은 질문이라도 어떤 사람은 더 취조하듯 받아들일 수 있습니다. 초기에 내담자의 특성을 다 파악하기는 어렵지만, 내담자의 표정이나 몸짓에서 말로 표현되지 않는 감정의 변화를 잘 관찰하는 것이 도움이 됩니다. 그리고 상담자는 내담자의 이전 경험이나 민감성에도 불구하고 관계를 발전시켜 나가며 내담자의 문제를 탐색할 수 있어야 합니다.

상담 초기에는 무엇 때문에 지금 상담에 오게 되었는지 이야기를 나누며 내담자가 호소하는 문제에 대해 구체적인 탐색을 합니다. 더불어 내담자의 기능에 대해서도 전반적으로 평가합니다. 지금까지 이야기한 것을 종합해 보면 주요 문제가 무엇인지, 어떻게 접근해 갈지 대략적인 틀을 내담자와 이야기해 볼 수 있습니다. 이

는 혼란에 빠진 내담자에게 희망과 기대를 주는 효과가 있어 매우
중요합니다.

참고문헌

고기홍(2014). 통합적 자기관리 모형을 통한 개인상담. 서울: 서울: 학지사.

이장호, 정남운, 조성호(2005). 상담심리학의 기초. 서울: 학지사.

한국정신치료학회(2016). 첫 면담(Initial Interview). 한국정신치료학회 워크
숍 자료.

Brems, C. (2005). 심리상담과 치료의 기본기술. (조현춘, 이근배 역). 서울: 아
카데미프레스.

Egan, G. (1999). 유능한 상담자. (제석봉, 유계식, 박은영 역). 서울: 학지사.

Egan, G. (2015). 유능한 상담자(원서 9판). (제석봉, 유계식, 김창진 역). 서
울: 학지사.

Rogers, C. R. (1980). *A way of being*. Boston: Houghton Mifflin.

Seligman, L., & Reichenberg, L. W. (2014). 상담 및 심리치료의 이론, 제4판
(김영혜, 박기환, 서경현, 신희천, 정남운 공역). 서울: 시그마프레스.

제4장

사례개념화

　사례개념화를 설명하기 전에 상담에서 실제(reality)와 이론 (theory)의 관계에 대해 설명하고자 합니다. 실제와 이론은 비유하 자면 땅과 지도의 관계입니다. 지도는 땅을 모사하여 만든 것으로 길을 찾거나 어떤 곳을 표상하기 위해 만든 것입니다. 따라서 지도 는 땅이 아닙니다. 지도는 땅에 대해 그림을 그린 것으로 유용하기 는 하지만 땅 그 자체는 아닙니다. 이와 마찬가지로 이론은 실제를 이해하기 위한 도구이지 실제 그 자체가 아닙니다. 지도는 땅을 탐 험하거나 땅을 이해하는 데 유용합니다. 이론도 마찬가지로 실제 를 경험하거나 이해하는 데 필요한 도구입니다. 그러나 이론을 마 치 절대 진리처럼 불변하는 것으로 여기면 안 됩니다. 땅이 변하면 지도가 변하듯 실제가 변하면 이론도 변하기 마련입니다. 사례개 념화는 일종의 지도 제작 작업입니다. 앞으로 상담 사례를 이끌어

가기 위한 지도를 그리는 것입니다. 이 지도는 상담이 진행되면서
상담자와 내담자가 앞으로 나아가는 데 도움을 주기도 하지만 상
담이 진행되면서 이 지도가 모두 맞는 것은 아닐 수 있습니다. 따라
서 지도가 실제 땅과 다르면 지도를 수정하듯이 상담을 진행하며
본래 사례개념화와 다른 내용을 만나게 되면 사례개념화를 수정하
여야 할 것입니다.

1. 정의

📂 **사례개념화 정의 예**

- 내담자의 인지적, 행동적, 정서적, 대인관계적 측면을 통합하여 포괄적으로 이해하고 상담목표와 상담계획을 수립하는 것(Loganbill, Stoltenberg, 1983)
- 내담자의 심리 · 대인관계 · 행동상의 문제를 유발하고 유지시키는 원인에 대한 핵심 가설(Eells, 1997, 2010)
- 내담자의 심리 · 대인관계 · 행동적 문제, 이 문제와 관련된 원인 및 유지 · 강화 요인들, 내담자가 가진 강점을 정확하게 파악하고, 이에 대한 종합적 이해에 근거하여 바람직한 문제해결의 방향과 효과적인 문제해결에 필요한 개입 전략 및 기법을 계획하는 것(이윤주, 2001)
- 상담자의 상담이론과 상담경험에 근거하여 내담자의 문제에 관한 다양한 단서나 정보를 종합하고, 이를 바탕으로 내담자 문제의 원인을 가설적으로 설명하여 내담자의 문제해결을 위한 목표와 전략을 구성하는 역동적인 과정(이명우, 2004)

> • 내담자의 문제의 원인과 성격에 대해서 상담자가 도출해 낸 이론적인
> 설명. 내담자와 관련된 정보를 토대로 상담자의 임상적 경험과 이론적
> 지식을 활용해서 내담자 문제의 성격과 원인에 대해 일련의 가설을 세
> 우는 것(김진숙, 2000)

앞의 예시처럼 다수의 국내외 학자들이 사례개념화를 정의하고 있습니다. 그렇다면 이 사례개념화 정의의 공통점은 무엇일까요?

우선 공통적인 정의는 사례개념화는 하나의 이론적 가설이라는 것입니다. 앞에서 설명했듯이 이는 하나의 가설적 지도를 그리는 작업이기 때문에 상담을 진행하면서 얼마든지 변경할 수 있다는 것입니다. 또한 각 상담자의 이론적 배경에 따라 얼마든지 달라질 수 있습니다. 땅은 하나이지만 여러 가지 종류의 지도를 만들 수 있는 것과 같은 이치입니다.

두 번째로 사례개념화는 이해와 계획을 위해 작성하는 것입니다. 내담자 문제의 이해 또는 상담 받고자 하는 고민에 대한 이론적인 이해와 앞으로 상담의 진행 계획을 위해 작성하는 것입니다. 이 것은 사례개념화의 목적이기도 합니다. 즉, 사례개념화는 상담을 잘 진행하기 위한 목적을 가지고 만들어지는 것이지 아무 목적 없이 하는 활동이 아닙니다.

2. 목적과 기능

정의에서 언급한 것처럼 사례개념화는 내담자 문제의 이해를 돕

기 위해 하는 작업입니다. 결국은 내담자 이해를 통해 내담자의 문제해결을 돕는 것을 목적으로 합니다. 또한 사례개념화는 상담의 방향과 계획 및 전략을 세우기 위해 하는 작업입니다.

사례개념화는 복잡하고 모순된 내용을 일관되게 조직화하는 데 도움을 줍니다. 일관된 맥락과 이론적 배경에 따라 하나의 흐름을 갖고 상담의 내용이 엮이도록 하는 것입니다. 이를 통해 상담자는 내담자를 더 명료하고 일관되게 이해하고 상담의 방향과 목표에도 일관성을 부여하게 됩니다. 또한 이러한 내용을 내담자와 공유할 경우 내담자도 자신의 문제를 정확히 이해하게 되고 이를 바탕으로 내담자와 함께 목표와 계획을 공유할 수 있으며, 이를 통해 상담 성과에 대해 희망을 가질 수 있습니다(이윤주, 2001). 더불어 내담자는 상담자가 내담자 자신의 문제를 정확히 이해하고 적절한 목표와 계획을 제시하는 것을 보는 것으로 그 자체로 상담자에 대한 신뢰를 갖게 되며 상담과정과 과제에 적극 참여하고 협력하려는 동기를 갖게 됩니다(김수현, 1997). 땅과 지도의 비유로 설명하면, 좋은 지도는 어떤 목표 지점을 찾아가는 것을 수월하게 해 줍니다. 가는 길과 목적지의 방향, 거리 등을 잘 보여 주는 지도가 여행에 큰 도움을 주듯이 말입니다.

3. 구성요소

사례개념화에 포함되는 내용은 이론적 배경, 상담자가 속한 학회의 발표 양식 또는 기타 이유에 따라 다양하게 기술할 수 있습니다. 여기서는 공통된 내용에 대한 언급과 더불어 현재 상담심리학

의 주요 학회인 한국상담심리학회에서 제시한 개인상담 사례 슈퍼
비전 기본 발표 양식(한국상담심리학회, 2018)에 맞추어 설명하도록
하겠습니다.

사례개념화에 포함되는 내용으로는 첫째, 호소문제와 관련된 내
용입니다. 이 내용에는 호소문제, 호소문제의 특징, 호소문제의 촉
발시점 및 촉발요인, 호소문제에서 보이는 내담자의 패턴 등이 포
함됩니다. 이를 통해 상담자는 내담자가 왜 상담에 왔는지, 왜 이
시점에 상담에 왔는지, 내담자의 고민이나 고통을 촉발시킨 사건
은 무엇인지 서술하게 됩니다. 또한 호소문제를 기술하면서 증상
의 유형과 심각도, 개인적 기능 또는 관계적 기능 및 그 기능의 손
상의 정도, 병력과 경과 등을 서술합니다. 이 과정에서 중요한 것은
언제, 어디서 발생했으며, 누가 무엇을 했는지 명료화하고 검토하
는 것입니다. 이 과정이 명확하지 않으면 그다음 사례개념화의 작
업도 순탄하게 진행되지 않습니다. 따라서 이 과정을 명확히 하려
면 첫 면담 또는 초기면담이 중요합니다.

둘째, 임상적 공식화(Clinical Formulation; Sperry, 2005)라고 불리
는 내용으로 왜 호소문제가 발생했는가에 대한 원인 진단과 이론
적 설명입니다. 이론적 설명은 각 이론마다 그 내용이 다릅니다.
예를 들어, 인지행동치료에서는 유발 원인을 부적응적 행동과 신
념으로 보고 그 내용을 설명합니다. 그에 비해 정신역동적 접근에
서는 무의식적 동기나 부적응적 행동패턴에 방점을 찍어 설명합니
다. 이론적 설명은 다양하지만 기본적인 내용은 공통적으로 다음
과 같습니다. 우선 유발 요인과 유지 요인이 포함됩니다. 유발 요
인에는 내담자의 발달사에서 비롯된 내용도 포함됩니다. 그 외에
도 사회적 배경, 건강력, 가족관계에서 비롯된 요인 등이 여기에

포함됩니다. 유지 요인은 내담자의 패턴이 유지되고 강화되고 견고해지도록 하는 환경적·발달적 요인들입니다. 이 요인들은 내담자의 패턴을 유지시켜 내담자를 보호하는 역할도 하지만 내담자가 적응적 패턴을 학습하는 것을 차단하는 역할도 하게 됩니다. 이 부분에서 이론적 설명은 주로 발생 원인에 대한 설명이지만 발생 원인뿐만 아니라 상담의 목표나 전략, 개입방법을 기술할 때도 중요한 역할을 합니다. 이것은 다음 단락에서 설명하도록 하겠습니다.

셋째, 상담목표 및 전략, 개입에 대한 내용입니다. 상담목표를 설정할 때 중요한 점은 내담자의 호소문제를 중심으로 우선순위를 정하여 목표를 설정해야 한다는 것입니다. 때때로 상담자들이 성격 변화와 같은 거창한 상담목표를 우선순위에 두거나 상담자 자신의 상담목표, 예를 들어 '내담자의 자존감을 높인다'와 같은 내용을 우선순위로 두는 경우가 있습니다. 이럴 경우 내담자의 주호소문제의 해결보다는 상담자의 관심사에 따라 상담이 진행되는 경우가 있습니다. 또 다른 경우 상담자는 과정목표와 결과목표를 혼동하여 목표를 설정하는 경우가 많습니다. 과정목표는 말 그대로 상담의 최종 결과를 이루기 위해 상담과정 중에 필요한 과정상의 목표를 말합니다. 예를 들어, '내담자와 라포를 형성한다'와 같은 목표는 상담과정 중 필요한 목표이지 내담자가 궁극적으로 이루고 싶은 최종 결과목표가 아닙니다. 따라서 상담목표는 내담자의 호소문제와 결과목표를 우선순위로 두고 설정하여야 하며 이론적 일관성을 가지고 기술해야 합니다. 상담목표는 측정이 가능하고 현실적어야 하며 성취 가능한 것이어야 합니다. 따라서 상담목표는 상담 기간과도 밀접한 관련이 있으며 상담자는 내담자가 성취 가능한 목표의 수준을 적절히 판단하여 내담자와 합의할 필요가 있

습니다. 대체로 단기 목표로는 증상의 감소나 이전 기능 수준으로
회복, 업무나 학업 복귀 등이며, 장기 목표는 성격 변화를 포함한
패턴의 변화를 의미합니다.

　또한 상담전략 및 개입에 대해서도 기술하게 되는데 이것은 상
담자가 상담에서 취하는 전체적인 전략과 태도, 세세한 개입방법
을 기술해 주는 부분입니다. 한국상담심리학회의 발표양식에는 목
표 및 전략과 관련된 내용은 다른 단락으로 기술해 주는 것을 기본
으로 합니다.

표 4-1 　**사례개념화 목록**

유목명	사례개념화 요소	설명
내담자 현재 문제 및 관련 증상	1. 지금 상담에 오게 된 계기	지금 상담에 오게 된 이유, 내담의 원인이 되는 사건 혹은 문제
	2. 내담자의 구체적 호소들	내담자가 호소하는 제반문제, 호소 증상
	3. 내담자의 증상	신체, 행동, 심리 및 기타 증상, 문제의 현재 특징 등
	4. 내담자의 핵심문제 및 핵심정서	문제의 핵심역동, 내담자의 핵심문제와 관련된 핵심감정
	5. 객관적 정보	지능검사 포함 심리검사 결과 및 진단, 성적, 휴학 여부, 이수학기 수 등
문제와 관련된 역사적 배경	6. 내담자의 발달적 역사	가정 환경, 가족 역사 등 내담자 문제와 관련된 발달 및 역사적 배경
	7. 문제의 기원	내담자의 문제 및 증상이 시작된 시점, 문제의 원인이라고 할 수 있는 사건과 그 당시 상황, 문제의 지속 역사, 외상(trauma), 문제와 관련된 최근의 변화상황 등
	8. 과거 문제력 및 그 당시 환경상황	문제 관련 과거 역사 중 가족 역사 및 환경 이외의 것들, 문제의 지속기간 등

문제와 관련된 내담자의 개인적 요인	9. 내담자의 자아개념	각 측면에서의 내담자의 정체성, 자기상 (이미지), 자존감, 각 측면에서의 자아 효능감, 자아개념 등
	10. 내담자의 통찰 내용과 수준	내담자가 문제와 자신, 자신을 둘러싼 인적 · 물적 · 환경적 측면에 대해 가지는 통찰 정도와 그 내용 등
	11. 인지적 스타일 및 특징	인지 내용 및 스타일, 인지적 능력 등
	12. 정서적 스타일 및 특징	생활에서 정서순환의 사이클, 표현하는 정서의 폭, 정서의 적절성, 호소문제에 대한 내담자의 정서, 내담자의 분노, 공포 및 두려움 등
	13. 신체 · 생리 · 행동적 특징	행동패턴, 섭식패턴, 성적 기능, 수면패턴 등 특징적이고 패턴적인 특징 기술의 경우 이에 해당
	14. 내담자의 원함 (wants)	상담 및 변화에 대한 동기 및 의지, 내담자가 원하는 해결방향 및 해결 양상 등
문제 관련 내담자의 외적 (상황적)요인	15. 문제와 관련된 내담자의 현재 생활 여건	거주 환경, 여가 활동, 재정, 직업, 결혼 상황 등
	16. 문제를 지속시키는 상황적 요인	문제를 지속, 촉발, 강화시키는 요인들과 그 근거 등
내담자의 대인관계 특성	17. 내담자의 대인관계 양상	가족, 친구 등 타인과의 관계(상담자와의 관계 포함), 관계의 지속성 여부, 대인관계패턴, 대인관계 특성 및 양상에 대한 가치중립적인 기술
	18. 대인관계 문제 영역	문제 관련 대인관계 영역, 현재 문제가 되는 대인관계 영역 혹은 대상 등

내담자의 자원 및 취약성	19. 긍정적 상황과 강점	외모, 타인에게 주는 호감도, 상담 약속 을 지킴, 성공 경험, 지지적인 경험, 지 지적인 대인관계망, 스트레스에 대한 인 내력, 스트레스 대처 능력, 의사소통 능 력, 정서표현 능력 등
	20. 내담자의 대처 전략	내담자가 문제 및 그 해결에 대해 갖는 대처 전략 혹은 대처 계획
	21. 부정적 상황과 약점	고민, 이슈, 문제, 증상, 대인관계 기술 혹은 문제해결 기술 결핍, 향상의 장애 요소 등
문제/내담자에 대한 종합이해	22. 핵심문제에 대한 이론적 설명	상담자의 이론적 배경에 근거한 문제 전 체, 문제의 원인과 과정 등에 대한 종합 적 설명
	23. 내담자와 관련된 요인들에 대한 종합적 이해 및 평가	문제를 촉발, 강화시킨 요인 및 조건, 내 담자에 대한 종합적 이해, 내담자 및 내 담자 문제에 대한 진단 혹은 평가
상담목표 및 계획	24. 최종 목표 (혹은 장기 목표)	상담의 종결시점 혹은 그 이후를 시점으 로 하는 목표
	25. 과정목표 (혹은 단기 목표)	상담 중에 도달하게 될 목표, 회기 목표, 중간 목표 등을 포함
	26. 상담 전략	상담목표를 얻기 위한 탐색 방향 설정, 초기 상담계획, 상담유형, 상담 면담의 빈도와 기간, 투약·집단상담 등 병행할 만한 방법 포함
	27. 상담목표 달성의 예상 장애 요소	상담목표 달성에 장애·장벽으로 상담 자가 예상하는 요소·요인들

출처: 이윤주(2001), p. 85에서 인용.

4. 높은 수준의 사례개념화

그렇다면 어떤 사례개념화가 잘된 사례개념화인가에 대해 살펴보도록 합시다. 지도는 사용하는 사람의 용도에 맞아야 합니다. 때로는 너무 세세하고 자세한 지도가 길을 찾는 데 오히려 방해가 될 수도 있습니다. 때로는 세세한 부분은 생략하고 중요한 부분만 강조하여 표시한 지도가 더 좋은 지도일 수도 있습니다. 사례개념화도 마찬가지로 상담을 하는 상담자에게 유용하여야 합니다. 높은 수준의 사례개념화는 유용한 가설로서 기능할 수 있어야 합니다.

우선 사례개념화는 일관성이 있어야 합니다. 내담자가 방문한 계기부터 호소문제, 이론적 설명까지 논리적으로 일관된 내용이어야 합니다. 호소문제와 동떨어진 이론적 설명이나 상담목표는 일관성을 떨어뜨려 상담자가 내담자를 이해하는 데도, 상담을 진행하는 데도 방해가 됩니다. 그러한 경우 대부분 상담자가 내담자와 상담목표에 대해 동의하는 과정을 밟지 않아 혼란 속에서 방황하는 경우입니다. 일관성에는 이론적 일관성도 포함됩니다. 초보상담자는 아직 하나의 이론적 입장을 가지고 상담을 진행하는 것이 어려울 수 있으나 그래도 사례개념화는 하나의 이론적 입장으로 일관되게 기술하는 것이 좋습니다. 여러 이론을 혼합하여 설명한다고 좋은 사례개념화가 아닙니다. 각 상담이론이 상담자가 갖추어야 할 태도나 전략에 대한 내용이 다르기 때문에 일관된 이론적 설명을 한다는 것은 상담자가 일관된 태도로 상담에 임할 수 있게 된다는 의미이기도 합니다.

또한 구체적이어야 합니다. 즉, 내담자가 말한 내용, 심리검사 등의 자료에 근거하여 구체적인 내용이 있어야 합니다. 개념적인 이론적 설명만으로 이루어진 사례개념화는 구름 위의 집처럼 공허할 수 있습니다. 사례개념화가 하나의 가설이기는 하나 그 가설에는 근거가 있어야 합니다. 따라서 상담자는 내담자의 구체적인 에피소드, 언어 표현, 심리검사, 관찰 내용 등에 근거하여 구체적으로 기술하여야 합니다.

다음으로 사례개념화의 요소들이 모두 포함된 것이어야 합니다. 간혹 사례개념화를 기술할 때 처음부터 발달적 배경을 기술하는 경우가 있습니다. 내담자 문제의 원인을 발달적 원인으로 보고 그 내용이 중요하다고 생각하여 기술하는 것으로 보이나 이는 사례개념화의 구성 요소인 진단적 요소, 즉 호소문제와 그 특징에 대한 내용을 생략한 것입니다. 사례개념화는 진단적 요소와 임상적 요소, 즉 원인과 관련된 내용과 상담개입적 요소인 개입과 관련된 내용이 골고루 포함되어 있어야 합니다. 쉽게 표현하면 이 사람이 현재 고민하는 것은 무엇이고 그 원인은 무엇이며, 앞으로 어떻게 해결해 나갈 것인가에 대한 가설을 고루 담고 있어야 합니다.

마지막으로 높은 수준의 사례개념화라는 것은 높은 수준의 설명력과 예측력이 있어야 합니다. 설명력이라 함은 앞에서 기술한 요소들을 포함하여 내담자 문제를 얼마나 잘, 그리고 상세히 설명할 수 있느냐, 논리적 일관성을 가지고 설명할 수 있느냐이며, 예측력이라 함은 앞으로 상담과정 중에 보이는 내담자의 행동, 사고, 감정 등을 잘 예측할 수 있느냐입니다. 사례개념화는 하나의 이론적 가설이기 때문에 이론이 가져야 하는 설명력과 예측력을 가져야 좋은 사례개념화라고 할 수 있습니다. 되도록 적은 가설로 많은 행동을 설명하고, 앞으로 표현될 많은 행동을 예측할 수 있다면 그것은 좋은 사례개념화인 것입니다.

　사례개념화에 대한 장을 마치며 다시 한번 강조하고 싶은 것은 사례개념화는 하나의 가설이자 지도라는 점입니다. 땅에 변화가 생기면 지도를 수정해야 하듯이 내담자에 대한 새로운 사실이나 몰랐던 부분을 알게 되면 사례개념화는 언제든지 다시 쓰고 수정할 수 있습니다. 처음에 기술한 사례개념화를 고집하기보다 내담자의 현실(reality)에 맞닥뜨려 새로운 발견을 할 때 유연하게 가설을 바꾸는 것이 내담자를 돕는 데 유용합니다. 사례개념화는 상담을 진행하기 위한 도구로서 수정과 보완을 거듭하여 기술할 수 있으며 그렇게 수정과 보완을 거치는 것이 상담의 하나의 과정이며 내담자와의 상담과정인 것입니다.

　다음은 40대 여성 사례에 대한 사례개념화 예시입니다.

　　내담자는 아들이 학교폭력문제로 상담을 받으면서 아들의 상담자의 권유로 상담에 오게 되었다. 자신의 상담에 와서는 아들에 대한 문제보다 남편과의 불화, 시댁에 대한 피해의식, 아들에 대한 화와 자신의 화병에 대해 호소하였다. 이 호소문제들의 공통적인 특징은 내담자가 남편, 시댁, 아들에 대한 분노의 감정을 많이 느끼고 있다는 점이며, 분노와 화를 경험하고 있으나 적절한 방법으로 표현하지 못하고 억제 및 억압함으로써 우울과 무기력, 신체화 증상을 경험하고 있다는 것이다.

　　내담자는 말이 없고 고집 센 아버지와 유약하고 무기력한 어머니 밑에서 2남 2녀 중 둘째 딸로 태어났다. 바로 위의 오빠가 내담자가 3세 경에 사망하고 이후 남동생이 태어나면서 유일한 아들이 된 남동생에게 부모와 친척들의 관심이 집중되었다. 내담자는 관심을 받고 싶은 마음에 어머니에게는 착한 딸로서 남동생을 돌보고 집안일을 하는 등 순응하는 태도를 보였으나 관심을 독차지하는 남동생에게는 질투의 감정을 느끼기도 하였다. 내담자의 언니는 스스로 학비를 벌어 대학에 진학했으나 내담자는 집안 경제 형편을 생각해 대학 진학을 포기하고 일찍부터 경제활동을 하였다. 대학에 진학하지 못한 콤플렉스를 자신의 아들을 통해 보상하려고 하여 아들의 공부에 지나치게 간섭하고 잔소리하여 마찰과 갈등이 심했다. 내담자는 어려서부터 자신의 감정을 표현하고 자기주장을 하기보다 순응적이고 유순한 태도로 부모의 인정을 받기를 원했으나 제대로 인정받거나 관심을 받지는 못한 것으로 보인다. 관심받고 인정받고자 하는 욕구의 좌절로 인해 생긴 자신의 분노 감정이나 화는 억압하였으며, 자기의 감정을 표현하기보다는 상대의 요구를 거절하지 못하고 들어주는 등의 패턴으로 더욱 공고화되었다. 현재 남편이나 시댁과의 관계에서도 열심히 내조하고 시댁의 요구도 들어주고 있지만, 자신의 노력이나 고통에 대해서는 관심을 주지 않는 남편과 시댁에 대해 서운함과 억울함, 화를 경험하고 있으며 이를 직접적으로 표현하지 못하고 우울과 무기력, 신체화 반응 등으로 표현하고 있는 것으로 보인다. 내담자는 자신을 열심히 해도 인정받지 못하는, 그리고 자신의 감정을 솔직히 표현하는 데 미숙한 사람으로 인식하고 있다. 반면 남편이나 시댁, 그 외 주변인들은 자신의 노력을 알아주지 않고 자신에게 관심이 없는 야속하고 무심한 사람들로 인식하고 있다.

내담자는 사랑받고 관심받고 인정받고 싶은 욕구의 좌절로 인한 우울과 분노를 경험하고 있으며, 타인이 자신의 노력을 알아주고 인정해 주지 못하는 것에 대한 서운함과 억울함을 가지고 있다. 그러나 이를 직접 표현하거나 성숙한 방식으로 해결하려고 하기보다 억제 또는 억압하거나 아들을 통해 대리만족을 얻으려는 방식으로 해결하려고 한다. 이렇게 해결하는 것이 더 이상 효과적이지 않고, 신체 증상, 우울 및 무기력으로 나타나고 있다. 상담에서는 내담자가 과거 또는 현재 가족관계에서 표현하지 못했던 감정들을 표현하도록 격려하며, 현재 가족관계 또는 대인관계에서 자신의 욕구를 적극적으로 표현하고 상대에게 자신의 요구사항을 전달하는 등의 행동 변화에 노력을 기울이도록 개입할 것이다.

내담자의 강점은 성실함과 인내를 가지고 있으며 이를 바탕으로 상담에 성실하게 임하고 있는 점이다. 또한 자신을 변화시키고자 하는 동기가 높으며 타인의 욕구나 감정상태를 예민하게 알아차리고 반응하여 타인과 긍정적인 관계를 맺을 수 있는 능력이 있다. 이러한 점 때문에 앞으로 상담에서 변화 가능성은 높은 편이라고 할 수 있다.

참고문헌

김수현(1997). 정신역동적 사례공식화: 계획공식화 방법과 개별적 갈등공식화 방법을 중심으로. 한국심리학회지: 상담 및 심리치료, 9(1). 129-155.

김진숙(2000). **청소년상담과정 및 기법**. 한국청소년상담원.

이명우(2004). 상담사례개념화 교육 프로그램 개발 연구. 연세대학교 대학원 박사학위논문.

이윤주(2001). 상담 사례개념화 요소목록 개발 및 수퍼비전에서 중요하게 지각되는 사례개념화요소 분석. 한국심리학회지: 상담 및 심리치료, 13(1). 79-93.

한국상담심리학회(2018). 한국상담심리학회 개인상담 사례 수퍼비전 보고서 기본양식. http://krcpa.or.kr/boardManagement/board.asp?board_menu=view&boIdx=238017&bid=bid_16&menuCategory=4&subMenu=1&subTabMenu=&subLeftMenu=&taskDelS=&boTermi=1&boStartDatei=&boEndDatei=&searchName=2&searchText=

Eells, T. (1997, 2010). *Handbook of psychotherapy case formulation.* New York : Guilford Press.

Loganbill, C., & Stoltenberg, C. (1983). The Case Conceptualization Format: A Training Device for Practicum. *Counselor Education and Supervision, 22*(3), 235–241.

Sperry, L.(2005). Case conceptualizations; The missing link between theory and practice. *The Family Journal, 13*(1), 71–76.

목표 설정

　이번에는 상담에서 목표를 설정하는 것에 대해 이야기해 보려고 합니다. 앞서 사례개념화에 대한 장에서도 목표 설정에 대해 언급하기는 했지만, 상담에서 목표를 설정하는 것은 중요할 뿐만 아니라 구체적인 방법을 숙지할 필요가 있는 주제이기 때문에 별도의 장에서 다루는 것이 좋겠습니다. 이 장에서는 목표를 설정하는 것이 왜 필요한지부터 살펴보도록 하겠습니다. 상담에서 목표를 설정하는 것은 상담자와 내담자가 함께 어디를 향해 갈 것인지를 명확하게 알도록 해 준다는 점에서 중요합니다. 이로 인해 상담과정에서 나타날 수 있는 혼란을 최소화하고 상담을 조직적으로 진행할 수 있습니다(박태수, 고기홍, 2003). 또한 목표를 설정함으로써 상담자와 내담자는 상담에서 이룰 수 있는 것과 이룰 수 없는 것에 대해 기준을 갖게 되기도 합니다.

상담에서 무엇을 목표로 할 것인지에 대해서 생각해 봅시다. 상담에는 다양한 이론이 있고, 이론마다 지향하는 상담목표들은 서로 다르게 보이기도 합니다. 예컨대, 정신분석상담에서는 무의식을 의식화하고 자아를 강화하는 것을 상담목표로 하고, 행동치료에서는 문제가 되는 행동을 소거하고 바람직한 행동을 학습하는 것을 목표로 합니다. 합리적 정서행동치료에서는 유연하고 과학적인 사고를 하는 것을 목표로 합니다(Corsini & Wedding, 2004). 이들 목표는 각 이론이 지향하는 인간관을 근거로 설정된 것들입니다.

그런데 앞서 언급한 '상담에서 목표 설정이 왜 중요한지'를 떠올린다면 이러한 이론들에 앞서 내담자 개개인에게 적절한 상담목표를 설정하는 것이 더욱 바람직한 것으로 판단할 수 있습니다. 내담자의 개별적인 사례개념화에 근거하여 목표를 설정하는 것은 내담자의 문제나 특성에 따른 가장 적절한 전략을 구상하는 데 도움이 될 것입니다(이명우, 2017). 예를 들면, 생애 초기에 무책임하고 폭력적인 아버지와 관계에서 두려움과 분노를 주로 경험했고, 성인이 된 후 권위자에 대한 분노를 강하게 느끼는 내담자가 있습니다. 현재 이 내담자가 권위자와의 잦은 마찰이 문제행동이 되어 상담을 찾게 되었다면, 이 내담자의 사례개념화에 근거한 상담목표는 다음과 같이 정할 수 있습니다. ① 자신의 분노에 대해 이해하고 분노 행동의 강도와 횟수를 줄이기, ② 분노를 화로 표현하기보다 자기주장하고 자기표현하는 방법을 학습하기, ③ 아버지에 대한 분노 감정을 상담에서 충분히 언어적으로 표현하고 이를 통해 아버지와 부딪히는 횟수를 줄이기입니다.

1. 목표 설정 방법

상담목표는 상담자가 독단적으로 설정하는 것이 아니고 내담자가 요구하는 것을 그대로 목표로 할 수 있는 것도 아닙니다. 목표를 설정하는 다양한 지침들이 있는데, 우선 앞서 제시한 40대 여성 사례를 먼저 살펴보도록 하겠습니다. 그리고 상담목표를 설정하는 몇 가지 방법을 살펴봅시다.

3회 중후반

상담자1: 지난 시간에 우리가 많은 이야기들을 나누긴 했지만, 상담 시간엔 힘들고 어려운 문제들을 단순히 누군가에게 이야기하고 푸는 것이 아니라 상담을 통해 해결하고 싶은 목표를 세우고 이를 향해 나아가는 것이 중요합니다. 상담을 하면서 어떤 점이 좋아지길 바라시나요?

내담자1: 제 자신이 좀 행복해졌으면 좋겠어요.

상담자2: 네… 행복해지고 싶다… 근데 저희 상담소에서는 대개 ○회까지 상담이 진행되는데, 이 기간 내에 현실적으로 어떤 부분이 바뀌면 ○○ 씨가 스스로 행복하다고 느낄 수 있을까요?

내담자2: 아들과의 관계가 너무 힘들어요. 아들을 볼 때마다 안쓰럽기도 하고 화도 나고… 나도 걔에 대한 내 마음을 모르겠어요. 다 큰 아들이 툭하면 막 소리를 지르고 성질을 부리고 하니 무서운 마음도 들어요. 어려서부터도 화를 내기 시작하면 처음엔 나도 야단치며 달래 보다가도 결국엔 다 내가 지는 식이였어요.

상담자3: 네. 그럼 아들과의 관계 문제를 상담목표로 세우고 싶으신 건가요?

내담자3: 네. 맞아요. 아들과 사이가 좀 편해졌으면 좋겠어요. 그리고 아들이 화를 낼 때 그냥 피하거나 하는 것이 아니라 엄마로서 아이를 좀 더 잘 다룰 수 있으면 좋겠어요. 애가 화를 막 내고 막무가내로 나올 때는 제가 어떻게 할지 모르겠어요.

상담자4: 아드님과의 관계를 개선하고 싶으신 거군요. 그리고 아들이 화를 낼 때 엄마로서 잘 대처하고 다룰 수 있었으면 좋겠나 보네요. (네.) 네, 그럼 우선 그 문제를 상담에서 다루기로 하지요. 그럼 어떻게 개선되었으면 좋겠는지 조금 더 구체적으로 얘기하실 수 있을까요?

내담자4: 아들과 대화라도 제대로 할 수 있었으면 좋겠어요. 화부터 내니까 대화도 안되고… 나도 자꾸 화내거나 속상하니까 울게 되는데… 아이와 얘기가 될 정도만이라도 됐으면 좋겠어요.

상담자5: 아들과 대화할 수 있는 정도로 관계가 개선되면 좋겠군요. 그럼 그 정도 수준이 되면 상담에서 도움을 받았다고 느끼실 수 있겠네요. (네.) 또 어떤 목표를 세우고 싶으신가요?

내담자5: 제가 아들 문제, 시댁 문제 때문에 고민하고 생각도 많다 보니 잠을 제대로 잘 수가 없어요. 지난주에도 잠을 잘 못

잤는데… 가끔씩 잠이 정말 안 올 때가 있어요. 인터넷 같은데서 불면증 치료 같은 거 많이 찾아보고 다 노력해 봤는데도 잘 안돼요. 잠들려고 누워도 몇 시간 동안 잠이 잘 안 오고 잠 들었다가도 금세 깨고… 잠을 잘 못 잔 다음날은 늦게까지 자리에 누워 있게 되고 종일 멍한 느낌이에요. 너무 힘들어요.

상담자6: 네. 그럼 불면증 문제요…

내담자6: 네. 잠이 보약인데 잠을 잘 못자니 오늘은 잠이 올까 생각에 불안하고… 그래서 커피 같은 것도 아예 안 마시는데도… 암튼 걱정이 많이 돼요. 불면증이 고쳐졌으면 좋겠어요. 근데 선생님, 상담을 하면 불면증도 고쳐지나요? 저 상담하는 이유가 그게 커요.

상담자7: 네. 잠이 참 문제죠. 상담에서는 병원에서처럼 수면제를 처방하거나 하는 방식으로 불면증을 고쳐 나가지는 못하지만 불면증의 원인이 되는 내 마음의 문제를 들여다보고 그걸 풀어 나가는 방식으로 진행이 돼요. 다른 신체적인 문제가 없다면… 대부분 마음속 불안이나 걱정들 때문에 잠을 못 자거나 자더라도 수면의 질이 나빠지는 거잖아요. 상담을 통해 자기 문제를 들여다보고 하나씩 정리해 가다 보면 불면증 또한 차츰 나아질 수 있어요. 앞으로 상담시간에 수면 양상을 체크해 가면서 좀 나아지는지를 확인해 볼게요.

내담자7: 네. 알겠어요.

상담자8: 또 다른 목표가 있을까요?

내담자8: 사실 시댁 문제도 어떻게 해결이 되었으면 싶어요. 시댁에

서 내가 뭘 어떻게 해야 할지 잘 모르겠어요. 남편과 시댁
에 내 할 말은 좀 하고 살고 싶어요.

상담자9: 네. 시댁이나 남편과의 관계에서 내 주장이나 표현을 하고
싶으시다는 말이군요. (네.) 그래서 이 문제는 어느 정도
까지 표현할 수 있으면 좋아졌다고 느끼실 수 있을까요?

내담자9: 최소한 명절이나 시댁 빚 문제에 대해서 남편과 상의할 수
있을 정도는 얘기를 할 수 있으면 좋겠구요. 그래서 지금
처럼 저만 혼자 일하고 우리집만 시댁 빚을 갚는 상황은
벗어났으면 좋겠어요. 시댁에도 제가 뭐가 힘든지 아실 수
있게 말씀 드릴 용기가 있으면 좋겠어요. 사실 남편이랑
시댁 상황은 내가 아무리 상담을 한다고 해도 쉽게 바뀌진
않을 것 같아요. 그래도 어쨌든… 남편이랑 시댁관계에서
제가 더 이상 스트레스를 쌓아 두지 않고, 적어도 하고 싶
은 말은 그때그때 좀 풀면서 살고 싶어요.

상담자10: 상담을 통해서 앞서 얘기하신 화나거나 불편한 감정들을
좀 상담에서 표현하실 필요도 있다고 생각되네요. 그리고
상담이 진행되면서 남편과 시댁에 내 의사표현을 확실히
해서 거기서 받는 스트레스나 마음의 부담을 많이 덜고 싶
은 거군요.

내담자10: 네. 그럼 좋죠.

상담자11: 네. 그럼 이것도 상담에서 같이 이야기해 보지요. 정리하
면, 우선 아들 양육에 있어서 아들과의 관계를 개선하고,
아들이 문제를 보일 때 이에 대해 적절하게 대처하는 법을
배우고 싶다는 목표가 첫 번째고, 두 번째, 남편과 시댁 문
제에서 내 의사표현을 확실히 해서 스트레스가 생겼어도

잘 해결하고 싶은 거, 그리고 불면증이 자연스럽게 나아지
는지도 확인해 보는 게 좋겠습니다. (네.) 그럼 이 문제들
을 앞으로 하나씩 이야기해 보지요.

내담자11: 네. 좋아요.

상담자12: 그래요. 오늘 이렇게 이야기를 나눴는데 얘기하고 나서
지금 어떤 기분이 드시는지요?

내담자12: 네. 아까 말하면서… 제가 뒷전이란 느낌으로 그동안 살
아왔구나 하는 게 제일 크게 느껴졌어요. 좀 시원한 느낌
도 들구요.

상담자13: 네. 저도 그 얘기하실 때 마음이 짠해졌었어요. 그럼, 다
음 시간에 이어서 이야기 나눌게요.

첫째, 상담목표는 내담자의 주요 관심사에 따라 정해져야 합니
다. 이 축어록에서 확인할 수 있는 것은 내담자의 관심사를 중심으
로 상담목표가 정해진다는 점입니다. 상담자는 "어떤 점이 좋아지
길 바라는지" "~를 상담목표로 세우고 싶으신지" "어떻게 개선되
면 좋겠는지" 내담자에게 직접적으로 질문합니다. 내담자가 다루
고 싶어 하는 주요 관심사를 바탕으로 상담목표를 설정하는 것은
상담이 내담자의 문제해결을 위해 상담자와 내담자가 협력하는 과
정이라는 점에 가장 부합하는 목표 설정 방법입니다. 그리고 내담
자의 관심사에 따른 목표는 내담자가 그 목표를 달성하고자 하는
동기를 갖도록 합니다. 따라서 목표 설정의 기본 원칙은 내담자가
다루고 싶어 하는 주요 관심사를 바탕으로 상담목표를 설정하는
것입니다.

둘째, 상담목표는 관찰이 가능한 구체적이고 행동적인 용어로 기술해야 합니다. 이 축어록에서는 상담목표가 구체화되는 과정이 드러납니다. 내담자는 "행복해졌으면 좋겠다"고 바람을 드러내었다가, "어떤 부분이 바뀌면"이라는 상담자의 질문에 "아들과 관계가 개선되면 좋겠다"라는 보다 구체적인 바람을 이야기하지요. "조금 더 구체적으로"라는 상담자의 요청에 "아들과 제대로 대화할 수 있는 관계가 되면 좋겠다"고 표현합니다. 이어서 "화내거나" "울지 않고" "아이와 얘기가 될 정도"라고 스스로 목표를 더욱 구체화합니다. 만일 내담자가 이 정도로 구체화하지 않았다면 상담자는 '제대로 대화'하는 것이 어떤 상태인지 더 구체화하는 작업이 필요했을 것입니다. 또 다른 목표 설정 과정에서도 "시댁 문제도 어떻게 해결"하고 싶다는 바람을 "내 주장이나 표현을 하고 싶다"는 것으로 구체화하고, 더 나아가 "명절이나 시댁 빚 문제에 대해서 남편과 상의할 수 있는" 것을 목표로 합니다. 이처럼 관찰이 가능한 목표를 설정하는 것은 상담자와 내담자가 상담의 효과를 서로 확실하게 평가할 수 있도록 하는 이점이 있습니다. 따라서 가능하면 구체적이고 행동적인 관찰 가능한 상담목표 설정이 바람직합니다.

셋째, 상담목표에는 상담자가 보는 내담자의 문제점이 포함되기도 합니다(홍경자, 2001). 40대 여성 사례에서 내담자가 관심을 두는 목표는 아들과 관계 개선, 남편과 시댁 문제에 대해 의사표현을 하는 것, 그리고 불면증이 개선되는 것으로 명시되었습니다. 그런데 내담자는 이번 상담시간의 주된 관심사는 아니지만 자신이 "뒷전"이라는 느낌으로 살아온 것에 대해 "제일 크게" 느꼈다고 말합니다(내담자12). 그리고 이후 상담에서 '뒷전'이라는 느낌이 이 내담자의 삶 전반에서 드러나는 주요한 정서임이 드러납니다. 사실 자신이 '뒷전'이라는 반복되는 내적 경험이 가족 간의 관계 및 깊은 우울의 근원이었습니다. 숙련된 상담자라면 이 즈음에서 자신이 뒷전이라는 내담자의 정서가 내담자가 겪는 많은 문제의 핵심임을 파악할 것입니다. 그리고 아마도 내담자의 이 정서를 더 주의 깊게 살피고, 나아가 내담자가 자신의 이러한 감정의 원인을 이해하고 현실 생활에서 자각하고 적절하게 대처할 수 있도록 하는 것을 상담목표로 설정할 것입니다. 즉, 상담목표로는 내담자가 집중하는 목표 이외의 목표가 상담자에 의해 설정될 수도 있습니다. 다만 이 문제가 내담자가 현재 크게 집중하고 있는 문제가 아니라는 점, 그리고 상담시간이 끝나 가는 시점이라는 점에서 "저도 그 얘기하실 때 마음이 짠해졌었어요.(상담자13)"라고 관심을 표현한 것 이상으로 깊게 들어가지 않았습니다. 상담자가 염두에 두는 목표는 내담자와 공유할 때 가장 유용합니다만, 이처럼 상담자가 내담자의 특성을 고려하여 설정한 목표를 내담자와 언제 공유할지에는 적절한 시기가 있습니다. 즉, 상담자가 파악한 문제와 그에 따른 목표를 내담자가 수긍할 수 있을 때가 적절한 때입니다.

넷째, 내담자가 원하는 목표에 대해 상담에서 사용하게 되는 전략을 설명하는 과정도 필요할 것입니다(Hackney & Cormier, 2004). 이 사례에서 내담자는 "불면증이 고쳐졌으면 좋겠어요. … (중략) … 상담을 하면 불면증도 고쳐지나요?"라고 궁금해했고, 이에 대해 상담자는 약물 처방이 아닌 우울이나 불안 감소 등으로 불면증을 치료하게 될 것이라고 전략을 설명합니다. 이러한 설명은 내담자가 목표 달성을 위해 어떠한 과정을 겪게 될 것인지 예상할 수 있도록 하여 편안함을 느끼게 할 수 있고 자신의 역할을 인식하도록 돕는 기능도 있습니다.

이번에는 대학생 사례에서 목표를 설정하는 장면을 살펴보면서 목표 설정 방법을 추가적으로 설명하도록 하겠습니다.

4회 중반

상담자1: ◇◇ 씨 얘길 들어 보니 지금 진로에 대해 굉장히 불안하고 그런데 고시가 안되면 안될 것 같은 그런 마음이 있는 것 같네요. 그리고 그 뒤에는 집에서 ◇◇ 씨에게 걸고 있는 기대에 대해 과도한 책임감을 갖고 있고, 적성과 맞지 않는 공부를 계속해 오며 부적절감과 실패감이 누적되어 다소 이런 상태로 공부하기에는 집중도 안되고 공부도 잘 안되는 패턴 가운데 있는 것 같습니다. 고시에 집중하다 보니 대인관계에 있어서도 스스로를 많이 고립시켜서 그것도 현재에 어려움에 기여하고 있는 것 같습니다. 쌓이는 것들을 적절히 해소하지 못하고 지내 온 것 같습니다.

내담자1: 네. 그런 것 같아요.

상담자2: 우리가 앞으로 10번 정도 더 만나게 될 텐데 그동안 어떤 부분이 바뀌면 ◇◇ 씨에게 도움이 될까요? 상담이 끝날 때 ◇◇ 씨가 어떻게 되면 상담을 잘했다, 효과가 있었다고 생각할까요?

내담자2: 진로를 확실하게 정하고 싶어요.

상담자3: 확실하게 정한다는 건 어떤 건가요?

내담자3: 고시를 할지 안 할지 결정하고 정해진 대로 두 번 생각하지 않고 될 때까지 끝까지 하는 거요.

상담자4: 흔들림 없이 확실한 진로 결정을 원하는 걸로 들리네요. 그 렇게 되면 좋은데 사람의 마음이 정하고 나서도 되돌아보 기도 하고 흔들리기도 하고 그게 자연스러운 과정이에요. 지금 ◇◇ 씨가 굉장히 많이 혼란스럽고 흔들리고 그래서 마음에 중심이 잡혔으면 좋겠다는 이야기인 것 같아요.

내담자4: 네. 그렇네요.

상담자5: 뭘 보면 ◇◇ 씨가 중심이 잡힌 쪽으로 갔다는 것을 알 수 있을까요?

내담자5: 고시에 대해 마음이 정리되면 그것만으로도 좋을 것 같아 요. 물론 혹시라도 고시가 아니라면 어느 쪽으로 가야할지 방향을 잡고 싶고요. 그리고 공부가 너무 안돼서 중간고사 를 망쳤거든요. 집중이 좀 되면 좋겠어요.

상담자6: 진로에 대한 혼란스러움의 정도가 줄어들고, 특히 고시에 대한 입장을 정리할 수 있으면 좋겠다는 거네요? 그리고 집중력이 향상되는 것도 원하는 것이구요?

내담자6: 네.

상담자7: 그래요. 그리고 어쩌면 확실하게 진로를 결정하고 싶다는 마음이 혼란을 가중하고 집중력에 방해가 되는 건 아닐까 하는 생각도 드는데, 어때요?

내담자7: 그런 것 같아요. 확실하게 정해진 진로가 아닌데 공부를 하고 있으니까 이게 무슨 소용이 있을까 잡념이 더 생기는 것 같아요.

상담자8: 그럼 진로에 대해 조금 더 유연한 사고를 하게 되는 것도 필요하겠네요.

내담자8: 그렇네요.

다섯째, 내담자에 대한 종합적 이해에 근거한 목표를 설정해야
합니다. 40대 여성 사례 역시 내담자의 현재 문제와 내담자의 내
적·외적 특성 등을 종합적으로 이해한 바에 근거해서 목표를 설
정했지만, 제시된 대학생 사례에서는 어떻게 내담자에 대해 종합
적으로 이해한 바를 근거로 목표를 설정하는지가 드러납니다. 상
담자1에서는 앞서 진행한 상담을 통해 상담자가 내담자에 대해 이
해한 바를 요약해서 전달하고 있습니다. 내담자에 대해 상담자가
이해한 바를 표현하고 이에 대한 내담자의 반응을 확인한 후, "어떤
부분이 바뀌면" 좋을지를 묻고 있습니다. 이처럼 상담자가 사례에
대해 개념화한 것을 내담자와 나눌 수 있고 이를 근거로 목표가 설
정된다면 작업동맹은 더욱 견고하게 맺어질 것입니다.

여섯째, 상담목표는 중간에 수정할 수도 있습니다. 목표를 설정
하는 것은 한 번의 과정으로 끝나는 것이 아니라 상담을 진행하면
서 검토와 수정이 가능합니다. 원래의 목표는 새로운 목표로 변경
되기도 하고 내담자에게 더욱 적절한 목표가 추가되기도 합니다.
대학생 사례는 앞서 제시한 축어록에서 진로, 특히 고시에 대한 입
장을 정리하고, 집중력을 향상시키고, 진로에 대한 유연한 사고를
하는 것을 목표로 했었는데, 이후 내담자에게 별도의 목표가 생기
면서 상담자와 이에 대해 나누게 됩니다. 즉, 진로만을 주 관심사로
호소하던 상담 초기와 달리 상담이 진행되면서 내담자의 대인관계
문제에 대한 호소가 드러나게 됩니다. 내담자는 대인관계에서 위
축되고 자기표현을 못하면서 외롭다는 호소를 하고 이를 변화시키
고 싶어 하는 바람을 표현합니다. 그래서 이 상담에서는 가족을 포
함한 대인관계에서 친사회적 행동을 늘리고자 하는 목표를 새롭게
추가합니다. 구체적으로는 개방적 표현을 증가시키고, 대화할 수

있는 상대를 늘리고, 부모님께 자신의 마음을 표현해 보는 등의 대
인관계와 관련한 목표와 전략을 새롭게 설정합니다. 이처럼 상담
목표는 초기에 설정하지만 상담과정에서 자연스럽게 수정하기도
합니다.

앞서 설명한 목표 설정 방법은 두 사례 모두에 해당하는 것입니
다. 40대 여성의 사례와 마찬가지로 대학생 사례 역시 내담자에게
어떤 변화를 원하는지 직접적으로 물어봅니다(상담자2). 즉, 내담
자의 주요 관심사에 따라 상담의 주요 목표가 설정되는 것입니다.
그리고 40대 여성 사례와 마찬가지로 대학생 사례에서도 상담목표
를 구체적으로 탐색하는 과정이 드러납니다. "진로를 확실하게 정
하고 싶어요.(내담자2)"에 대해 "확실하게 정한다는 건 어떤 건가
요?(상담자3)"로 구체화하고, 마음이 중심이 잡혔으면 좋겠다는 목
표에 대해서는 "뭘 보면… 중심이 잡힌 쪽으로 갔다는 것을 알 수
있을까요?(상담자5)"라며 구체적인 바람을 탐색하고 있습니다. 목
표를 구체화하는 것은 내담자와 상담자가 목표점으로 그리는 모습
이 동일한 것인지 확인하는 효과가 있으며, 함께 작업할 방향점을
명확히 하는 것이기도 합니다.

또한 대학생 사례에서도 상담자가 보는 내담자의 문제점을 상담
목표에 포함시키는 장면이 나타납니다. 내담자가 호소하는 문제
중에는 내담자가 갖고 있는 왜곡된 지각이나 태도가 문제의 원인
이거나 문제를 심화시키는 요인이 될 때가 있습니다. 이때 상담자
는 내담자가 어떤 지각과 태도를 갖고 있는지 깨닫고 수정하도록
돕는 것이 유용할 수 있습니다. 대학생 사례에서는 "진로를 확실하
게 정하고(내담자2)" "정해진 대로 두 번 생각하지 않고 될 때까지
끝까지(내담자3)"하려는 태도가 드러납니다. 그러나 현실적으로 인

간은 결정을 하고도 망설이고, 망설임에도 불구하고 모호함을 견디며 나아가는 존재입니다. 따라서 내담자의 이러한 태도는 비현실적이고 경직된 태도이며 조급한 마음을 반영하는 것이기도 합니다. 상담자는 이러한 마음을 반영하고 내담자에게 더욱 적응적인 태도를 교육합니다(상담자4). 또한 상담자의 권유로 진로와 관련한 유연한 사고를 갖는 것이 목표에 포함됩니다(상담자7, 8). 단, 상담자가 발견한 내담자의 문제점은 내담자 스스로는 인식하지 못하고 있을 가능성이 큽니다. 대학생 사례에서 내담자가 확실한 진로를 선택해야 한다고 확고하게 믿고 있는 것처럼 말입니다. 그러므로 상담자가 보는 내담자의 문제점을 상담목표에 포함시키기 위해서는 내담자와 협의를 하는 과정이 필요합니다. 상담자가 어떤 점에서 내담자의 그 부분을 변화시킬 필요가 있다고 생각하는지 공감적이고 지지적으로 설명해야 합니다. 그리고 이에 대해 내담자의 반응을 민감하게 살피는 것이 중요합니다. 특히 수동적이고 의존적인 내담자의 경우에는 상담자의 제안에 대해 무조건적으로 따르는 경향이 있으므로, 상담자가 목표를 제안할 때 특히 민감하게 내담자를 살필 필요가 있습니다.

2. 기타 고려할 점

이 외에도 상담에서 목표를 설정할 때 고려할 점들이 몇 가지 있습니다. 첫째, 내담자가 원하는 목표가 비현실적인 목표일 때 어떻게 할 것인지에 대해 생각해 봅시다. 상담에서는 기본적으로 내담자가 관심을 갖고 변화하고자 하는 것을 목표로 하는 것이 좋습니다. 그래야 내담자가 동기를 갖고 상담에 참여하게 됩니다. 내담자의 동기는 상담 성과에 매우 중요한 요인이기 때문입니다. 그렇지만 내담자가 원하는 목표가 항상 현실적인 것은 아닙니다. 예컨대, "완벽한 사람이 되고 싶다"는 바람을 갖는 내담자가 있다면, 이 바람은 비현실적이기 때문에 상담목표가 될 수는 없습니다. 이때 상담자가 할 수 있는 것은 완벽한 사람이 되고자 하는 마음은 어디에서 온 것인지, 그 마음의 아래에는 어떤 마음이 있는지, 완벽한 사람이 되지 않는다면 어떨 것 같은지 등을 탐색하여 그 마음을 이해하고 공감하는 것입니다. 이를 통해 내담자를 더욱 깊이 있게 이해할 수 있을 것입니다. 그리고 상담목표를 설정하는 측면에서는 '완벽한 사람 되기'는 상담을 통해 달성할 수 없는 목표임을 부드럽게 알려 주는 것이 필요합니다. 또는 "상담에서 자신은 아무것도 하지 않고 모든 문제가 한꺼번에 사라지면 좋겠다"는 바람을 갖는 내담자에게는 변화를 위해 노력하는 것에 대한 두려움, 무기력감을 이해하고 그 욕구를 인정해 주어야 합니다. 더불어, 그것은 상담에서 이룰 수 없는 현상임을 설명하고 상담에서 내담자의 참여가 중요함을 알리는 것이 필요합니다.

둘째, 상담에 참여하는 동기가 모호한 내담자에 대해서 고려할 점이 있습니다. 이들은 상담에서 목표를 설정하는 것을 거부하기도 합니다. 상담을 통해 어떤 것이 변화되기를 원하느냐는 상담자의 질문에, 예컨대 "제 이야기를 들어줄 사람이 필요해요" "이야기를 하다 보면 정리가 될 것 같아요."와 같은 모호한 대답을 합니다. 이런 경우 대부분은 상담의 초점이 흐려지고 이야기가 지지부진해지게 됩니다. 상담자는 적절한 개입으로 목표를 함께 탐색하는 것이 좋습니다. 한 가지 가능한 방법은 내담자가 (상담에서가 아닌) 일반적으로 원하는 바를 탐색하는 것입니다(홍경자, 2001). "당신은 어떤 사람이 되고 싶나요?" "만약 기적이 일어나서 하루아침에 세상이 변하게 된다면 당신은 어떤 세상이 되기를 바라나요?"와 같은 질문이 유용할 것입니다. 이때 나오는 대답을 중심으로 내담자의 소망, 현재 상태, 어려움 등을 경청하다 보면 내담자의 바람을 구체적으로 알게 될 가능성이 큽니다. 그러면 상담자는 "○○ 씨가 이야기하는 것을 들어 보니 ~하기를 바라는 것 같네요. 혹시 이것을 상담에서 다루어 보면 어떨까요?"와 같이 상담목표로 연결시켜 볼 수 있습니다. 또 다른 방법으로는 내담자를 만나면서 상담자가 알게 된 것이나 느끼게 된 것들을 내담자에게 허심탄회하게 이야기함으로써 변화에 대한 시도를 제안하는 것이 있습니다. 예컨대, "그동안 ○○ 씨를 만나면서, 어쩌면 ○○ 씨가 상담에서 원하는 건 자기 이야기를 편안하게 하고 그것에 대해 관심을 받는 것이 아닐까 하는 생각이 들었어요. 상담을 통해 변화하는 것보다 대화하고 관심을 줄 사람을 찾는 것 같은 느낌이 들어요. ○○ 씨는 어때요?"와 같이 상담자의 느낌을 표현하는 것입니다. 물론 이러한 접근법은 상담자와 내담자 사이에 신뢰관계가 형성되어 있을 때 유용합니다. 신뢰가 형성되어 있다면 내담자는 상담에서 자신이 실제로 기대했던 바를 솔직하게 표현할 것이고, 상담자는 그러한 바람을 현실에서 충족할 수 있도록 변화하는 것을 상담목표로 제안할 수 있습니다.

참고문헌

박태수, 고기홍(2003). 개인상담의 실제. 서울: 학지사.

이명우(2017). 효과적인 상담을 위한 사례개념화의 실제: 통합적 사례개념화 모형. 서울: 학지사.

홍경자(2001). 자기이해와 자기지도력을 돕는 상담의 과정. 서울: 학지사.

Hackney, H. L., & Cormier, L. S. (2004). 심리상담의 과정과 기법. (임성문 역). 서울: 시그마프레스.

Corsini, R. J., & Wedding, D. (2004). 현대심리치료. (김정희 역). 서울: 학지사.

제6장

저항

상담을 통해 내담자는 변화와 성장을 원합니다. 그런데 상담과정 중에 흥미로운 것은 때때로 내담자 스스로가 이러한 성장과 변화에 역행하는 모습을 보인다는 점입니다. 이것을 저항이라고 하는데, 상담의 목적과는 위배되는 내담자의 모든 행동과 태도들로 정의할 수 있습니다(권희경, 장재홍, 2003; 배라영, 최지영, 2012; Dewald, 2000).

저항이라는 개념은 프로이트가 처음 언급하였습니다. 그는 자신의 정신분석이론에서 '분석적 작업의 과정을 방해하는 모든 것'을 저항이라고 하였습니다(Freud, 1900). 하지만 현대의 상담이나 심리치료에서 저항은 더 이상 정신분석과 같은 특정 이론에만 국한된 개념이 아닙니다. 이것은 상담과정에서 모든 상담자가 의미 있게 관찰하고 탐색해야만 하는 매우 보편적인 현상으로 인식되고

있습니다. 따라서 상담자는 자신의 이론적 관점이 무엇이냐에 상
관없이 치료과정 중에 나타나는 내담자의 저항을 민감하게 탐지할
수 있어야 하며, 치료 진전을 위하여 저항을 적절하게 해결할 수 있
어야 합니다.

사실 변화와 성장을 기대하며 상담을 신청한 내담자가 오히려
상담의 목적과는 정반대되는 행동이나 태도를 보인다는 점은 매우
역설적입니다. 그러나 상담을 진행하다 보면 내담자의 이러한 저
항을 종종 관찰할 수 있습니다. 상담 초기에 성실하게 오던 내담자
가 어느 순간부터 이유 없이 상담시간에 늦거나, 연락 없이 오지 않
기도 합니다. 혹은 조기에 상담종결을 원하기도 합니다. 또는 더
이상 말하고 싶지 않다는 표정으로 침묵의 시간이 길어질 때도 있
습니다. 상담 진행에 매우 중요한 감정이나 경험 등을 최대한 드러
내지 않으려고 하기도 합니다. 진지한 태도에서 산만한 태도로 바
뀌기도 하는데, 가벼운 재미 위주의 화젯거리들만을 늘어놓거나,
상담에 의미 없는 이야기들만을 반복하기도 합니다. 상담자의 말
을 경청하지도 않고, 상담시간에 지루해하거나 따분해하는 모습들
이 나타나기도 하지요. 조금 더 힘이 있는 내담자이거나 상담자와
라포 형성이 잘 되어 있는 내담자라면, 상담 진행 방식이나 상담자
의 태도, 제안에 대해 비합리적인 불평이나 비난을 할 수도 있을 것
입니다.

그렇다면 상담자로서 이렇게 다양한 형태로 나타나는 저항을 어
떻게 다루어야 할까요? 저항이 보편적인 현상이지만, 상담자에게
편한 상황만은 아닙니다. 내담자의 저항을 마주하게 되면 당황스
럽기도 하고, 상담자로서 전문적 자질에 대해 회의가 들 수도 있습
니다. 또는 역전이로 인하여 내담자에게 화가 나거나 서운한 감정

이 들 수도 있습니다. 더욱이 초보상담자라면 내담자의 저항이 더욱 부담스러울 것입니다. 하지만 저항이 왜 일어나는지를 이해하게 되면 이러한 상황에 쉽게 흔들리지 않고 상담을 진행해 나갈 수 있습니다.

상담의 궁극적인 목적은 변화와 성장이지만, 그러한 변화를 위해서는 많은 노력이 필요하기도 하고, 두려움 또한 있을 것입니다. 그래서 내담자들은 변화하고 싶다고 말하면서도 한편으로는 성장을 위한 변화에 주춤하는 상반된 모습을 보이기도 합니다. 변화의 과정이 한 순간의 퇴보나 퇴행도 없이 늘 앞으로만 나아가는 것은 아니기 때문입니다. 따라서 상담자가 내담자의 이러한 마음을 이해하게 되면, 저항에 대해 훨씬 더 많은 인내를 가지고 공감적인 태도로 수용하며 치료적 관심을 가질 수 있게 될 것입니다. 상담자는 내담자의 저항을 외면하거나 회피해서는 안되며, '적당한 시기'에 그것을 내담자와 직접 상담시간 중에 이야기할 수 있어야 합니다. '적당한 시기'라고 하는 것은 내담자의 저항을 인식한 바로 그 시점이 될 수도 있지만, 내담자가 감당할 만한 힘이 부족하다고 판단되면 기다릴 필요도 있습니다. 가령, 저항이 인식된 시점에서 곧바로 직접적인 이야기를 하는 것이 오히려 내담자가 조기종결할 위험을 높이는 경우라면, 상담자는 조금 더 기다렸다가 내담자와의 관계가 깊어지고, 상담자에 대한 내담자의 신뢰가 더 쌓인 후에 시도해 볼 수도 있습니다.

자, 이제는 실제 사례를 살펴보면서 저항이 일어나는 장면과 그것을 다루는 상담자의 모습을 이야기해 보도록 하겠습니다.

먼저 대학생 사례를 보겠습니다. 진로 문제로 상담실을 찾은 대학생 내담자는 상담 중에 감정표현을 잘 하지 않았던 내담자였습니다. 상담자가 감정을 물어보면 자신의 생각을 주로 얘기해 오던 내담자였습니다. 속마음을 이야기하는 것도 부담스러워했고, 상담자가 내담자인 자신을 어떻게 볼까 염려하기도 했습니다. 그러나 상담 초기과정을 거치면서 상담자와 라포 형성이 잘 이루어진 내담자는 5회에 들어서 상담자에게 부정적인 표현을 하기 시작합니다. 이미 자신의 이야기를 모두 하였으니 빨리 진로 결정을 했으면 좋겠고, 감정 이야기만 하면서 중요한 시간을 버리고 싶지 않다고 표현합니다. 또한 상담자로부터 조언을 원했던 내담자는 상담의 내용과 진행 방식에 대한 불만을 이야기합니다. 구체적으로 상담자와 내담자 간의 대화 장면을 살펴보도록 하겠습니다.

상담자1: 무슨 얘기로 시작할까요?

내담자1: 저 벌써 제 얘기는 다 한 것 같은데…

상담자2: 어떤 의미인가요?

내담자2: 저번 시간에 제 파악도 끝났고 상담에서 무엇을 할지 얘기했으니까 선생님이 어떻게 할지 알려 주시는 거….

상담자3: 아, 문제에 대해 정리하면 제가 해결해 줄 것으로 생각했나 봐요.

내담자3: 네…….

상담자4: ◇◇ 씨가 문제를 해결해 줬으면 하는 바람은 알겠습니다. 그런데 우리가 상담이 어떤 것인지 초반에 이야기를 나눴는데, ◇◇ 씨가 오늘따라 해결책을 요구하는 게 어떤 마음인지 궁금하네요.

💬 문제해결을 원하는 내담자의 마음을 먼저 공감합니다. 이후에 상담에 대한 초기 구조화 내용을 상기할 수 있도록 하면서 이번 시간에 특히 더 상담자로부터 해결책을 요구하게 된 내담자의 배경을 탐색하기 위한 질문을 합니다.

내담자4: 아버지가 친구 아들이 대기업에 취업을 했다며 술을 드시고 오서서 저는 빨리 다시 고시 공부 시작해야지 뭐하냐고 화를 내셨어요.

상담자5: 그때 마음이 어땠어요?

내담자5: (깊은 한숨 후 침묵) 아버지 말이 틀린 것도 아니죠. 지금쯤 됐으면 공부 다시 해야죠.

상담자6: ◇◇ 씨 마음이 그 말을 들었을 때 어땠나요?

내담자6: 감정 얘기 그만하고 빨리 정하면 좋겠어요.

상담자7: 다급해졌는데 자꾸 감정 얘기를 하는 것 같아서 돌아가는 것 같고 힘드신가 봐요.

내담자7: 네.

💬 감정을 이야기하는 것보다 빠른 해결책이 필요하다고 불만을 토로하는 내담자에게 상담자는 내담자의 다급해진 모습을 반영해 주면서 답답한 마음을 공감합니다.

상담자8: 아버지 얘기 듣고 나서 마음이 더 다급해졌나 봐요.

내담자8: 아버지가 그럴 때마다 속상하고 너무 부담스럽고 또 한편으로는 너무 미안하고.

상담자9: 아버지에 대해 불편했는데 그것을 여기서 경험하고 표현하는 게 쉽지 않았나 봐요.

내담자9: 그렇죠. 뒤에서 아버지 욕하는 것 같고. 더 미안하고. 뭐라
도 빨리 정해야 하는데.

상담자10: 욕하는 게 아니라 ◇◇ 씨 마음이 어땠는지 이해하는 과정
이에요.

내담자10: 네, 사실은 아버지가 그러실 때마다 더 급해지고 고시를
꼭 해야 할 것 같고.

상담자11: 한편으로는 속상하다는 말을 했는데 그건 어떤 마음인가요?

내담자11: 내 진로를 내가 결정을 해야 하는 거고 나도 노력하고 있
는데 거기에 대해 인정하지 않는 것 같고 내 스스로 결정
할 여지를 주지 않는 것 같아서 그런 부분에서 속상하죠.

📧 아버지에 대한 감정을 표현할 수 있도록 촉진함으로써 내담자 자신의
마음을 이해하는 과정을 경험하도록 돕습니다.

이 사례와 같이 내담자가 해결책을 요구하거나 감정의 인식과
표현을 탐탁지 않게 여기는 등 상담에 대한 불만을 토로하는 상황
에서 상담자는 당황하거나 흔들리지 않습니다. 오히려 상담에서
해결책을 요구하게 된 배경을 탐색하면서 내담자 스스로 자연스럽
게 아버지와의 사건을 구체적으로 이야기할 수 있게 합니다. 또한
내담자가 감정을 이야기하는 것에 불만을 표현할 때, 상담자는 조
급하면서도 답답해하는 내담자의 마음을 공감함으로써 내담자가
아버지에 대해 가지고 있는 복잡한 심경을 털어놓을 수 있게 합니
다. 이러한 과정을 통해 내담자가 자신의 감정을 잘 인식하게 되면

스스로에 대한 이해도가 높아지고 궁극적으로 진로를 결정하는 데
도 도움이 될 것입니다.

이번에는 40대 여성 사례를 살펴보겠습니다. 자녀 문제로 상담
을 시작하게 된 중년 여성인 내담자는 그동안 성실하게 상담을 받
던 내담자였습니다. 그러던 중 4회를 마치고 상담자의 일정으로 상
담을 한 주 쉬게 되었습니다. 이후에 내담자는 2주 연속 상담시간
에 지각을 하고, 지각한 것에 대해서도 대충 사과를 하는 등 이전과
는 사뭇 다른 모습을 보였습니다. 또한 상담하는 중에도 상담자가
하는 말에 시큰둥하게 반응하고 침묵 또한 유난히 많아졌습니다.
이러한 모습을 보고 상담자는 저항이 일어나고 있음을 인식하면서
그것을 다루고자 합니다. 또한 이 저항을 다루는 과정에서 내담자
의 전이(내담자가 현재 또는 과거 자신의 삶에서 중요한 사람들에 대한
감정을 상담자에게 돌리는 것) 감정 또한 살펴보게 됩니다. 구체적으
로 상담자와 내담자 간의 대화를 보도록 합시다.

상담자1: 오늘 ○○ 씨가 말씀이 많지 않은 것 같아요. 혹시 마음에
　　　　걸리는 거라도 있나요?

내담자1: …… (침묵) 글쎄요, 선생님… 잘 모르겠어요. 그냥 피곤해
　　　　서 그런 것 같기도 하고.

상담자2: 아~ 그러세요. 그런데 제 생각에는, 제가 지지난 주에 상
　　　　담을 쉬고 다시 만난 후부터 상담 중에 ○○ 씨 모습이 조
　　　　금 다른 것처럼 보여요. 안 하던 지각도 하고, 말씀하기도
　　　　힘들어하고, 혹시 이전 상담시간이랑 지난 2주간의 상담

이랑 좀 차이가 있을까요?

💬 내담자의 달라진 모습(상담에 늦게 오고, 침묵이 많아짐)에 대한 이유
를 내담자가 스스로 탐색해 볼 수 있도록 질문을 합니다.

내담자2: ······ (침묵) 음··· 글쎄요··· (침묵) 사실···
상담자3: 네, 말씀해 보세요.
내담자3: 사실, 그날 상담 빠진 날 하고 싶은 얘기가 있었거든요. 그
런데 상담을 못하게 되니까 맥이 끊긴 것 같아서 좀 그렇
더라고요··· (침묵) 그런데 뭐, 선생님께서 바쁘셔서 그런
거니까 어쩔 수 없다는 생각도 들고요.
상담자4: 아, 그렇군요. 그런 마음 충분히 들 수 있어요. 하고 싶은
얘기가 있었는데 상담을 쉬게 되니 맥이 끊기는 것 같기도
하고, 그러면서도 선생님이 바빠서 그런 거니 내가 이해해
야 하나 그런 생각도 들고.
내담자4: 네, 그랬어요.
상담자5: 상담의 맥이 끊겼다는 생각이 드니 어땠나요?
내담자5: 그냥 그동안 내가 너무 선생님을 의지한 건 아닌가, 어차
피 이 문제들도 내가 해결해야 하는 건데··· 선생님께서도
다른 사정이 생기면 상담을 못하실 수도 있지··· 그렇지···
뭐 그런 생각이 자꾸 들고.
상담자6: 그런 생각이 드니 어떤 느낌이었어요?
내담자6: 역시 나는 혼자구나··· 그냥 슬프고 내가 아무것도 아닌 것
같고···
상담자7: 슬프고 혼자 외롭게 남겨진 것 같고, 아무것도 아닌 존재

처럼 느껴졌나 봐요. 지난 번 상담을 쉰 이후로요.

내담자7: 네, 좀 그랬던 것 같아요.

상담자8: ○○ 씨의 그런 마음 충분히 이해가 되네요. 그런 마음이 들었으니 섭섭했겠어요.

💬 내담자는 '상담의 맥이 끊겼다는 생각이 들면서 그동안 상담에 너무 의지했으며, 결국에는 내가 혼자 해결해야 할 일이다.'라는 생각을 하게 되었다고 이야기하면서 상담에 대한 기대감이 낮아진 모습을 보입니다. 상담자는 이러한 내담자의 모습에 당황하거나 흔들리지 않고, 그러한 생각을 하게 되었을 때 어떤 감정이었는지를 탐색할 수 있는 질문을 합니다. 내담자가 자신의 슬픔, 외로움, 무존재감을 인식하게 돕고, 그러한 내담자를 공감합니다.

내담자8: 아~ (겸연쩍게 웃으며) 네, 그냥 조금이요.

상담자9: 그런 섭섭함을 제게 직접 얘기할 수도 있었을 텐데요… '다른 요일로 상담시간을 잡아서 빠진 상담을 꼭 채웠으면 좋겠다.' 그렇게 저한테 요구할 수도 있고요. 혹시 그런 생각은 안 해 봤나요?

내담자9: 별로 생각해 보지 않았던 것 같아요. 그리고 그냥 왠지 얘기해 봐도 소용없을 것 같은 생각이 들었던 것 같기도 하고…

상담자10: 그랬군요. 다음에는 이런 비슷한 상황이 되면 저한테 얘기를 하세요.

💬 유사한 상황에서 내담자가 시도해 볼 수 있는 대안적인 행동들을 안내합니다.

내담자10: 네, 그래 볼게요.

상담자11: 그런데 아까 말씀한 것 중에서 '역시 나는 혼자구나, 슬프
　　　　다, 나는 아무것도 아니지.' 이런 마음이 예전에도 많이 있
　　　　었던 것 같은데, 어떠세요?

📝 내담자의 전이 감정을 탐색하기 위한 질문을 합니다.

내담자11: 그랬던 것 같아요. 예전에 오빠가 사고로 죽었던 날도 그
　　　　랬고, 시댁에 가도 종종 그런 느낌이고.

상담자12: 그렇네요. 이렇게 뭔가 ○○ 씨가 다른 일들 때문에 뒤로
　　　　물러나게 될 때 비슷한 마음이 올라오나 봐요.

내담자12: 그러게요. 뭔가 이렇게 나는 쓰윽~ 뒤로 빠지는 느낌, 물
　　　　러나는 느낌, 늘 뒷전인 그런 느낌이 들어요.

상담자13: 네, 그래서 우리 상담에서도 비슷한 마음이 그대로 올라
　　　　온 것 같아요. '나는 뒷전인 사람이구나!' 이런 마음이요.

내담자13: 그렇네요. 정말 똑같은 마음이 계속 남아 있네요.

상담자14: 그동안 ○○ 씨가 '뒷전이다'라는 말을 여러 상황에서 했
　　　　었는데, 혹시 우리가 상담을 못하게 됐을 때도 같은 마음이
　　　　들어서 더 섭섭함을 느낀 건 아닐까 궁금하기도 하네요.

내담자14: 아, 생각해 보니 그럴 수도 있겠네요.

상담자15: 그런가요? 사실, 상담을 하다 보면 부정적 감정이든 긍정
　　　　적 감정이든 이런 저런 느낌이 올라오곤 해요. 그중에서는
　　　　지금 일어난 감정처럼 느껴지지만, 실제로는 여태껏 살면
　　　　서 중요한 순간마다 불쑥불쑥 올라오던 내 안의 감정과 관
　　　　련이 있을 수도 있답니다. 이번에 상담 중에 느꼈던 섭섭

145

함, 그로 인해 또 뒷전으로 밀려난 느낌도 ○○ 씨가 살면서 많이 느껴 왔던 그 감정과 관련이 있겠다는 생각이 드네요.

🗨 저항 현상의 이면에 내담자의 전이 감정이 영향을 미쳤을 가능성에 대해 내담자와 이야기합니다. 또한 내담자에게 상담과정 중에 발생할 수 있는 전이 현상에 대해 설명해 줍니다.

40대 여성 사례에서 내담자는 상담시간에 지각하거나 상담 중 침묵이 많아지는 등의 모습으로 저항이 나타났습니다. 이와 같은 상황에서 상담자는 내담자를 평가하거나 비난하려는 의도 없이, 내담자를 이해하기 위한 마음으로 질문을 시작합니다. 상담 중 달라진 모습의 원인을 내담자가 스스로 생각해 보게끔 하고, 그 과정에서 내담자에게 중요한 생각과 감정들이 드러나면서, 결국 내담자의 전이 감정까지도 살펴볼 수 있게 되었습니다. 이처럼 저항에 대한 적절한 개입은 오히려 내담자 탐색의 새로운 기회를 열어 주기도 합니다.

이미 앞에서 강조한 바와 같이 저항은 특정 이론(예, 정신분석)에만 국한된 개념이 아닙니다. 저항은 상담과정에서 흔하게 나타날 수 있는 일반적이고 보편적인 현상입니다. 따라서 상담자는 회기를 진행하면서 언제든지 내담자의 저항이 나타날 수 있음을 기억하고 있어야 합니다. 그리고 저항이 일어날 때 상담자는 그것을 해결함으로써 상담이 오히려 한 단계 진전될 수 있다는 확신을 가지고, 내담자의 저항을 의연하게 다룰 수 있도록 합니다. 앞의 두 사

례에서 볼 수 있듯이, 내담자의 저항은 오히려 내담자가 가지고 있
는 자신의 문제를 깊이 이해하고 그로 인해 변화를 도모할 수 있도
록 하는 기회를 제공할 수 있습니다. 그러므로 상담자는 저항을 외
면하거나 회피하는 것이 아니라 공감적 태도로 수용하면서 깊은
탐색을 위한 열쇠로 활용할 수 있어야 합니다.

참고문헌

권희경, 장재홍(2003). 상담자의 개입적절성 및 긍정적 태도가 내담자 저항
　　에 작용하는 방식: 소수사례에 대한 시계열분석방법의 적용. 한국심리학
　　회지: 상담 및 심리치료, 15(2), 161-177.
배라영, 최지영(2012). 청소년내담자의 저항에 대한 초보상담자의 심리적 경
　　험. 상담학연구, 13(5), 2483-2503.

Dewald, P. A. (2000). 정신치료의 이론과 실제. (김기석 역). 서울: 고려대학
　　교 출판부. (원서는 1974년에 출간).
Freud, S. (1900). The interpretation of dreams. In J. Strachey(Ed. and
　　Trans.), The standard edition of the complete psychological works of
　　Sigmund Freud(Vols. 4 and 5). London: Hogarth Press.

제7장

변화를 위한 인지적 개입

 내담자와 작업동맹을 형성하면서 내담자의 문제에 대한 사례개념화를 하고 나면, 상담자는 내담자에 대한 본격적인 개입을 시도하게 됩니다. 내담자가 상담자와 합의한 목표를 이루기 위해 상담자는 인지, 정서, 행동에 대한 다양한 개입을 시도할 수 있습니다. 인간의 인지, 정서, 행동은 서로 밀접하게 연결되어 있으며 역동적으로 상호작용을 하기 때문에 한 영역에서 변화가 일어나면 다른 영역에서도 변화가 함께 일어나는 경향이 있습니다.

 이 장에서는 변화를 위한 인지적 개입을 소개하고자 합니다. 상담에서 변화를 이루게 하는 요소 중 하나는 '알아차리고, 깨닫고, 이해하는 경험'입니다. 즉, 상담자는 내담자의 인지틀이 변화되도록 하는 개입을 통해 내담자가 원하는 긍정적인 변화를 조력할 수 있습니다. 인지적 개입의 대표적인 예는 "아하" 하는 깨달음을 수

반하는 통찰을 촉진하는 것입니다.

　콜비(Colby, 1951)는 "통찰이란 정신적·정서적 요소들이 이해되고 의식되는 과정"이라고 정의하였습니다. 드월드(Dewald, 1969)는 인지적 차원의 통찰과 정서적 차원의 통찰을 구별하였습니다. 그는 인지적 통찰은 "내담자가 그전에 막연하게 알았던 자신의 생각을 수용하는 것"이라고 하였고, 정서적 통찰은 "지적인 이해가 점차 깊어지면서 개인적 경험에서 일어나는 새로운 생각이나 개념을 정서적으로 확고하게 이해하는 것"으로 구별하였습니다. 고기홍(2014)은 이러한 구별에 동의하면서 인지적 통찰을 "새로운 지적 정보에 근거하여 자신의 문제와 원인과 대안을 새롭게 인식하고 설명하고 통합하는 경험"이라고 설명하였습니다.

　정리해 보면 인지적 차원의 통찰은 내담자 자신의 정신 및 정서 세계에서 일어나던 일들에 대해 이전에는 잘 몰랐거나 불명확했던 부분들이 명확해지고 이해가 되는 것입니다. 인지적 차원의 통찰이 깊어지면 정서적 차원에서의 변화까지 일어나게 되며, 이것은 더 깊은 수준의 통찰이라 할 수 있습니다. 정서적 차원의 통찰까지 일어나면 내담자는 자신이 깨달은 것을 신념으로 받아들여 삶이 변화되는 경험을 할 수 있습니다.

　상담자는 탐색을 통해 내담자가 자신의 문제에 대해 새로운 통찰을 할 수 있도록 도울 수 있습니다. 대체로 사람은 문제상황에 빠지면 관점이 협소해집니다. 예를 들어, 모든 것이 자기 탓이라는 생각에 빠지거나, 다른 사람을 원망하는 감정에 사로잡히거나, 이 문제를 해결하지 못하면 인생이 형편없어질 것 같은 생각에 몰두합니다. 이때 관점을 넓혀 주면 문제상황에 대한 인식이나 반응행동이 보다 적응적인 형태가 될 수 있습니다. 상담자는 내담자와 작업동맹을 형성하여 내담자가 안전감과 안정감을 느끼게 하면서, 내담자가 자신의 복잡하고 때로는 혼란스러운 생각들을 충분히 검토하고 정리할 수 있도록 함께 작업합니다.

사람들은 힘든 일을 겪으면 그 사건에 대해 생각하지 않으려 하고 그 사건 관련 생각과 감정을 의식에서 떨쳐 버리려 하다 보니 사건의 다양한 의미를 잘 살펴보지 못하는 경우가 많습니다. 사건에 수반되는 고통스러운 감정은 흔히 내담자 자신의 가치와 존엄성을 위협하는 느낌을 주기 때문에 그 감정을 축소하거나 부인하기도 합니다. 이때 상담자의 온화한 태도는 '이곳은 안전한 곳'이라는 메시지를 전달합니다. 상담자는 경청하고, 공감하고, 수용하는 모습을 통해 내담자에게 사건과 사건의 의미, 이로 인한 자신의 주관적 고통을 탐색하는 작업에 적극적으로 참여할 수 있는 용기를 줍니다. 상담자가 내담자를 있는 그대로 수용하는 자세로 대할 때 내담자는 자신을 더 깊이 들여다볼 수 있게 되는 것입니다.

이 과정에서 많이 사용하는 방법 중 하나가 왜곡된 사고를 보다 현실적이고 합리적인 사고로 대체하는 인지 교정인데, 이는 인지행동적 접근에서 흔히 사용하는 용어이기도 합니다. 다른 상담 접근에서는 비슷한 과정을 다른 이름으로 설명하는데, 여기서는 내담자가 봉착한 왜곡된 사고로 인한 어려움을 용이하게 묘사하기 위해 인지 왜곡 등의 인지행동적 용어를 활용하도록 하겠습니다.

대학생 사례에서 내담자는 "고시만 붙으면 모든 게 해결될 거야"라는 생각으로 고시에 몰두하다가 고시에 불합격하면서 불안, 우울, 강박 증상을 보이기 시작했습니다. 상담자가 중립적이면서도 호기심 어린 자세로 내담자의 삶 전반에 대한 고른 관심을 보이자 내담자는 자신이 왜 그렇게까지 고시에 집착하게 되었는지를 찬찬히 들여다볼 수 있었습니다. 대학생 사례의 축어록을 살펴보겠습니다.

내담자1: 제가 조급해지는 게 문제인 것 같아요.

상담자1: 빨리 해야 될 것 같은 마음이 자꾸 생기는군요. 마음이 조급해지는 것에 대해 좀 더 자세히 말해 주시면 좋겠어요.

내담자2: 지금 다른 애들은 결정해서 준비하고 있는데 저는 시간을 낭비하고 있어요.

상담자2: 다른 친구들은 이미 결정해서 잘 나가고 있는 것 같이 보이는데 상대적으로 자신은 계속 제자리 같이 느껴지나 봐요. 시간 낭비를 하다 보면 어떻게 될 것 같나요?

💬 상담자는 내담자가 조급하게 느끼는 문제의 실체에 다가가도록 돕기 위해 내담자가 걱정하는 상황을 상상해 보도록 하고 있습니다.

내담자3: 결국 고시도 안되고 나이 들어서 직장도 못 구하고 학점도 안 좋으니 졸업도 못하고… 가난하게 살다가 길에서 죽겠죠.

상담자3: ◇◇ 씨가 처음에는 조급한 마음에서 시작했는데 길거리에서 죽는 가장 최악의 시나리오로 생각이 흐르고 있네요. ◇◇ 씨가 보기엔 어떤가요?

내담자4: 그러네요. 제가 고시 아니면 정말 인생 끝이라고 생각하고 있었네요. 그런데 자꾸 그런 마음이 생겨요.

상담자4: 이런 생각의 방식을 파국화, 혹은 최악의 상황 떠올리기라고 해요. 혹시 평소에도 이런 식으로 최악을 걱정하는 경향이 있나요?

내담자5: 네. 그런 면이 좀 있는 것 같아요. 친구가 저에게 차갑게 대하는 것 같으면 나를 싫어하나, 무시하나 하는 생각이 들기도 하고… 내가 공부를 잘해야 나를 좋아할 것 같고.

상담자5: 그런 최악의 상황으로 치닫는 생각의 패턴이 있다는 거군요. 혹시 ◇◇ 씨가 해온 경험 중에서 열심히 안 하는 것과 완전한 실패를 연결지을 만한 고리가 있을까요? 어떤 경험 때문에 그런 생각의 흐름이 생긴 것 같아요?

내담자6: 글쎄요. 꼭 뭔지는 모르겠네요.

상담자6: 예를 들면, ◇◇ 씨가 자라 오면서 주변 사람들이 하는 걱정의 소리를 들었을 수도 있고요.

💬 상담자는 내담자가 보이는 걱정하는 사고 패턴이 하나의 경향성인지를 탐색하고 있습니다.

내담자7: 그러고 보니 저희 아버지가 노숙자나 그런 분들을 보면 너 열심히 안하면 저렇게 될 수 있다고 했던 기억이 있어요. 직장에서 짤리는 것도 금방이라고 늘 걱정하시구요.

상담자7: 그런 아버지의 말씀을 자신도 모르게 마음에 담아 두고 믿게 된 부분이 있는 모양이네요.

내담자8: 그런 것 같아요. 고시가 아니면 정말 내 인생이 막장으로 갈 것만 같은 기분에 사로잡혀 있었어요. 시간이 조금이라도 낭비되면 끝인 것만 같았어요.

상담자8: 그럴 수 있지요. 그러한 연결고리가 있으니 조금이라도 시
간이 낭비되는 것 같으면 혹은 고시가 안 될 것 같으면 커
다란 불안과 걱정이 엄습했겠어요. 이러한 연결고리를 돌
아보니 어떤 마음이 드시나요?

📧 상담자는 내담자가 스스로 생각의 흐름을 더욱 잘 인식할 수 있도록
돕고 내담자가 발견한 통찰이 타당하다면 이를 충분히 지지해 줍니다.

내담자9: 사실 고시가 인생의 성공의 전부는 아니잖아요. 고시에 합
격한다고 해서 무조건 잘된다는 보장도 없고… 또 문제는
제가 고시공부가 너무 힘들고 지치기도 하고, 이렇게 해서
는 합격 가능성도 낮을 것 같아요. 지금 고민할 시간을 갖
는 게 나중에 더 방황하는 것보다 나을 것 같기도 하고…
상담자9: ◇◇ 씨와 같은 상황에 있는 친구가 ◇◇ 씨와 같이 조급한
마음을 보인다면 뭐라고 해 줄 것 같아요?
내담자10: 지금 뭔가 결정하는 것이 어렵다고 해도 그것이 반드시
노숙자가 된다거나 그렇게 생각하는 것은 너무 비약이라
고 얘기해 줄 것 같아요. (웃음)
상담자10: ◇◇ 씨 자신에게도 그 이야기를 해 주면 좋겠어요.

앞의 예시에서 상담자는 자신을 비난하는 식으로 표현하는 내담
자의 말(내담자1)에 평가적인 표현 대신 중립적인 표현을 통해 내담
자의 마음 상태를 반영하고 있습니다(상담자1). 이러한 반응은 내
담자에게 상담장면이 자신을 깊이 들여다보기에 안전한 곳이라고

느낄 수 있게 도와줍니다. 상담자는 또한 명료화 질문을 시도하고 있습니다(상담자1, 2, 3). 명료화 질문은 상담자가 이미 알고 있는 내담자의 감정, 사고, 행동, 관계 방식 등을 내담자 스스로가 이해할 수 있도록 돕기 위한 목적으로 시도합니다. 내담자가 스스로 깨달을 수 있을 때 진정한 자기발견과 자기이해가 일어날 수 있습니다. 상담자의 탐색적 질문에 대답하는 과정에서 내담자는 자신의 마음에 불쑥불쑥 지나가던 초조함에 머물면서 그것을 자세히 묘사하게 되었습니다. 내담자는 자신의 생각, 감정, 상상 등을 말로 표현하는 과정에서 자신의 조급한 마음의 근본적인 원인이 될 법한 생각의 고리를 깨닫게 됩니다(내담자3, 4, 5).

상담자는 내담자의 왜곡된 생각에 대해 '파국화'라는 인지행동적 개념을 소개하여 내담자가 자신의 왜곡된 사고방식을 객관적으로 이해할 수 있게 돕는 방법을 사용하였습니다(상담자4). 이 밖에도 인지행동적 접근에서는 흑백논리, 과잉일반화, 감정적 추론 등과 같은 개념들을 활용하여 내담자 스스로가 자신의 왜곡된 사고를 쉽게 발견할 수 있도록 합니다. 역동적 접근에서는 이러한 이름을 붙이는 대신 생각하는 방식을 묘사하면서 내담자의 인지에 대한 개입을 촉진할 수 있습니다.

상담자는 내담자가 보이는 왜곡된 사고방식이 내담자가 평소에 보이는 경향성인지를 확인하는 개입을 시도했습니다(상담자4, 5). 이를 경향성 지적이라고 하는데, 경향성 지적은 인지적 변화를 촉진할 수 있는 기법 가운데 하나로 내담자가 여러 번 드러낸 부적응적이고 유용하지 않은 습관적 관계 방식이나 반응이 있다는 것을 내담자가 인식하도록 돕는 방법입니다(Brems, 2001). 상담자는 내담자가 자신의 경향성을 인식하도록 하고, 그 경향성이 생기게 된 사건이나 계기를 탐색할 수 있도록 하여 통찰을 촉진할 수 있습니다(상담자6). 때때로 내담자는 자신의 현재 문제가 과거의 사건 또는 중요한 대인관계와 어떤 식으로 연결되어 있는지 전혀 인식하지 못하고 있을 수 있습니다. 즉, 내담자에게는 통찰 지향적인 사고가 익숙하지 않을 수 있습니다. 원인이 되는 사건이 분명하고 뚜렷한 경우에는 현재의 문제와 과거의 사건을 연결시키기가 쉬울 수 있지만, 그렇지 않을 때는 그 연결이 어려울 수 있습니다. 따라서 상담자는 내담자가 망설이거나 모른다고 할 때 예를 들어 주기도 하고, 기다려 주기도 하고, 자유롭게 연상해 보도록 격려하기도 하면서 내담자가 스스로 탐색하도록 돕는 것이 좋습니다(상담자5, 6).

내담자가 이제까지 가져온 신념이 형성된 계기나 과정에 대한 이해를 충분히 갖춘 것 같으면, 내담자는 자신의 신념을 좀 더 적응적으로 변화시킬 준비가 됩니다. 이제 상담자는 내담자가 자신의 생각을 좀 더 현실적이고 적응적인 생각으로 대체해 가는 과정을 조력하게 됩니다. 내담자의 생각이 좀 더 적응적인 생각으로 변화되도록 하기 위해 인지행동적 접근에서 사용하는 기법들을 활용해 볼 수 있습니다. 사고기록지를 활용하여 상황마다 자동적으로 떠오르는 생각을 점검해 보고, 그때 감정과 연결 지어 보고 그 생각에 대한 적응적인 반응을 살펴봅니다. 내담자가 적응적 반응을 하도록 촉진하기 위해 다음과 같은 질문으로 개입을 시도해 볼 수 있습니다. ① 당신은 어떤 생각의 패턴을 사용하고 있습니까? ② 그 생각이 사실이라고 지지하는 증거는 무엇입니까? 그리고 그 생각이 사실이 아니라고 지지하는 증거는 무엇입니까? ③ 일어날 수 있는 최악의 상황은 어떤 것입니까? 일어날 수 있는 최상의 상황은 어떤 것입니까? 현실적으로 가장 그럴듯한 결과는 어떤 것입니까? ④ 만약에 당신의 친구가 그 상황에서 그런 생각을 한다면, 어떻게 말해 주겠습니까?

변화를 위해서 내담자는 자기 자신과 자신의 정서, 인지, 그리고 행동패턴을 상호연결성 속에서 충분히 자각할 필요가 있습니다. 대부분의 부정적인 감정이나 자기패배적인 행동은 비논리적이고 왜곡된 생각에서 비롯되는 경우가 많습니다. 인지행동이론에 따르면 건강한 삶을 위해서는 의식적인 사고가 중요하고 특히 합리적인 사고 과정이 중요합니다. 프로이트는 갈등의 원인에 대해 통찰하는 것이 중요함을 강조하였고, 로저스는 현실적 경험을 억압 또는 왜곡하는 불일치 경험과 이러한 불일치 경험을 일으키는 가치 조건, 그리고 자기 잠재력에 대한 자각을 강조하였습니다(박태수, 고기홍, 2007). 각 상담이론은 개념이나 강조점에서 다소 차이가 있지만 왜곡하지 않은 적응적인 생각의 틀이 개인의 건강한 생활에 미치는 역할을 강조했다는 면에서 공통점이 있습니다.

인지적으로나 정서적으로 건강한 부분을 활용하여 부적응적이고 왜곡된 생각들을 적응적인 것으로 바꾸면 행동패턴을 개선할 준비가 되었다고 할 수 있습니다. 이러한 경험은 내담자로 하여금 통합과 자기관리를 촉진시켜 문제의 악순환에서 벗어나는 데 결정적인 역할을 합니다. 내담자는 알아차림을 통해서 왜곡하거나 부인했던 경험들을 의식적으로 수용하여 통합해 볼 수 있고, 나아가 효과적인 대처 방안을 수립하면서 자기 관리 능력을 계발할 수 있게 됩니다.

여기서 상담자가 기억해야 하는 것은 한 번의 통찰이 있었다고 해서 내담자의 생각의 패턴이 쉽게 바뀌는 것은 아니라는 사실입니다. 적절한 인지적 개입은 시의적절하게 반복될 필요가 있습니다. 상담자는 내담자의 삶에 깊이 스며든 생각이나 신념을 변화시키는 것이 얼마나 어려운가를 충분히 공감하면서 내담자가 자신의 속도에 맞추어 변화해 가도록 도와야 합니다. 상담자가 조성하는 성장 촉진적 환경도 필수적입니다. 내담자와 협력적이고 좋은 관계를 유지하면서 내담자 스스로가 자신이 이전에 가져온 사고방식에 문제가 있음을 인식하고 변화의 필요성을 느낄 때 내담자는 의미 있는 관점의 변화를 시도하게 되는 것입니다.

다시 대학생 사례로 돌아가 그다음 상담시간에 이루어진 인지적 개입을 살펴보도록 하겠습니다.

내담자1: 지난번에 얘기하고 나서 제가 사학과 공부를 계속 하는 게 좋겠다고 생각을 했었는데요. 근데 그것도 좀 아닌 것 같아요.

상담자1: 음… 조금 더 얘기해 주실래요?

📝 지난 상담시간 마지막에 보였던 긍정적 변화를 상쇄하는 듯한 내담자의 발언에 대해 상담자는 중립적인 태도로 다가가 봅니다.

내담자2: 제가 지금 와서 사학을 더 열심히 한들 뭐가 달라질까 싶어요. 그리고 저보다 훨씬 더 잘하는 애들이 많더라구요.

상담자2: 지난 시간 끝나고 사학을 계속 공부하는 게 좋겠다고 생각한 건 어떤 거예요?

💬 상담자는 내담자가 보여 주는 비일관성을 비추어 주면서 생각의 변화 과정에 대한 이해를 증진하고자 명료화 질문을 시도해 봅니다.

내담자3: 어릴 때부터 역사가 재밌었고 성적도 좋았었거든요. 지금 전공과목도 들으면 재밌다는 생각이 들어요.

상담자3: 근데, 이번 주 동안 사학을 열심히 한들 뭐가 달라질까 하는 생각이 들게 된 계기가 있었을까요?

💬 앞의 질문과 더불어 이전 생각과 지금 생각 사이의 차이를 인식하고 이러한 차이가 생기게 된 배경을 이해할 수 있도록 하는 질문을 통해, 내담자 스스로가 자신의 비일관성의 이유와 동기를 깨달을 수 있도록 촉진합니다.

내담자4: 수업에서 별로 아는 것도 없는 것 같고, 저보다 똑똑한 애들이 참 많은 것 같더라구요.

상담자4: 아, 그런 생각이 들었군요. 구체적으로 어떤 상황이었는지 얘기해 줄래요?

내담자5: 어제 전공수업 때 교수님 강의하시는데 다른 애들은 다 고개를 끄덕이고 있는데 저는 잘 모르겠는 거예요. 사학 공부도 틀렸구나 싶었어요.

상담자5: 그랬군요. 그런 생각과 함께 떠오르는 또 다른 생각이 있을까요?

내담자6: 음… 나는 정말 제대로 하는 게 없구나, 이러니까 부모님이 실망하시지, 공부라도 잘해야 되는데 이것도 안되네, 다른 스펙도 없는데 큰일 났네.

상담자6: 자기에 대한 부정적인 생각들이 줄줄이 따라오네요. 어떤
　　　　상황에서 주로 그런 생각이 드나요?

내담자7: 조금이라도 남들보다 처진다 싶으면 그런 것 같아요.

상담자7: 얼마나 자주 그런 생각이 들어요?

내담자8: 이번에 행시 떨어지고 나서는 거의 항상 이런 생각을 해요.
　　　　특별히 잘 되는 게 없으니까 늘 그런 생각이 따라다녀요.

📝 상담자는 내담자가 자신의 생각의 경향성을 인식할 수 있도록 하기
　위해 '어떤 상황에서' '얼마나 자주' 등의 질문을 활용하며 구체화하
　고 있습니다. 내담자는 이 과정에서 이번에 사학과에 대해 부정적 판
　단을 하게 된 것이 자신의 생각의 경향성과 관련이 있음을 깨닫게 됩
　니다.

… 〈중략〉 …

📝 부정적 자기비난이 정서와 행동에 미치는 부정적인 영향(위축된 정서,
　게임으로 빠지기, 대인관계 위축, 집중력 감소 등)을 충분히 탐색한
　후, 상담자는 자원 찾기, 자기돌봄의 말 찾기, 알아차리고 선택하기 등
　의 개입을 시도해 볼 수 있습니다.

상담자8: 그동안 살면서 힘이 되었던 말이나 듣고 싶었던 말로는 어
　　　　떤 것이 있나요?

내담자9: 저번에 책에서 '조금 천천히 가도 괜찮아'라는 문구를 봤는
　　　　데요, 그 글이 와닿았어요. 제가 다른 건 잘 몰라도 성실하
　　　　고 책임감 있다는 말은 자주 들었는데요, 그건 제 모습이

맞는 것 같아요. 그거 믿고 천천히 가도 된다고 마음먹으
니 힘이 돼요.

상담자는 내담자의 관점의 변화를 도울 때 정보를 제공하기도
하는데, 이러한 접근에 있어서도 '내담자 중심'으로 진행하려는 의
식적인 노력이 필요합니다. 상담자는 자신이 제공하는 정보에 대
해 내담자가 얼마나 수용할 준비가 되어 있는지를 가늠할 필요가
있다는 말이지요. 새로운 정보를 수용할 준비가 되어 있지 않은 내
담자에게 문제상황에 대한 새로운 인식을 요구하는 것은 상담관계
에 긴장과 부담을 초래합니다. 그런 경우 내담자는 오히려 상담과
정에 저항하게 될 수 있습니다. 따라서 상담자는 내담자의 상태를
진단하고 이에 맞는 적절한 개입을 고려할 필요가 있지요. 새로운
정보에 대한 수용 준비 정도가 낮은 내담자에게는 인지적 이해에
초점을 둔 개입보다는 상황에 대한 대처나 행동에 초점을 둔 개입
이 적절할 수 있습니다. 이해능력이 부족한 아동이나 지적장애가
있는 사람들, 인지기능이 손상된 뇌손상 환자나 조현병 환자, 상담
동기가 없거나 부족한데 타인에 의해 상담에 의뢰된 청소년 같은
경우에는 이해경험을 촉진하기보다는 대처나 행동에 초점을 둔 다
른 개입을 고려하는 것이 적절합니다.

〈표 7-1〉은 다양한 인지적 변화를 촉진하는 기법들을 소개하고
있습니다.

표 7-1 인지적 변화를 촉진하는 기법들

기법	정의	주 목적
정보 주기	내담자가 그릇되고 부적절한 사실 정보에 의해서 행동할 때 내담자가 이전에는 몰랐던 객관적 지식이나 이해를 제공한다.	주어진 상황과 관련된 반응에서 내담자의 반응이나 해석을 바꾼다.
경향성 지적	내담자가 여러 번 드러낸 부적응적이고 유용하지 않은 습관적 관계 방식이나 반응이 있다는 것을 내담자가 인식하도록 돕는다. 이런 경향성이 나타나는 이유, 방식을 탐색하는 것이 필요하다.	변화 동기를 부여하기 위해 내담자가 지니고 있는 습관적/부적응적인 관계 경향성, 핵심감정, 핵심신념을 인식하도록 돕는다.
명료화 질문	상담자가 이미 알고 있는 내담자의 감정, 사고, 행동, 관계 방식을 내담자가 인식, 통찰, 개념화, 이해하도록 하기 위해 상담자가 계획과 목적을 가지고 질문한다.	내담자에게 자기발견, 이해, 통찰을 촉진시킨다.
직면	내담자가 지닌 불일치, 부조화, 비일관성, 혼란 메시지 등을 의도적으로 지적한다.	내담자가 불일치를 인식하도록 하며, 내담자의 자기인식과 이해를 향상시키고 그 결과로 변화 동기를 고취한다.
지금-여기 과정	내담자가 상담실 밖 일상생활에서 부딪히는 일반적 과정을 반영하는 반응이 내담자-상담자 사이에서 일어난다. 지금-여기 과정은 내담자가 욕구, 대처방식, 증상을 인식하고 이해하고 수용하도록 돕기 위해 내담자와 상담자의 관계에서 바로 나타나는 것을 사용하는 것이다.	내담자가 다양한 상황에서 일으키는 부적절한 반응, 태도, 행동에 대한 통찰을 획득하도록 돕는다.

| 해석 | 내담자의 과거 관계나 경험에 기초를 둔 현재 증상, 갈등, 욕구, 대처방략, 방어, 감정, 사고, 행동, 관계 경향성 등을 설명해 주어 내담자에게 의미를 명료하게 한다. | 내담자의 현재의 관계 경향성이나 형성된 관계에서의 반응을 과거의 중요한 경험과 의미 있게 연결시켜서 내담자가 부적절하게 나타내는 반응, 태도, 행동 등의 원인을 이해하도록 돕는다. |

출처: Brems (2001).

좋은 생각이 좋은 감정을 만든다는 말이 있습니다. 시의적절하게 잘 이루어진 인지적 개입은 내담자의 정서경험을 변화시킬 수 있습니다. 나아가 긍정적 행동적 변화를 가져오는 강력한 추진력이 됩니다. 다양한 인지적 개입의 방식을 숙지하여 내담자의 치료적 변화를 위한 효과적인 소통을 만들어 가시기 바랍니다.

참고문헌

고기홍(2014). (통합적 자기관리 모형을 통한) 개인상담. 서울: 학지사.
박태수, 고기홍(2007). 개인상담의 실제. 서울: 학지사.

Brems, C. (2001). *Basic skills in psychotherapy and counseling*. Belmont, CA: Books/Cole.
Colby, K. M. (1951). *A primer for psychother. apists*. Oxford, England: Ronald Press.
Dewald, P. A. (1969). *Psychotherapy: A dynamic approach*. New York, NY: Basic Books.

제8장

변화를 위한 정서적 개입

상담과정에서 치료적 변화를 이끌어 내기 위해 내담자가 경험하는 부적응적인 정서를 이해하고 개입하는 것은 인지 및 행동에 대한 개입과 함께 상담에 있어 주요한 과제이자 치료적 전략입니다. 특히 정서적 어려움은 많은 내담자가 호소하는 주요 증상이면서 동시에 정서 자체가 다양한 인지 및 행동문제의 기저에 있는 근본 원인이 될 수 있습니다. 따라서 이러한 정서에 대해 잘 이해하고 효과적인 정서개입 방법을 학습하는 것은 상담자의 역량을 높이는 데에 기여할 수 있습니다.

정서는 우리를 행동하도록 하는 동기가 되고, 타인과 의사소통을 하게 하는 기능을 하며, 과거의 상처를 현재에서 재경험하도록 하는 통로이기도 합니다. 즉, 일상생활에서 정서는 어떤 행동을 하거나 하지 않게 하는 동기의 기능을 하며, 대인관계에서 의사소통을 보다 명확하게 할 수 있도록 돕는 좋은 수단이 되기도 합니다.

상담과정에서는 정서문제가 주요 증상이 되는 경우뿐만 아니라, 내담자가 호소하는 문제 이면에 이러한 어려움이 동반되는 정서문제가 있는 경우 이를 다루어야 합니다. 따라서 내담자의 정서경험을 촉진하고 감정을 말로 표현하도록 격려하고 정서의 영향을 이해하고 조절하도록 돕는 개입은 매우 중요합니다.

내담자가 두려움, 불안, 우울 등의 고통스러운 감정을 드러내려고 할 때 상담자가 이런 감정을 충분히 표현하도록 돕는 반응을 하기보다는 내담자의 고통에 압도되어 회피하거나 안심시키고 해결책을 제시하려고 하는 경우를 종종 볼 수 있습니다. 이러한 개입은 정서를 억압하거나 외면해 오던 과거의 방식과 크게 다르지 않기 때문에 문제해결에 도움이 되지 않습니다. 정서의 외면, 회피, 억압이 신체적 증상, 대인관계 갈등 등을 유발하는 사례는 흔히 만날 수 있습니다.

내담자들은 강렬한 감정을 마주하기 두려워하지만 동시에 깊이 공감받기를 바랍니다. 흔히 감정을 적절하지 않다고 판단하여 무시하고, 왜곡, 부정, 억압한 결과 내담자는 자신의 내적인 경험으로부터 소외되게 됩니다(Hill, 2015). 상담자가 내담자의 감정을 마주하기 두려워하면서도 깊이 공감받고자 하는 양가적인 마음을 이해하면서 내담자의 경험에 함께 머무를 때, 내담자는 자신의 감정을 온전히 경험하고 수용하게 될 것입니다.

정서적 개입 과정에서 상담자는 내담자가 상담자와 관계에서 경험하는 안전감을 기반으로, 우선 자신의 정서경험을 상담시간에 생생하게 표현하도록 합니다. 내담자의 주된 정서경험을 탐색하여 그 정서를 재경험하도록 촉발시키는 요인과 정서경험과 연결된 고

통스러운 과거 경험, 그리고 역기능적인 사고 등의 연결고리를 찾
는 것입니다. 상담장면에서 재현된 정서를 상담자가 수용하고 보
듬어 주는 과정에서 내담자는 교정적 정서경험을 할 수 있고 자신
을 더 깊이 이해하고 수용할 수 있게 됩니다. 또한 부정적인 정서를
조절할 수 있게 되고, 인지, 정서, 행동의 역기능적인 연결고리들을
수정할 수 있습니다. 상담장면에서 시작된 새로운 정서경험은 내
담자 일상의 경험으로 확대되어 나갑니다. 내담자는 스스로 정서
를 보듬어 줄 수 있게 되고, 일상의 관계에서 주된 정서경험을 유발
하는 요인에 유연하게 대처할 수 있게 됩니다. 이처럼 새로운 정서
경험을 지속하기 위한 반복적인 노력들을 하면서 안정적인 변화로
이어질 수 있습니다(김용태, 2014; Greenberg, 2007).

상담에서 고통스러운 정서경험을 다루기 위해서는 과거 사건을
회상하는 대신 과거부터 반복적으로 경험하는 감정을 다루는 것이
더 효과적입니다. 많은 경우 내담자들의 외상 경험 자체에 대한 기
억은 모호하거나 단편적인 반면, 정서기억은 보다 선명하여 이러
한 정서기억은 비슷한 상황이 되면 다시 활성화됩니다.

내담자의 경험에는 종종 하나의 지배적인 정서(또는 반복되는 정
서 주제)가 있는데 이를 다루기 위해서는 먼저 상담자와 내담자 간
의 작업동맹이 잘 형성되어 있어야 합니다. 내담자는 상담자와 관
계에서 안전감을 충분히 경험할 때, 비로소 자신의 감정을 들여다
볼 수 있는 용기가 생기기 때문입니다. 이를 위해 상담자는 내담자
의 감정에 공감과 수용의 반응을 합니다. 그러면 내담자는 상담자
의 반응을 바탕으로 직면하기 힘들었던 자신의 정서를 억압하거나
부인하지 않고 있는 그대로 경험해도 괜찮은 감정이라는 인식을
하게 됩니다. 이를 감정의 타당화라고 합니다. 내담자는 안전감이

있어야 과거에 불안을 일으키거나 위협이 되었던 감정을 있는 그
대로 느끼고 알려는 위험을 감수할 수 있게 됩니다. 또한 상담자가
내담자의 정서를 함께 경험하며 수용할 수 있어야 합니다.

그럼 상담과정에서 정서적 개입을 하는 구체적인 방법들을 사례
를 통해 살펴보도록 하겠습니다.

먼저 상담과정에서 내담자가 감정을 드러내기 어려워하는 경우,
상담자는 그 감정 자체를 얘기하라고 하기보다는 그 감정을 드러
내려고 할 때 어떤 위험과 위협을 느끼는지 공감적으로 이해하고
내담자가 그 두려움을 표현할 수 있도록 도와주어야 합니다. 왜냐
하면 내담자는 고통스러운 감정을 다시 얘기해도 도움받을 가능성
이 없다고 생각하거나, 자신의 비밀스러운 감정과 경험을 드러내
는 과정에서 수치심을 경험할까 봐 두려울 수 있습니다. 또한 감정
을 드러냈을 때 상담자에게 수용받지 못하고 평가받을 위험을 느
끼거나, 표현한 감정에 압도되어 스스로 통제력을 상실하는 것에
대한 두려움을 갖고 있기도 합니다. 그러나 다른 한편으로 내담자
는 상담자에게 공감받기 원하는 마음이 있습니다. 따라서 상담자
의 공감적이고 수용적 태도와 반응은 내담자의 감정을 이끌어 내
는 데에 매우 중요한 역할을 합니다. 또한 내담자가 자신의 고통스
럽고 드러내기 힘든 감정을 드러냈을 때 상담자로부터 그러한 자
신의 감정이 수용받는 경험은 교정적 정서경험이 되어 문제해결로
이어지도록 돕습니다(Teyber & McClure, 2014).

교정적 정서경험이란 내담자가 일상에서 받았던 반응과 다른 새
롭고 만족스러운 반응을 상담자가 하는 것입니다. 이를 통해 내담
자는 익숙하지만 원하지 않는 방식의 경험을 변화시킬 수 있게 됩
니다(Teyber & McClure, 2014). 이야기해도 도움받을 수 없을 것이

라는 믿음과 자신의 감정을 수치스럽게 여기는 익숙하고 오래된 태도가 상담자와 관계에서 수용되는 감정으로, 꺼내놓음으로써 해결로 이어지는 도움 받는 경험으로 수정되는 것입니다.

다음은 40대 여성의 사례에서 자신의 감정을 드러내기 어려워하는 내담자가 감정을 이야기할 수 있도록 조력하는 과정의 예입니다.

(내담자는 친정 어머니와 어제 통화했던 것에 대해 얘기하고 있다.)

상담자1: 어머니와 통화하면서 기분이 안 좋으셨던 거 같은데 어떠세요?

내담자1: 잘 모르겠어요. 그냥 그러려니 하죠, 뭐…

상담자2: 어제 어머니랑 통화하면서 느꼈던 것을 한번 얘기해 보시면 좋겠네요.

내담자2: (침묵) (표정이 어두워지고 가라앉아 보임)

상담자3: 지금 표정이 좀 어두워 보이는데, 어머니한테 느꼈던 거 얘기하려니 어떤 마음이 드세요?

내담자3: 글쎄요… 이건 하루 이틀 된 문제도 아니고 여기서 얘기한다고 달라질 거 같지도 않아요. 얘기해 봤자 마음만 더 답답하죠.

상담자4: 어머니 얘기는 해 봤자 해결될 것 같지 않은 마음이 드시는군요. 그만큼 막막하고 어디서부터 어떻게 해야 할지 길이 안 보이고. 어쩌면 ○○ 씨한테 가장 힘든 문제일 수도 있겠네요.

내담자4: 그렇죠. 저희 어머니는 지금도 저보다는 남동생을 더 챙기

고 남동생네 애들 봐준다고 우리 집에는 제가 아무리 병이
나도 한 번을 안 오시거든요. 어제도 통화하는데 갑자기
제가 울컥해서 서운한 거 좀 얘기했더니 어머니는 오히려
본인은 할 만큼 했다면서 화를 내시더라구요.

상담자5: 어쩌다 한번 서운한 마음 얘기했는데 어머니가 받아주시
지도 않고 오히려 화를 내서서 정말 많이 속상하셨겠어요.

다음으로 내담자의 감정을 다루기 위해서 상담자는 내담자가 감
정을 탐색할 수 있도록 다양한 질문을 할 수 있습니다. 예를 들어,
'그 이야기를 하면서 기분이 어떠세요?' '당신의 감정을 좀 더 자세
히 얘기해 주세요' 등과 같은 반응을 통해 내담자 스스로 자신의 감
정을 탐색할 기회를 주고 격려할 수 있습니다. 또한 내담자가 경험
하는 것들의 의미를 더 명료하게 하도록 도울 수 있습니다. 예를 들
어, '그 감정은 익숙한 것인가요? 오래된 감정인가요? 처음으로 경
험한 것은 언제 어디서였습니까? 그때 누구와 함께 있었나요? 그
사람의 반응은 어땠습니까?' 등과 같은 질문으로 내담자 감정을 명
료하게 탐색할 수 있습니다. 나아가 상담시간에 중요한 감정을 경
험하도록 할 수도 있습니다.

내담자들이 어떤 주제를 얘기할지 망설일 때 가장 강한 감정을
불러일으키는 주제를 선택하는 것이 도움이 됩니다(Maroda, 2014).
어떤 내담자들은 현재의 어려움을 얘기하는 대신 과거의 힘들었던
경험을 반복적으로 호소하기도 합니다. 이는 과거 경험이 현재에
지속해서 영향을 미치고 있는 주된 정서이기 때문이기도 하고 그
렇지 않을 수도 있습니다. 해결되지 않은 감정을 표현하고 있는 것

이라면 앞서 다루었듯이 내담자가 정서경험을 충분히 할 수 있도록 도와야 합니다. 반면 현재 어려움을 마주하지 않으려는 시도라면 현재 느끼고 있는 것이나 지난 상담 이후 느꼈던 것, 지금-여기의 경험을 물어보는 것이 효과적입니다.

또한 내담자의 정서를 다루기 위해 상담자가 사용하는 다른 개입방법으로 감정 반영과 공감이 있습니다. 감정 반영은 내담자의 감정을 강조하며 진술을 반복하거나 부연 설명하는 것입니다. 마치 거울로 비춰 주듯 내담자의 감정을 되도록 있는 그대로 비춰 주는 것입니다. 이 방법은 내담자의 탐색을 돕는 가장 중요한 기술이기도 합니다(Hill, 2015). 감정 반영이 내담자의 감정에 초점을 맞춰 반응하는 개입이라면 공감은 내담자의 감정뿐만 아니라 내담자 내면의 욕구, 동기 등까지 이해하여 내담자에게 언어적으로 전달하는 개입입니다(이장호, 금명자, 1995). 단순히 내담자의 감정만을 내담자에게 되돌려 주는 것이 아니라 감정 밑에 있는 내담자의 욕구와 성장 동기까지 이해하고 전달하는 방법입니다. 그러나 공감은 단순히 언어적 반응만을 의미하지 않습니다. 공감은 언어적인 방법뿐만 아니라 비언어적인 방법으로 전달될 수 있는 보편적이고 폭넓은 활동과 현상이며 때로는 언어 이전의 방식[감각, 감(感), 영적인 영역, 기타]으로도 전달되는 현상입니다(김계현, 1995).

다음의 40대 여성의 사례에서 감정의 반영과 공감을 통해 내담자의 자기이해가 깊어지는 장면을 살펴봅시다.

상담자6: 명절은 어떻게 보내셨어요?

내담자6: 그게요. 이번에는 시댁에서 음식하고 일하는 게 너무 힘
든 거예요. 하기도 싫고 기운도 없고… 근데 안 할 수가 없
으니까 억지로 했어요. 명절 끝나 가는데 시댁에서부터 컨
디션이 안 좋더라구요. 그리고 집에 왔는데 머리도 아프고
온몸이 쑤시고 너무 안 좋은 거예요.

상담자7: 시댁에서 혼자 일 하는 게 몸도 힘들고 마음도 안 편하고
이래저래 무리해서 병이 나셨나 봐요…

내담자7: 네… 그런 거 같아요. 혼자 다 하는데 알아주는 사람도 없
고… 너무 짜증나고 귀찮고 꼼짝도 하기 싫은 거예요. 그
래서 밥도 안하고 나도 모르겠다 하고 방에 들어가서 누워
있었거든요. 한참을 그러고 있었는데 다들 TV 보고 자기
할 일하고 아무도 어디 아프냐고 물어보지도 않는 거예요.
(눈물이 맺힘)

상담자8: 혼자 힘들어서 누워 있는데 아무도 걱정해 주지도 않고…
고생했다고 말해 주는 사람도 없고… 많이 서운했겠어요.

📑 사례에서 내담자는 명절에 시댁에서 힘들게 일하고 돌아왔지만 가족
들이 전혀 신경 써 주지 않는 서운함을 토로하고 있습니다. 상담자는
내담자의 감정을 반영해 줌으로써 내담자가 경험했던 감정에 대해 더
이야기하고 들여다볼 수 있도록 함께 하고 있습니다.

내담자8: 네. (눈물) 누워 있는데 너무 화도 나고 서러운 생각이 막

드는 거예요. 백날 고생해 봤자 아무 소용없다 싶고……

상담자9: 시댁일도 그렇고 집에서도 그렇고 ○○ 씨는 잘하려고 열
심히 애쓰는데 아무도 알아주는 사람도 없고… 참 허무하
고 허전하고 서글펐겠어요.

💬 다시 한번 내담자의 감정을 반영하여 내담자의 경험에 머물러 주고 있
습니다. 또한 내담자의 인정받고 싶은 욕구를 공감적으로 이해하고 있
습니다. 상담자는 내담자의 마음을 충분히 알아주면서 정서적 통찰을
통해 외로움과 만날 수 있도록 공감하며 머물러 있습니다.

내담자9: 네. 나는 뭔가 항상 죽을 힘 다해 노력하는데 혼자만 동동
거리는 거 같고 내 옆에는 결국 아무도 없는 거 같은… (눈
이 빨개짐)

상담자10: 나도 관심받고 싶고 나를 좀 봐 줬으면 좋겠는데 그게 안
되고 노력해도 결국 뒤로 밀려나는 것 같고…

💬 내 곁에 아무도 없다는 내담자의 이야기에서 상담자는 누군가 자신의
노력도 알아주고 자신을 봐 줬으면 하는 내담자의 바람, 소망, 욕구를
읽어 주고 있습니다. 즉, 감정 이면의 욕구를 인식할 수 있도록 돕고 있
는 것입니다. 감정의 반영에만 그치지 않고 언어적 공감 반응을 통해
내담자의 감정 밑의 내면을 이해하고 전달하고 있습니다. 그 결과 내
담자는 감정을 보다 명료화하게 됩니다.

내담자10: 네. 아무도 나한테 관심을 안 가져 줘요. 시댁에서도 그렇
고 옛날에 어릴 때도 그렇고. 그게 너무 서러워요.

상담자11: 아무도 나한테 관심도 없고 나만 뒤로 밀려나는 거 같으면 가족들이랑 같이 있어도 소외감 들고 세상에 나 혼자인 거 같고 모든 게 참 버겁고 힘들게 느껴질 거 같아요.

내담자11: 네… 외롭고 슬프고 이제는 아무것도 하고 싶지 않아요. (한숨)

상담자12: 그렇게 늘 노력하지만 혼자 뒷전으로 밀려나는 것 같은 느낌을 예전에도 말씀하신 적이 있었던 거 같아요. 혹시 그런 적 떠오르세요?

💬 상담자는 내담자가 비슷한 감정을 이야기했던 것을 기억하고 과거에도 느낀 적이 있는지 질문하여 내담자가 다른 장면에서도 비슷한 감정을 경험하는지 확인하고자 합니다. 상담이론에 따라 핵심감정, 심리도식, 미해결 과제 등으로 다르게 표현되고 있지만 결국 내담자의 삶에 많은 영향을 주고 있는 핵심적인 감정이 반복적으로 나타난다는 데는 이견이 없습니다.

내담자12: 네… 별일 아닌데 나도 모르게 그런 감정이 들 때가 있어요. 학교 다닐 때 친구들한테 나는 잘해 주려고 노력하는데 어느 날 보면 자기들끼리 더 친한 거 같고… 그러면 다시 혼자인 것 같고… 뒤로 물러나야 될 거 같고… 어렸을 때 지금도 생각나는 게… 놀러 나갔다가 집에 왔는데 집에 아무도 없었어요. 혼자 기다렸는데 어두워져도 아무도 안 오는 거예요. 그래서 무서워서 방에 가만히 안 움직이고 앉아 있었는데 이러다가 아무도 안 돌아오면 어쩌지? 이런 생각이 드는 거예요.

상담자13: 어두워지는데 가족이 아무도 안 오고 혼자서 계속 기다렸
으면 정말 무섭고 막막했을 거 같아요.

내담자13: 네. 정말 무서웠어요. 근데 알고 봤더니 어머니랑 아버지
랑 남동생이랑 어디 갔다 온 거였어요. 아무렇지도 않게
셋이서 들어오는데 너무 배신감이 드는 거예요. 그래서 막
울었는데 엄마는 왜 그러냐는 식으로 신경도 안 쓰고 동생
졸리다고 동생만 챙기는 거예요.

상담자14: 혼자서 겁먹고 불안해하면서 가족들 오기만 기다리고 있
었는데 부모님은 그런 거 하나도 몰라주고 ○○ 씨가 힘들
었던 거 관심도 없고 신경도 안 쓰면 정말 서운했겠어요.

내담자14: 내 마음은 하나도 몰라주고 관심도 없고… 나는 아무것도
아닌가… 동생만 중요하고…

상담자15: 나만 밀려난 거 같고… 뒷전이고… 세상에 나 혼자 저만
치 뚝 외롭게 떨어져 있는 거 같았겠어요.

내담자16: 네… 나도 가까이 가고 싶은데 가면 안 될 거 같고… 서
럽고 막막하고…… 너무 서러워서 저녁 내내 혼자 울었어
요. 항상 그랬던 거 같아요. 나는 가까이 가려고 열심히 노
력하는데 결국 제자리에 와 있어요. 혼자 밀려나 있는 느
낌… 혼자 내버려져 있는 느낌이에요.

💬 비슷한 감정을 느낀 적이 있는지 물어봄으로써 내담자는 유년시절 기
억에서도 유사한 감정을 경험했던 것과 연결 지었습니다. 그리고 자신
이 늘 뒷전이었던 것, 그러나 관계가 단절되고 버려질 것이 두려워 자
신의 것을 표현하지 못했던 것도 깨달으며 애도의 과정을 경험합니다.
처음에 내담자는 짜증나고 귀찮고 화나는 감정을 표현했습니다. 그런

데 그 감정을 더 이야기하다 보니 화 밑에 있는 슬픔, 수치심까지 닿게
되었습니다. 이렇게 내담자는 자신의 감정을 충분히 경험하게 되며 그
과정에서 자기에 대한 이해를 하고 자신이 원하는 것이 무엇인지 인식
하게 됩니다. 내담자는 자신의 감정과 접촉할 때 가장 잘 문제를 해결
할 수 있게 됩니다(Elliot, Watson, Goldman, & Greenberg, 2004).

　이 사례에서 한 가지 중요하게 언급할 점은 정서적 재경험입니
다. 집안일로 힘들어하고 있어도 알아주지 않는 가족, 어릴 때 혼자
있으면서 무서웠던 내담자 마음을 알아주지 않았던 원가족과 달리
상담자는 내담자의 감정을 수용하고 내담자 스스로 감정을 더 탐
색할 수 있도록 하며, 혼자 내버려져 있는 느낌이 아닌 함께하는 느
낌을 느끼게 하고 있습니다. 이처럼 안전하고 친밀한 치료적 관계
는 이전 관계에서 경험을 통해 내담자 안에 굳어진 부적응적인 대
인관계 양상을 상쇄시킵니다(Teyber & McClure, 2013).

　마지막으로 대학생 내담자의 경우, 항상 가슴이 벌렁거리는 것
을 자각하고 이것이 불안함, 특히 관계에서 평가에 대한 두려움이
라는 것을 인식하게 됩니다. 그리고 성취가 중요해서 열심히 했지
만 사실 많이 외로웠음을 깨닫게 되는 데 정서의 인식이 중요하게
작용합니다. 이 작업을 축어록을 통해 살펴봅시다.

상담자1: 오늘은 어떤 이야기하고 싶어요?
내담자1: 학과 공부 열심히 해야지 마음을 먹는데 집중이 안되고 수

업시간에도 불편해요. 도서관에 앉아 있어도 가슴이 벌렁
거려요.

상담자2: 지금 그 이야기하면서 몸에서 느껴지는 감각이 있나요?

내담자2: 가슴이 답답하고 숨이 가빠요. 심장이 빨리 뛰는 느낌. 손
바닥이 축축해요.

상담자3: 그 감각이 무엇을 말하고 있는 것 같나요?

내담자3: 잘 못하면 끝장이다. 잘해야 한다.

상담자4: 잘 못하게 되면 어떻게 될 것 같아요?

내담자4: 사람들이 저를 안 좋아할 것 같아요. 돈도 잘 못 벌 거고,
사람들이 무시할 테고. 제 옆에 사람이 없을 것 같아요. 무
엇보다 저한테 실망을 많이 하겠죠.

💬 사례에서 상담자는 내담자가 보고하는 신체적 감각을 통해 정서를 인
식하고 이면의 걱정과 두려움의 내용을 탐색해 들어갑니다.

상담자5: 최근에 그런 감정을 느낀 경험이 있나요?

내담자5: 가슴 벌렁거리는 건 늘 그렇긴 한데, 어제 학교 식당에 갔
을 때 동기들이 모여서 밥 먹고 있는 거 보면서 심하게 느
꼈어요. 저 혼자 밥 먹고 있는 거 보면서 한심하게 생각할
것 같고. 공부도 못하고 사교성도 없고 그런 애가 밥까지
혼자 먹고 있으니까요.

💬 혼자 밥을 먹고 있던 상황에서의 정서를 활성화하기 위하여 당시 상황
을 구체적으로 탐색합니다.

··· 〈중략〉 ···

💬 상담자는 내담자가 최근에 정서적으로 동요되었던 상황을 구체적으로 탐색해 가면서 감정을 활성화시켜 내담자에게 어떤 의미인지 찾아보려고 합니다.

상담자6: 지금 몸에서 느껴지는 감각이 있나요?

내담자6: 가슴 부분이 시린 느낌이 들어요.

상담자7: 그 느낌에 이름을 붙여 준다면 뭘까요?

내담자7: …외로움이에요.

상담자8: 그 외로움에 대해서 좀 더 얘기해 볼래요?

내담자8: 사실 사람이 필요 없다고 생각했었거든요. 공부하는 데 사람은 방해만 될 뿐이고, 어차피 성공하면 사람들이 내 옆에 올 거라고 생각했으니까. 근데 사실 그동안 외로웠던 것 같아요.

💬 내담자는 정서를 명명하고 어떤 생각을 가지고 살았는지 깨달음으로써 더욱 깊이 있게 자신을 이해하게 됩니다. 내담자는 이제 결핍되었던 것이 무엇인지, 진심으로 원하는 것이 무엇인지 알게 되고 이를 채우는 새로운 행동과 선택을 시도할 수 있게 되는 것입니다.

이처럼 정서 인식을 위해 먼저 신체적 변화를 감지해야 합니다. 이를 위해 알아차림, 명상 등의 기법이 많이 활용되고 있습니다. 그리고 그게 어떤 감정인지 명명하고, 감정이 갖는 의미가 무엇인지를 상담자와 함께 찾아갈 수 있습니다. 부정적인 감정을 알아차린다면 이는 내담자가 원하는 어떤 것이 충족되지 않았음을 의미하

므로 원하는 것이 무엇인지 자신의 욕구를 이해할 수 있는 중요한
정보가 됩니다.

자신이 경험하는 정서를 인식하고 표면적인 정서 이면의 깊은
지배적 정서까지 자각하고 그것이 미치는 영향을 깨닫게 되면 내
담자들은 많은 경우 고통스러운 정서의 부정적 영향으로부터 벗어
날 힘을 갖게 됩니다. 그들이 원하는 것을 충족시키는 방법으로 감
정과 욕구를 대상에게 표현하는 정서표현을 할 수 있게 되고, 더 나
아가 자기 행동을 선택할 수 있게 됩니다. 감정에 따라 어쩔 수 없
이 하는 행동이 아니라 자신의 감정을 충분히 경험하고 그 밑의 욕
구까지 이해하여 그 결과 내가 지금 원하는 것은 무엇인지 잘 알고
결정할 수 있습니다. 즉, 정서적 개입은 증상의 감소뿐 아니라 인지
및 행동적 변화로 이어지는 핵심 지렛대 역할을 하는 것입니다.

참고문헌

김계현(1995). 카운슬링의 실제. 서울: 학지사.

김용태(2014). 가짜감정. 서울: Denstory.

이장호, 금명자(1995). 상담연습교본. 서울: 법문사.

Elliot, R., Watson, J. C., Goldman, R. N., & Greenberg, L. S. (2004).
   *Learning emotion-focused therapy: The process-experiential approach
   to change.* Washington, DC: American Psychological Association.

Greenberg, L. S., & Paivio, S. C. (2007). 심리치료에서 정서를 어떻게 다룰 것
   인가(*Working With Emotions In Psychotherap*). (이흥표 역). 서울: 학지
   사. (원전은 1997년에 출판).

Hill, C. (2015). 성공적인 탐색 통찰 실행 상담을 위한 상담의 기술. (주은선 역).

서울: 학지사.

Maroda, K. J. (2014). 초보상담자를 위한 정신역동 상담: 상담자와 내담자의 감정 다루기(*Psychodynamic Techniques: Working with Emotions in the Therapeutic Relationship*). (허재홍, 진현정, 박명희 역). 서울: 학지사. (원전은 2010년에 출판).

Teyber, E., & McClure, F. H. (2014). (상담 및 심리치료) 대인과정접근 (*Interpersonal Process in Therapy: An Integrative Model 6th, International Edition*). (장미경, 김동민, 김인규, 유정이, 장춘미 역). 서울: 센게이지러닝코리아. (원전은 2011년에 출판).

제9장

변화를 위한 행동적 개입

　이번 장에서는 내담자의 변화를 위한 행동적 개입에 대하여 알아보도록 하겠습니다. 내담자의 변화를 촉진하기 위해서는 행동적 개입 역시 필요합니다. 어떤 내담자는 정서나 인지가 변화되면서 행동의 변화가 자연스럽게 일어나기도 하지만 모든 내담자가 이러한 변화를 보이는 것은 아닙니다. 내담자의 인지와 정서는 변화하지만 행동의 변화로 이어지지 않는 경우가 있습니다. 어떤 관점에서는 내담자의 행동이 변화해야만 진정한 변화가 일어난 것이라고 보기도 합니다. 즉, 행동의 변화가 수반되지 않는 정서적 변화나 인지적 변화는 진정한 변화로 보기에는 한계가 있다는 것이지요. 만약 내담자의 통찰과 자기이해가 행동적 변화와 연결되지 않는다면 내담자의 인지적·정서적 변화는 일상생활에서 문제를 해결하는 데 행동으로 이어지지 못하고 결국 변화의 힘이 약해질 수 있기 때문입니다. 상담자가 이러한 관점에 동의하지 않는다 하더라도, 상담을 통해 내담자의 행동이 변화하도록 개입하는 것이 내담자의 문제해결과 성장에 유용한 것은 분명해 보입니다. 인지-정서-행동은 서로 밀접하게 연결되어 있으며 내담자의 인지적 · 정서적 변화는 행동의 변화로 연결될 때 더욱 강화되는 것은 사실이니까요. 따라서 상담자는 내담자의 행동 변화를 위해 어떻게 개입할 것인지를 고려하는 것이 필요합니다. 상담자는 내담자의 행동적 변화를 상담과정에서 지속적으로 고려해야 하며 행동 변화 촉진을 위하여 적절하게 개입해야 합니다.

앞서 언급한 대로 내담자의 인지와 정서가 변화하면서 행동적인 변화가 함께 따라오기도 합니다. 이러한 경우, 상담자는 내담자의 행동 변화에 대하여 면밀히 평가하고 민감하게 알아차리며 궁극적으로 내담자 스스로 자신의 행동 변화를 상담목표와 연결지어 생각할 수 있도록 돕습니다. 먼저, 40대 여성의 사례를 보도록 합시다.

내담자1: 이번 명절에 글쎄 남편이 저에게 또 막 불만을 털어 놓는 거예요, 시댁 갔다 온 뒤에.

상담자1: 남편이 뭐라고 하던가요?

내담자2: 뭐, 시댁에 가기만 하면 뭐 그리 뚱해서 있냐는 거예요. 얼굴 좀 피고 있지, 뭐 똥 씹은 표정으로 불편하게 그리 있냐는 거예요.

상담자2: 그래서 ○○ 씨는 남편분이 불만을 얘기할 때 어떻게 하셨어요?

내담자3: 근데, 신기한 게 지난 시간에 막 울면서 제가 억울했던 거, 그동안 말 못했던 거 실컷 얘기하고 갔잖아요. 그래서 그런지 남편 말을 듣는데 이상하게 화가 나지 않는 거예요. 예전 같으면 제가 시댁 가서 그렇게 일해 주고 인정 못 받는 것만 해도 열나고 화가 나니까 궁시렁거렸거든요. 그 사람 듣기 싫은 소리하고 그러면 그럼 또 그 사람이 더 목소리 크게 막 뭐라 하고 그럼 저도 목소리 높이다 결국 울음이 터지고 끝나죠. 근데 이번에는 화가 나지 않고 오히려 저 사람도 얼마나 불편했겠나, 나한테 섭섭했겠나 싶은 마음이 드는 거예요. 이런 마음이 드는 게 이번이 처음이 거든요.

상담자3: 자신도 신기할 정도로 남편 말에 화가 나지 않고, 오히려 남편이 이해가 되었나 보네요.

내담자4: 네. 저도 속으로 놀랐어요.

상담자4: 그래서 남편에게 뭐라고 하셨어요?

내담자5: 화가 안 나고 이해가 되니까, 그러냐고, 당신도 나 보면서 불편하고 섭섭했겠다 그랬죠. 그랬더니 남편도 한풀 꺾이더라고요. 그러면서도 계속 불만을 얘기하길래 가만히 다 들어줬죠. 그랬더니 남편도 더 이상 강하게 얘기하지는 않더라고요. 그래서 그 뒤에 자분자분 얘기했어요.

📋 내담자는 이전의 상담개입을 통해 이미 정서와 인지가 변화되어 있었습니다. 그러다 보니 남편을 대하는 행동도 변화되어 나타난 것입니다. 이는 내담자의 정서와 인지가 변화되면서 행동이 함께 변한 예가 됩니다. 상담자는 내담자의 변화된 행동에 주목하고 그 변화를 자세히

말할 수 있도록 조력할 필요가 있습니다.

상담자5: 어떤 식으로 말씀하셨나요?

내담자6: 뭐 난 시댁가면 이런 불만이 있다, 형님은 늦게 와서 돈만 드리고 일은 하지도 않고, 그러니 나만 죽어라 일하니까 기분이 좋지만은 않다, 그렇다고 일할 때 시댁 어른이나 당신이나 도와주는 것도 아니니 나 혼자 음식 준비하랴, 설거지하랴, 너무 힘들어서 나도 표정 관리가 안된다고. 그리고 당신이 얘기할 때 사실 나도 하고 싶은 말은 많은데 그런 말하는 게 나도 힘들다 뭐 이런 얘기를 했지요. 그러니까 남편도 좀 제가 이해가 되는지, 안다고 그래도 내 표정 안 좋은 거 보면 자기도 불편하다고, 좀 좋게 얘기가 끝났죠.

상담자6: 이번에는 지난번 명절 때처럼 큰 싸움으로 번지지 않았군요. ○○ 씨, 남편과의 관계에서 이번에는 이전까지와는 아주 다르게 행동을 하셨네요. 행동까지 다르게 하기가 참 쉽지 않은 것인데, 무엇이 ○○ 씨가 이렇게 다른 행동을 할 수 있도록 한 것 같으세요?

💬 상담자는 먼저 내담자가 이전과는 변화된 행동을 하고 있음을 명료하게 반영해 주며 격려하는 것이 좋습니다. 이와 더불어 내담자 자신이 이전과는 다르게 행동할 수 있었던 이유에 대하여 스스로 생각해 볼 수 있도록 촉진해야 합니다. 자신이 어떤 과정을 통해 이러한 변화를 이룰 수 있었는지를 알게 되면, 내담자는 이후에도 이러한 바람직한 행동 변화를 유지하려고 스스로 노력하게 됩니다. 나아가 내담자는 바

람직한 행동을 다른 대상이나 상황에도 적용할 수 있는 힘을 얻게 됩니다.

내담자7: 글쎄요… 참 신기하다… 좋다 생각했는데, 어떻게 이번에는 이렇게 다른 결과가 나왔는지는 자세히 생각해 보지 않았네요. 아… 이번에는 남편이 이해가 되었던 게 컸던 것 같아요. 저도 남편이 이해되니까 목소리도 그렇고, 말도 그렇고 그렇게 세게 안 나가더라고요. 예전 같으면 저도 받아치고 그러면 남편도 막 소리 질렀을 텐데 제가 들어주니까 이번에는 조금씩 누그러지더라고요.

상담자7: 남편이 이해가 되니까 남편이 하는 불만을 수용적으로 들어주게 되고, 그 후에 자신의 입장을 좀 더 차분하게 전달하게 되고, 그러니까 남편 분의 반응도 큰소리로 가는 대신 ○○ 씨의 입장을 수용하는 쪽으로 변한 거네요.

내담자8: 맞아요. 그거예요. 진짜 한 사람만이라도 이해하는 마음으로 부드럽게 대하기 시작하면 이렇게 다르게 대화할 수 있는 것을…

상담자8: 이번에는 어떻게 해서 남편이 이해되기 시작한 걸까요?

내담자9: 음… 좀 달랐어요. 뭔가 내 안에 뭔가 쌓여 있지 않은 것 같이… 아, 아까 말씀 드렸듯이 지난 시간에 제 얘기를 막 하고 갔잖아요. 생각해 보니, 제가 제 얘기를 그렇게 누구에게 속 시원히 털어 놓은 적이 없었던 것 같아요. 다 털어 놓고 나니 시원하더라구요. 아! 내가 그동안 너무 참고 누구한테 얘기도 안 하고 그랬구나. 그랬더니 나도 억하심정이 많으니 남편에게 긁는 소리했구나 싶은 거예요.

상담자9: 그렇죠. ○○ 씨가 그동안 자기 얘기도 잘 안하고 속에 담아 놓기만 하다 보니 쌓인 게 많았지요. 그리고 쌓인 게 많다 보니 남편이 뭐라 하면 ○○ 씨도 욱하는 마음에 남편 기분 나쁠 만한 얘기로 화나게 하고, 그러다 보면 싸움이 커지게 되죠. 지난 번 여기서 속 시원하게 털어놓고 간 것이 많은 도움이 됐군요. 그래서 ○○ 씨 마음이 정리되니 남편 얘기도 차분히 듣게 되고 자기 얘기도 남편에게 잘 표현하고 말이죠. 그런 경험이 ○○ 씨에게 도움도 되었고, 앞으로도 필요하지 않을까 싶어요.

💬 이렇게 변화의 과정을 명확하게 짚어 보는 개입을 통해 내담자는 스스로 지속적인 변화를 위해 자신에게 필요한 것이 무엇인지 이해하게 됩니다. 이러한 이해는 바람직한 행동적 변화를 유지하는 데 도움이 됩니다.

내담자10: 맞아요. 저도 그렇게 생각해요.

상담자10: 이번 일을 겪고 보니 어떤 마음이 드세요?

내담자11: 아, 이렇게 내 마음이 좀 편하고 여유가 생겨서 남편 얘기 들어주면 큰 싸움으로 번지지 않겠구나. 그러려면 나도 평소에 내 얘기를 하면서 좀 풀어야겠구나 싶어요. 아이도 옆에 있다가 좀 의아한 표정으로 보더라고요. 예전 같으면 싸울 텐데 안 그러고 끝나니까. 저도 그러고 나서 신기하기도 했지만 기분도 좀 풀렸어요. 나도 내 할 말은 했으니까. 그다음 날인가 남편이 미안했는지 자기가 집안 청소도 하고 다른 때는 먼저 외식하자는 얘기 안 하더니 그날은 먼저 외식하자고 하더라고요. 내가 명절 때 고생한 걸 알고 배려해 주는구나 싶더라구요.

〈후략〉

💬 이 장면에서 내담자는 이전의 일상적 반응과 다른 행동을 시도하였고 그 결과가 성공적이었다고 보고하고 있습니다. 내담자는 다음과 같은 요인을 인식하고 있습니다. ① 평소에 자기표현을 잘 하지 못해서 마음에 쌓인 것이 많았다. ② 남편의 입장을 생각하기 어려웠다. ③ 기분 나쁘게 이야기하고 싸움으로 진행되었다. 상담자는 이러한 내담자의 인식을 행동적 측면에서 명료화하고 내담자가 계속 바람직한 행동을 유지하고 촉진할 수 있도록 돕습니다. 예를 들어, 상담자는 내담자가 ① 정서적 의사소통 기회를 늘리고, ② 공감적으로 경청하기를 연습하고, ③ 나 전달법을 사용한 효과적이고 건설적인 자기주장 행동을 연습하도록 안내하고 각각에 필요한 도움을 구체적으로 제공합니다. 내담자는 이러한 과정을 통하여 기존의 반사적이고 부적응적인 행동(예, 남편을 비난하며 언성 높이기) 대신 새로운 대안행동에 대한 역량을 함양하게 됩니다. 이를 통하여 내담자는 당면 문제에 효과적으로 대처하는 것은 물론(예, 남편과의 갈등), 앞으로의 문제를 예방하고 자기성장의 길로 나아갈 수 있습니다. 예를 들어, 의사소통 기술, 의사결정 기술, 자기관리 기술 등은 기본적인 예방 및 성장촉진적 행동으로(박태수, 고기홍, 2007), 만약 내담자가 이와 같은 행동 기술이 부족하다면 상담자는 적절한 방법을 통하여 내담자가 필요한 기술을 학습하고 사용할 수 있도록 도와야 할 것입니다.

내담자가 새로운 바람직한 행동을 시도하였을 때 상담자는 즉시 그 경험에 대하여 이야기를 나누어야 합니다. 이 사례와 같이 새로운 시도가 성공적인 경험으로 남았다면 어떤 요소로 인해 성공하게 되었는지 확인하고, 내담자가 계속해서 이러한 요소들을 갖출 수 있도록 격려하는 것이 좋겠지요. 이에 더하여 내담자가 경험하는 성취감이 내담자 자신이 이룬 것임을 상기시켜 내담자의 효능감을 높이는 것이 필요합니다. 만일 내담자의 새로운 바람직한 행동이 실패 경험으로 남았다 하더라도, 상담자는 새로운 시도라는 점에서 일단 강화하는 것이 좋습니다. 동시에 실패의 요소가 무엇인지 확인하여 수정하고 보다 성공적인 경험이 되도록 시도해 볼 수 있게 제안할 수 있지요.

상담에서 내담자는 바람직한 행동을 학습할 수 있어야 합니다(박태수, 고기홍, 2007). 문제를 갖고 있는 내담자에게는 현재의 문제를 해결하는 데 유용한 행동이 있을 것입니다. 예컨대, 우울로 인한 무기력을 호소하는 내담자가 하루에 한 가지 활동적인 일을 한다면 이 행동은 문제해결에 유용할 수 있습니다. 또는 행동을 하는 것 자체가 문제의 해결이 되기도 하는데, 자신의 의견을 잘 드러내지 못하는 내담자가 자기주장행동을 할 수 있게 되는 것이 그 예가 될 것입니다.

내담자들이 보이는 문제 행동은 주로 자동적이고 반사적인 행동들입니다. 내담자가 살면서 경험으로부터 학습하게 된 행동이면서 동시에 현재로서는 역기능적인 행동인 것이지요. 따라서 상담에서 하는 행동적 개입은 내담자의 자동적이고 반사적인, 그러면서 역기능적인 행동을 다른 적절한 행동, 즉 대안행동으로 바꾸어 주는 것입니다. 40대 여성 사례에서 변화를 위한 행동적 개입이 어떻게 일어났는지 살펴보도록 합시다.

💬

내담자1: 어제도 아들과 스마트폰 때문에 실랑이 하느라고 얼마나 혼났는지 모르겠어요.

상담자1: 어제는 어떤 상황이었나요?

내담자2: 며칠 전에 애하고 얘기해서 12시에는 스마트폰을 저한테 주기로 약속했거든요. 애가 너무 늦게까지 스마트폰을 하니까 잠이 부족해서 맨날 학교에서 잠만 자나 봐요. 학원도 지각하고, 성적도 떨어지고 하니까 제가 잘 얘기해서 그렇게 하자고 약속했거든요. 근데 어젯밤에 이제 스마트폰 달라니까 안된다면서 자기는 무슨 웹툰을 봐야 한다나 뭐 한다나 그러면서 안 주는 거예요. 그래서 저도 슬슬 화가 나니까 약속했으면 줘야지 며칠이나 됐다고 약속을 어기냐고 잔소리를 했더니 애가 눈빛이 달라지는 게, 좀 더 하면 또 소리 지르고 난리치겠다 싶은 거예요. 밤이라 애 아빠도 자는데…

상담자2: 애가 난리칠까 봐 무서워서 더 이상 뭐라고 못하셨군요?

내담자3: 네. 상담하면서 제가 무엇을 해야 하는지도 잘 알게 되었고 정말 이전과는 다르게 해결하고 싶었는데 막상 그 상황이 되니까 또 이전과 똑같이 행동하게 되더라구요. 저는 잔소리하고 아들은 난리치고… 어제는 □□이가 난리치는 게 무서워서 제대로 말도 못하고… 정말 답답하고 속상해요.

상담자3: 네, 많이 속상하셨겠어요. 마음먹은 대로 행동하는 것은
생각보다 쉽지 않을 때가 많지요. 지금까지 몇 년 동안 해
온 행동은 마치 오랜 습관처럼 우리에게 익숙하니까요. 처
음에는 잘 안되는 것이 당연해요. 차근차근 노력해 가시는
그 과정이 더 중요한 것이랍니다. 비슷한 상황이 벌어졌을
때 ○○ 씨가 아이에게 어떻게 이전과는 좀 다르게 대처하
실 수 있을지 한번 저와 연습해 보면 어떨까요? 미리 연습
을 해 두면 비슷한 상황에서 다른 행동을 해 볼 가능성이
높아지게 되거든요. 엄마로서 잘 이야기할 수 있는 상황을
상상해 보고 여기서 직접 연습해 보면 좋을 것 같은데요.
괜찮으시겠어요?

🗨 이 장면에서 내담자는 행동 변화가 일어나지 않은 것에 대한 답답함을
표현하고 있으며 이는 상담장면에서 자주 관찰할 수 있는 모습입니다.
즉, 내담자는 무엇이 문제인지를 알고 바꿔야겠다고 결심을 하면 문제
해결적인 행동이 금방 출현하리라 기대하기 쉽습니다. 상담자는 행동
변화가 빨리 나타나지 않을 때 내담자의 실망감을 자연스러운 것으로
타당화해 주고 대안적 행동을 구체적으로 연습하는 기회를 제공해야
합니다.

행동적 개입은 다양한 방법으로 이루어질 수 있지만 대체적으
로 다음과 같은 사항을 고려하는 것이 좋습니다. 첫째, 효과적인
행동 변화를 위해서는 내담자가 자신에게 의미 있는 행동목표를
설정해야 하며 행동목표는 구체적이고(Specific), 측정 가능하고

(Measurable), 성취 가능하며(Achievable), 현실적이고(Realistic), 실행 시기가 정해져 있는 것(Time-limited)이 바람직합니다(SMART goal setting; Doran, 1981). 내담자가 목표 달성에 대하여 적절한 보상을 설정하거나 내담자 스스로 자발적으로 정한 목표임을 이해하고 결과에 대한 책임을 수용하도록 준비시키는 것도 중요합니다. 둘째, 상담자는 행동 변화를 위하여 구체적인 지시와 제안을 할 수 있으며 지시와 제안은 내담자가 이해할 수 있는 말로, 간결하고 분명하게 하는 것이 좋습니다. 셋째, 상담자는 내담자가 행동을 실행할 수 있도록 상담장면에서 실제 행동적인 연습을 적절히 시도해야 합니다. 예를 들어, 모델링, 역할 연습, 피드백 제공 등은 내담자가 상담장면 외에서도 대안행동을 실행할 수 있는 확률을 높입니다. 넷째, 새로운 행동의 실행은 성공확률이 높은 행동부터 점진적으로 하면서 내담자가 성공경험을 통한 효능감을 경험할 수 있도록 해야 하며 실패에 대한 준비도 수반하도록 합니다. 마지막으로, 내담자는 새로운 행동 시도의 결과를 상담자와 함께 논의하는 과정을 통하여 행동목표를 수정·보완해 갈 수 있습니다.

내담자4: 네. 한번 해 보고 싶네요.

상담자4: 그럼 아드님과 언제, 어디서 얘기하면 편하게 얘기할 수 있을까요?

📑 앞에서 언급했듯이, 이 장면에서 상담자는 가장 성공확률이 높을 만한 구체적인 시간과 장소를 내담자가 설정해 보도록 돕고 있습니다.

내담자5: 일단 밤늦게 얘기하는 건 그건 정말 아닌 것 같아요. 그때
는 다시 해도 똑같을 것 같아요… 음, 애가 학교 갔다 오면
간식을 찾거든요. 간식을 주면서 식탁에서 대화를 해 보면
어떨까 싶어요.

상담자5: 그럼 낮에 간식을 주면서 대화하는 상황이라고 생각하고
한번 ○○ 씨가 얘기하는 걸 해 보지요. 여기 빈 의자가 있
는데 아드님이 있다고 생각하고 스마트폰 반납 문제와 관
련해서 얘기해 보는 연습을 해 보아요. 준비되셨으면 한번
얘기해 보세요, 아드님에게 하듯이.

📋 상담자는 빈 의자 기법을 사용하여 내담자가 실제로 아들과의 대화에
서 바람직한 행동을 해 보도록 독려합니다.

내담자6: (목소리도 작고 자신 없는 태도로) □□야, 너 어제 엄마가
밤이라서 말은 못했는데, 왜 그렇게 스마트폰을 늦게까지
하려고 하는 거야? 며칠 전에 약속도 했잖아. 어제는 밤만
아니었으면 엄마가 더 뭐라고 했을 텐데 그냥 참은 거야.
엄마랑 약속까지 했는데 너무한 거 아니니…? 아, 이건 아
닌 것 같은데… 쑥스러워서 말하기 참 힘드네요.

상담자6: 자, 그래도 처음치고 자연스럽게 잘 하셨어요. 그런데, 이
렇게 얘기하면 아드님은 엄마의 얘기를 어떻게 들을까요?

📋 상담자는 우선 대안행동을 시도한 것에 대해서 칭찬과 격려로 강화합
니다. 이어서 자신이 시도한 행동에 대한 피드백을 스스로 할 기회를
제공합니다. 상대방의 입장에서 본인의 행동이 어떻게 지각될지를 탐

색하는 과정에서 상대방의 입장이 되어 보는 공감훈련도 함께 할 수 있습니다. 내담자의 피드백이 적절하지 않거나 부족하다면 상담자가 피드백을 할 수도 있습니다.

내담자7: 아마 잔소리로 들을 것 같아요. 또 잔소리하는구나. 약속 어겼다고 잔소리 또 시작이구나. (가볍게 웃음)

상담자7: 그렇지요. 아마도 그렇게 받아들이기 쉽겠죠. 그래서 이럴 때 참고하시면 좋은 대화법이 있어요. [나 전달법에 대한 교육을 실시함] 그럼 우선 아드님 스마트폰 사용에 대해 ○○ 씨가 갖는 솔직한 심정부터 말씀해 보실래요?

📝 상담자는 이처럼 내담자가 지금까지와 다른 적절한 행동을 하는 데 유용한 정보나 교육을 제공하기도 합니다.

내담자8: 제 솔직한 심정은 아들이 정말 걱정돼요. 스마트폰 하다가 늘 늦게 자고, 그러고 나면 학교에서 졸고, 선생님이 뭐라 하면 애가 또 욱해서 사고나 치지 않을지 걱정도 되고, 성적도 걱정되구요.

상담자8: 그렇지요? 걱정되는 마음이 크셔서 그러신 거지요?

내담자9: 네.

상담자9: 그렇다면 그 걱정되는 ○○ 씨 마음을 전달해 보는 연습을 해 보지요. 내가 이 스마트폰을 감독하는 것은 네가 걱정돼서 그렇다는 것을 전달해 보세요. 한 번 더 해 보시겠어요?

내담자10: 네… (아직도 목소리도 작고 약간 주눅 든 모습으로) □□ 야. 사실 어제는 밤이라서 더 얘기하면 네가 화를 낼까 봐 말을 못했는데, 엄마가 네 스마트폰을 관리하려는 건 널 통제하고 싶어서라기보다 네가 걱정이 돼서 그러는 거야. 늦게 자면 네가 피곤해하고 학교에서 졸고, 또 그럴 때 네가 예민해지니까 더 욱해서 화도 잘 내고. 그러다가 또 지난번처럼 학교에서 안 좋은 일이 생길까 봐 걱정돼서 그렇지. 그리고 네 건강도 걱정되고. 그러니까 네가 지난번 약속한 대로 잘 지켜 줬으면 좋겠구나.

상담자10: 아까 보다 훨씬 잘 전달하셨네요. 그런데 제가 보니까 조금 목소리나 자세가 아드님에게 오히려 주눅 든 듯한 모습이시네요. 이런 표현을 하실 때는 태도도 상당히 중요합니다. 어떤 자세나 목소리, 태도로 한 번 더 해 보고 싶으세요?

📋 내담자가 보인 긍정적인 모습에 대한 칭찬과 강화와 함께 내담자가 시도한 행동에 대해 계속해서 적절한 피드백을 제공합니다. 특히 많은 내담자들은 대화의 내용에는 주목하면서도 그 내용을 전달하는 비언어적인 부분은 간과하는 경우가 많습니다. 앞과 같이 내담자의 목소리 크기와 톤, 자세 등에 대한 자세한 피드백을 제공하고 개선점을 찾는 것이 좋습니다.

내담자11: 애도 화를 잘 내니까 제가 도리어 애 눈치보고 무서워하는 것 같기는 해요. 좀 더 눈도 똑바로 보고, 아이에게 따뜻하지만 단호하게 말할 수 있었으면 좋겠어요.

상담자11: 그럼 그 점을 염두에 두고 다시 한번 해 보시겠어요?

내담자12: 네… □□야, 엄마가 너한테 말할 게 있어. 어젯밤에 스마

트폰 때문에 실랑이가 있었던 것에 대해 어제는 밤이 늦어
다 말을 못했지만 지금은 좀 얘기를 했으면 하는데…. 엄
마가 스마트폰을 관리하는 건 널 통제하고 못살게 굴려고
그러는 게 아니야. 네가 걱정되기 때문이지. 늦게 자고, 잠
이 모자라서 학교에서 졸고, 그러다 선생님에게 자꾸 잔소
리 들으면 그것도 네가 싫을 거고. 학교 수업도 소홀해지
고, 네 건강도 나빠지고… 그런 게 걱정이 돼서 그렇지, 널
어떻게 하려는 게 아니야. 그러니 네가 엄마 마음을 오해
하지 말고 이해해 줬으면 좋겠고, 네가 정 제시간에 반납
하는 것이 어렵다면 엄마와 얘기해서 조금 더 시간을 늦추
던지 해서 그래도 너와 내가 한 약속이니 서로 지키도록 노
력했으면 좋겠다. 엄마도 너한테 너무 엄격하게 시간을 정
하고 관리하고 싶지는 않아. 그러니 네가 생각하는 시간이
있으면 엄마하고 상의해서 다시 정해 봤으면 좋겠다.

상담자12: 아까보다 태도에 자신감이 있으시고 잘 전달되네요. 그런
데 이야기를 듣다 보니 ○○ 씨는 사실 아이가 더 하고 싶
었던 마음에 대해 이해는 하시는 것 같은데 그런가요?

내담자13: 사실 그래요. 저도 드라마 재미있는 거 보고 있는데 갑자
기 그만 봐야 되면 아쉽고 그러니까, 아이도 그랬을 것 같
아요. 그렇더라도 약속한 부분이 있으니까 약속을 지킬 수
있도록 미리 웹툰을 보거나 했으면 좋았을 것 같아요.

상담자13: 그렇게 아이를 이해한 부분도 전달하면서 함께 상의한 것
을 지키는 부분을 강조하면 좋을 것 같아요.

내담자14: □□야, 엄마가 너에게 할 말이 있어. 어젯밤에 있었던 일
에 대해 좀 얘기했으면 해. 어제 엄마랑 정한 시간에 스마

트폰을 주지 않아서 우리 사이에 실랑이가 있었잖아. 네가 어제 재밌게 웹툰 보다가 갑자기 약속한 시간이 되어서 그만 보려고 하니 힘들었을 것 같아. 그런데 엄마는 스마트폰 관리를 통해 네가 학교에서 수업시간에 집중하고 건강을 잘 유지하는 것을 돕고 싶었는데, 그러한 목적으로 했던 우리 약속이 잘 지켜지지 않아 속상했어. 다음부터는 네가 스마트폰으로 보고 싶거나 하는 것을 미리 해서 우리 약속이 잘 지켜지면 좋겠어.

〈후략〉

사례에서 내담자가 실제로 원하는 행동을 할 수 있도록 돕기 위해 상담자는 연습을 제안하였고, 그 제안에 따라 내담자는 빈 의자를 놓고 아들에게 말을 하는 연습을 했습니다. 이처럼 상담자는 내담자에게 상담에서 연습할 것을 제안할 수 있습니다. 그런데 이러한 제안은 내담자의 바람을 토대로 한 것이어야 합니다. 이 사례에서는 내담자는 아들에게 엄마로서 잘 얘기하고 싶다는 바람을 가지고 있었고, 그래서 상담자의 제안에 기꺼이 따르게 됩니다. 만약 상담자가 내담자에게 연습이 필요하다고 판단하였다면, 이러한 연습이 왜 필요한지 내담자가 이해할 수 있도록 설명을 해야 합니다. 그리고 내담자가 자신의 변화를 위해 기꺼이 연습에 참여할 준비가 되었을 때 행동 변화를 위한 연습을 해야 할 것입니다.

상담자는 행동 변화를 위해 교육을 하기도 하고 구체적인 지시를 하기도 합니다. 이 사례에서는 내담자에게 '나 전달법'을 간략하게 교육했지요. 더불어 내담자가 시도하는 새로운 행동에 대해 상

담자가 직접적인 피드백("조금 목소리나 자세가 아드님에게 오히려 주
눅 든 듯한 모습이시네요.")과 정보("이런 표현을 하실 때는 태도도 상당
히 중요합니다.")를 제공하기도 하고 지시("그 걱정되는 ○○ 씨 마음
을 전달해 보는 연습을 해 보지요.")를 하기도 합니다. 지속적인 연습
과 피드백 과정을 통해 내담자는 효과적인 행동 전략을 학습할 수
있게 됩니다.

　내담자가 바람직한 새로운 행동을 시도할 때는 성공할 가능성
이 높은 상황에서 시도하도록 하는 것이 중요합니다. 상담장면에
서 행동 연습을 한 내담자는 연습한 행동을 현실 상황에서 시도할
것입니다. 그런데 용기를 내어 시도한 행동이 실패하게 된다면 내
담자는 새로운 시도에 대한 두려움을 가질 수 있고 이는 행동 변화
를 저해하는 요인이 되기도 합니다. 이 사례의 상담자가 성공할 가
능성이 높은 상황을 탐색("그럼 아드님과 언제 얘기하면 편하게 얘기할
수 있을까요?")한 것처럼, 가능한 한 내담자의 시도가 성공적이도록
고려해야 할 것입니다.

　대학생 사례에서는 다음과 같이 개입을 했습니다.

내담자1: 저번에 선생님께 말씀드린 대로 고시가 아니라는 확신은 섰
　　　　어요. 근데 아버지에게 말씀 드려야 한다는 것도 알지만 도
　　　　저히 말씀을 못 드리겠어요. 어떻게 해야 할지 모르겠어요.

　🗩 내담자는 고시를 원하지 않는다는 것을 깨달았지만(인지적 변화의 출
　　　현), 이를 아버지에게 실제로 전달하는 행동에 대해서는 매우 막막한

상태입니다.

상담자1: 가장 최근에 얘기하려고 시도했는데 어려웠던 경험이 있
　　　　나요?

내담자2: 이틀 전에 아버지가 오셔서 공부 잘 되고 있냐고 물으셨어
　　　　요. 원래 말을 잘 걸지 않으시는데 가끔 그러실 때가 있어
　　　　요. 공부 잘 되고 있냐, 언제 시험이냐 하시더라구요.

상담자2: 아 그랬군요. 그때 어떻게 말씀하셨나요?

내담자3: 고시는 그만하기로 했다고 말씀 드리고 싶었지만 그냥 얼
　　　　버무렸어요. 네 그냥… 이런 식으로.

상담자3: 그때 ◇◇ 씨가 아버지께 드리고 싶었던 얘기가 뭐였을까요?

내담자4: 고시 그만하겠다고.

상담자4: 그랬군요. 그 얘기가 참 하고 싶었던 것 같은데 그 말하기
　　　　가 어떤 면에서 힘들었을까요?

내담자5: 아버지가 실망하실까 봐, 아버지가 나 하나 보고 살고 있
　　　　는데.

상담자5: 아버지가 실망하시면 어떨 것 같아요?

📝 이 장면에서는 내담자에게 바람직한 행동 변화를 제안하기에 앞서, 새
　　로운 행동을 시도하는 것을 어렵게 하는 정서적·인지적 요인을 탐색
　　합니다. 내담자가 행동 변화를 위한 준비가 되도록 돕기 위한 중요한
　　작업 중 하나는 그러한 행동을 하는데 걸림돌이 되는 요소들에 대해 충
　　분히 이해하도록 하는 것입니다. 흔히 "목표 행동을 하는 것이 어떤 면
　　에서 힘들었을까요?"의 형식으로 질문을 하는 것을 통해 목표 행동의
　　실행을 방해하는 염려나 상황을 이해할 수 있습니다. 내담자는 스스로

가 망설이는 이유를 언어화해 보는 과정을 통해 방해가 되는 정서적·
인지적 요인에 맞서 볼 용기를 얻게 됩니다.

… 〈중략〉 …

상담자6: 자 그럼 저와 함께 어떻게 말씀 드리면 좋을지 연습해 보
　　　　면 어떨까요?

내담자6: 네, 도움이 될 것 같아요.

상담자7: 제가 아버지라고 생각하고 한번 얘기해 볼까요. ◇◇야, 공
　　　　부는 잘 되고 있니? 시험이 언제라고 그랬지?

💬 이 장면에서는 상담자가 아버지 역할을 맡고 내담자가 실제 상황처럼
　얘기해 볼 수 있는 역할연습을 시도하고 있습니다. 역할연습 시 상담
　자가 주의할 점은, 실제 연습에 들어가기 전에 충분한 탐색을 통하여
　상담자가 연기할 대상이 실제로 어떻게 행동하고 반응할지를 파악하
　는 것입니다. 예를 들어, 이 사례에서는 아버지가 평소에 내담자에게
　말씀하시는 내용은 물론, 아버지의 자세와 목소리 크기 혹은 톤 등도
　최대한 유사하게 하여 연습하는 것이 도움이 됩니다.

내담자7: 저 고시 그만할래요.

상담자8: 뭐라고?

내담자8: 고민해 봤는데 저랑 고시 공부가 잘 안 맞는 것 같고 하면
　　　　할수록 더 힘들고 요새는 책상에 앉아 있는 것도 힘들어
　　　　요. 그다음에 어떻게 하죠?

상담자9: 그렇게 대답하면 아버지가 어떻게 반응하실 것 같아요?

내담자9: 굉장히 실망하시겠죠. 얘가 이제 뭐하고 살려나 싶고. 지금 힘들어서 그런 것 같은데 쓸데없는 생각 그만하고 공부하라고 하실지도 모르겠어요. 말도 안된다고 하실 것도 같고. 할 수 있다고 계속 하라고도 하실 것 같고.

상담자10: 그럼 ◇◇ 씨가 어떻게 얘기하면 조금 더 자신의 입장을 잘 전달할 수 있을까요? 제가 아버지 역할을 해 볼게요… 뭐야? 고시를 안 한다는 게 말이 되니? 뭐할지 생각이나 해 보고 하는 말이야?

내담자10: 제가 지금 잠깐 힘들어서 하는 얘기가 아니라 오래 고민했고 아버지 실망하실까 봐 말씀 못 드렸는데 적성에도 안 맞고 해도 합격할 것 같지도 않고 지금이라도 빨리 다른 길을 찾는 게 나을 것 같아요.

상담자11: 그렇게 말씀 드리면 뭐라고 하실까요?

내담자11: 그래도 걱정은 여전히 하실 것 같아요.

상담자12: 뭘 걱정하실 것 같아요?

내담자12: 그만 두고 뭐 할 건지…

상담자13: ◇◇ 씨가 뭐라고 말씀드리면 아버지 걱정이 좀 덜어질 것 같아요?

내담자13: 아버지가 제일 걱정하시는 것은 먹고 사는 것 취직하는 거니까 고시 하지 않는다고 해도 다른 길이 충분히 많다는 걸 충분히 많다는 걸 말씀 드릴 거예요.

💬 이 장면에서 볼 수 있듯이 역할연습이 진행되는 과정에서 내담자는 아버지와의 대화에서 벌어질 수 있는 상황을 구체적으로 예측하게 되고 이러한 예측을 바탕으로 바람직한 대안행동을 설정할 수 있게 됩니다.

··· 〈중략〉 ···

🗨 내담자는 구체적인 대안행동을 마련하고 반복해서 연습합니다. 이 과정에서 내담자가 연습한 내용을 실제로 해 볼 수 있겠다는 자신감이 생기도록 격려하는 것이 중요합니다. 내담자들은 종종 상담자와는 연습할 수 있지만 실제 상황에서는 못할 것처럼 느끼기도 합니다. 인지적·정서적 변화는 상대적으로 내담자가 혼자 감당하면 되는 부분이지만 행동적 변화는 실제적인 생활의 변화를 가져오고 타인에게 중요한 영향을 끼칠 수 있으므로 내담자 입장에서는 새로운 행동 시도에 위험부담이 크다고 느낄 수 있습니다. 이럴 때, 내담자의 어려움을 충분히 공감하고 무엇이 실제 상황에서의 실행을 어렵게 하는지를 구체적이고 면밀히 탐색하여 점진적으로 목표 행동 변화로 안내하는 것이 중요합니다.

내담자14: 생각보다 할 수 있겠네요.
상담자14: 고시 안한다고 얘기할 때 목소리 작고 자신 없게 들리는 면이 있는 것 같아요. 그럼 아버지도 걱정을 하실 것 같은데 조금 더 분명하고 큰 목소리로 이야기하면 어떨까요?

🗨 내담자의 행동에 대해 상담자가 즉각적으로 피드백을 주고 개선 방향을 제안합니다. 이러한 과정 속에서 내담자는 자신의 행동을 모니터링하면서 효과적인 행동 전략을 발굴하게 됩니다.

··· 〈중략〉 ···

상담자15: 지금 좀 더 잘 들리고 아버지도 거기서 조금 더 믿음을 가
　　　　지실 수 있을 것 같아요. 그럼 언제 어떤 상황에서 할 예정
　　　　이에요?

내담자15: 아버지가 술을 드셨을 때는 되도록 얘기를 안 하고…

〈후략〉

🗨 새로운 행동이 성공적일 수 있도록 적절한 상황을 탐색합니다. 이 장면
에서는 내담자의 현재 문제를 해결하기 위해 필요한 새로운 행동을 연
습해 보고 있습니다. 그리고 새롭게 학습한 행동을 막연하게 상담 밖
장면에서 실제로 해 보도록 제안하는 것이 아니라 구체적으로 언제,
어떻게 시도할 것인지까지 논의하고 있지요("그럼 언제 어떤 장면에서
할 예정이에요?"). 이렇게 함으로써 학습된 행동이 현실에서 변화된
행동으로 나타날 수 있도록 연결시켜 주는 작업이 필요합니다. 또한
새로운 행동을 실행할 시기를 구체화하는 것은 실제로 그 행동을 했을
때 예견되는 난관과 실패의 가능성도 고려해 보도록 하는 효과가 있습
니다. 난관을 예상하면 그 난관을 어떻게 극복할지 고려해 볼 수 있을
것이고, 혹여 실패하더라도 실패에 대해 어떻게 대처할 것인지도 생각
해 볼 수 있습니다.

이 외에도 상담자가 내담자에게 모델이 되어 줄 수도 있습니다. 내담
자에게 필요한 바람직한 행동을 상담장면에서 상담자가 보여 주는 것
이지요. 예컨대, 자기관리를 잘 하지 못하는 내담자에게는 상담자가
자신의 상담 스케줄을 잘 관리하는 모습을 보여 주는 것도 새로운 행동
을 학습시키는 효과가 있을 것입니다.

상담자가 적절한 보상을 제공할 수도 있습니다. 내담자가 학습할 필
요가 있는 행동이 무엇인지 인지하고 동일한 행동이 나타날 때 보상

을 함으로써 적절한 행동을 학습시킬 수 있습니다. 상담자가 비교적 쉽게 제공할 수 있는 보상은 관심 기울이기나 칭찬 등이 있을 것입니다. 보다 적극적인 행동적 개입을 위해서는 내담자와 협의하여 적절한 강화물을 준비하고 바람직한 행동을 할 때 강화물을 제공할 수도 있겠지요.

　행동적 개입을 통해 내담자가 상담실 밖의 행동을 바꾸게 되면 그 효과는 생각보다 강력할 수 있습니다. 예를 들어, 매우 소극적이고 회피적이었던 내담자가 상담에서의 행동적 개입을 통해 인사를 잘하게 되었다고 생각해 봅시다. 내담자는 인사라는 하나의 작은 영역을 바꾸었을 뿐이겠지만, 주변 사람들은 내담자가 그 전까지 다가가기 어렵다고 지각했었는데 인사 하나만으로도 자신들에게 관심이 있고 관계 맺는 것을 환영하는 것으로 느낄 수 있습니다. 그러면 인사는 주변 사람들이 더 친근하게 내담자를 대하게 하는 중요한 요인으로 작용할 수 있습니다. 주변 사람들의 긍정적 피드백은 행동적 개입을 통한 내담자의 행동 변화를 더욱 강화시키고 지속시키는 요인으로 작용하여, 내담자 일상에서 나타나는 변화를 더욱 촉진하게 될 것입니다. 행동 변화 과정에서 때로는 부정적 피드백을 받을 수도 있습니다. 상담자는 이러한 순간에도 내담자의 노력을 지지하고 내담자가 지속적으로 긍정적인 행동 변화를 해 나갈 수 있도록 격려하도록 합니다. 상담 여정 속에서 행동적 개입은 상담자와 내담자가 함께 그 결과를 보며 기뻐할 수 있는 순간들을 만들어 가는 데 결정적인 역할을 할 것입니다.

참고문헌

박태수, 고기홍(2007). 개인상담의 실제. 서울: 학지사.

Doran, G. T. (1981). "There's a S.M.A.R.T. way to write management's
   goals and objectives". *Management Review.* 70(11), 35-36.

제10장

위기개입, 자문과 슈퍼비전, 의뢰

보통 심리상담에서는 미리 상담시간을 약속하고 주 1회나 주 2회 정도의 빈도로 정기적 진행을 해 나갑니다. 그러나 때로는 위기에 처한 내담자가 긴급히 연락을 하는 경우 즉각적인 조치가 필요할 때도 있습니다. 여기서 위기란 '자신들의 자원과 극복할 수 있는 능력의 상태를 능가하는 감당하기 어려운 사건이나 상황'을 지각하는 것을 말합니다(James & Gilliland, 2001). 일반적으로 위기를 촉발할 수 있는 사건으로는 ① 자살, 사고사, 살인 등 죽음의 문제, ② 육체적 질병, 정신적 질병, 약물중독 등의 건강 문제, ③ 원치 않는 임신, 유산 등 출생의 문제, ④ 배신, 별거, 이혼 등 친밀한 관계의 붕괴 문제, ⑤ 가정폭력, 범죄 등 폭력의 문제, ⑥ 휴직, 해고, 학업실패 등 직장이나 학업의 어려움, ⑦ 지진, 화재 등 자연과 환경의 재앙, ⑧ 파산, 도박, 사기 등 경제적 위기 등이 있습니다. 내담자가 인생의 중요한 목표가 좌절되었다고 지각할 때 위기가 발생하기에 어떤 촉발 사건은 모든 사람에게는 아니지만 어떤 사람에게는 위기가 될 수 있습니다.

위기상황에서는 내담자 외에도 당황한 가족이나 내담자의 친구 등의 주변 사람이 있을 수 있으며 이 사람들도 도움을 요구하며 상담자를 방문할 수 있습니다. 이때 상담자는 내담자 외의 사람들에게도 현 위기상황에 대한 교육, 안내 및 조언 등의 역할을 할 필요가 있습니다. 또한 상담자 자신도 위기상황을 다루기 위해 동료에게 자문을 받거나 경험이 많은 상담자에게 슈퍼비전을 받는 것이 도움이 됩니다. 그리고 위기상황에서 상담 외에도 내담자는 의료 서비스, 보호시설 의뢰, 법률 서비스 등이 필요할 수 있습니다.

이에 이 장에서는 내담자의 위기 시 상담에서의 위기개입, 자문과 슈퍼비전, 의뢰의 주제를 다루고자 합니다.

1. 위기개입

일반적으로 위기상황에서는 일반적인 상담 상황보다 상담자가 지시적이어야 합니다. 왜냐하면 위기상황은 내담자가 혼란되어 있고 무기력한 상태에서 스스로 내릴 수 없는 결정을 내려야 하는 시점이며, 내담자나 관련된 다른 사람에 대한 위험을 관리할 수 있어야 하기 때문입니다. 이에 상담자는 우선 내담자의 생명과 건강 등의 안전을 보장하며, 위기를 촉발한 주제나 사건을 확인하고, 흥분된 내담자의 감정을 안정시키며 문제의 해결이나 적응적 대안을 찾도록 촉진하고, 내담자가 변화행동을 시도하도록 도와야 합니다. 또한 필요하다면 추수상담과 의뢰를 하도록 합니다.

엘리자베스 웰펠과 루이스 페터슨(Elizabeth R. Welfel & Lewis E. Patterson, 2009)은 일반적 위기개입으로 ① 작업동맹 형성 및 내담자의 안전 보장하기, ② 문제 정의하기, ③ 지지를 하고 대안 찾기, ④ 내담자가 변화를 시도하도록 도와주기, ⑤ 필요시 추수상담과 의뢰하기의 5단계를 제안하고 있습니다.

각 단계들에 대해 조금 더 자세히 살펴보도록 하겠습니다.

첫 단계에서 가장 중요하게 신경을 써야 하는 부분은 일반 상담의 초기 단계에서도 강조하는 작업동맹이라 할 수 있습니다. 내담자가 경험하는 고통, 좌절, 혼란을 이해하고 있다는 공감적 반응과 내담자가 곤경에 처한 상태를 극복하도록 도와주려는 마음을 통해서 내담자는 상담자를 믿게 되고 이야기하는 것이 안전하다고 느끼게 됩니다. 상담자는 내담자의 정서적 반응뿐만 아니라 내담자에게 위기를 촉발하는 그 사건이 내담자에게 주는 의미까지 명확히 이해하는 것이 중요합니다. 그리고 이때 내담자 자신이나 타인의 생명이 위험할 수 있는 상황이라면 이 상황에 대해서 직접적이고 구체적인 질문을 하는 것이 중요합니다.

예를 들면, 내담자의 자살 신호가 있을 경우, 다음의 질문을 통해서 자살사고와 의도, 방법, 동기, 계획 등에 대해 들어 봅니다.

- "힘들어 보이는데 혹시 자살에 대해 생각하고 있는지요?"
- "있다면 어떤 이유가 있습니까?"
- "얼마나 자주 생각하십니까?"
- "그 생각 때문에 일상생활에 방해가 될 정도입니까?"
- "현재 자살에 대한 어떤 계획을 가지고 있습니까?"

- "있다면 언제, 장소, 방법을 생각하고 있습니까?"
- "자살 충동을 조절할 수 있는 자신이 있습니까?"

또한 내담자가 자살을 하지 않도록 막는 보호요인도 다음과 같은 질문을 통해 파악할 수 있습니다.

- "시도하지 않는다면 이유는 무엇입니까?"
- "당신이 힘들 때 도움을 요청할 수 있는 사람은 누구입니까?"

이전 자살시도 및 사고가 있는 경우 반복되어 자살의 위험도가 더 높아질 수 있기 때문에 이전 자살시도에 대해서도 탐색합니다.

- "과거에 자살계획 및 시도 경험이 있습니까?"
- "시도했다면 언제, 어디서, 이유가 무엇인가요?"

과거의 정신과적 치료 유무와 신체적 질환 여부도 자살의 심각도에 영향을 미칠 수 있는 요인이므로 이에 대해서도 파악하도록 합니다.

마지막으로 내담자가 '생명존중서약서 작성에 대한 동의, 자살수단 포기 약속, 응급 시 상담소나 친구에게 연락할 것을 약속하기 등 안전에 대한 동의 여부도 자살의 심각도를 평가할 수 있는 근거가 됩니다.

두 번째 단계인 문제 정의하기는 평가 단계인데 이 단계에서는 위기를 초래한 사건, 그 사건이 내담자에게 주는 의미, 내담자의 지원체계, 그리고 위기를 겪기 이전의 내담자의 기능 상태에 대해 구체화하면서 내담자 문제를 평가합니다. 이를 통해 상담자는 위기를 초래한 사건으로 인한 부정적 영향들이 완화될 것인지, 내담자의 대처능력이 역경을 이겨낼 만큼 충분한지, 다른 누군가가 도움을 줄 수 있는지, 상담자가 무엇을 어떻게 해야 하는지 결정할 수 있습니다. 내담자에게 일어난 사건의 의미를 이해하려고 할 때는 내담자가 위기 사건에 대하여 인지적 왜곡이나 오해, 비합리적 신념의 진술을 하지 않는지 주의 깊게 듣습니다. 그리고 위기에 처한 내담자일수록 내담자의 강점(문제상황에 대한 명확한 인식, 스트레스 관리, 외부 지지체계, 문제해결 기술, 정확한 판단 및 감정의 표현력 등)을 구체적으로 평가합니다. 이후 상담을 진행하면서 상담자는 내담자의 강점을 지지하고 격려할 수 있습니다. 또한 현재 어려움에 대한 대처 방향을 탐색할 때에도 내담자의 강점에 근거하여 제시할 수 있을 것입니다.

세 번째 단계는 내담자를 지지하고 대안을 찾는 단계입니다. 이 단계에서는 위기를 초래한 요인들에 대해 내담자가 대처할 수 있는 대안이 무엇인지 생각하도록 해야 합니다. 이때 내담자가 현재 위기를 극복하는 데 유용하게 사용할 수 있는 대처기제는 무엇인지, 어떤 행동을 해야 하는지, 그리고 어떤 환경을 변화시킬 수 있는지 찾아봅니다. 또한 스트레스나 불안 수준을 완화시켜 줄 수 있는 긍정적인 사고방식을 갖도록 돕습니다.

네 번째 단계는 내담자가 변화를 시도할 수 있도록 도움을 주는 단계입니다. 위기개입을 할 때는 여러 고민을 듣는 것보다 내담자가 혼란에서 빠져나올 수 있는 한 가지 문제에 집중하는 것이 효과적입니다. 예를 들면, "○○ 씨가 고통받고 있으며, 여러 가지 할 이야기가 많다는 것을 알고 있지만 지금 당신 스스로를 돌보기 위해 가장 필요한 일이 무엇인지 분명해지면 당신에게 도움이 될 것 같습니다.” 등으로 부드럽지만 단호한 태도가 필요합니다(Heaton, 2006). 내담자의 문제해결을 위한 대처행동을 탐색하는 단계에서 우선은 내담자가 생각해 낼 수 있는 대안적 아이디어나 해결책이 무엇인지 생각해 보는 것으로 시작합니다. 그리고 상담자는 개방 질문을 통해 이전의 유사한 상황에서 내담자가 활용했던 문제 해결을 위한 행동들이 무엇이 있었는지 생각해 보게 하고, 이러한 경험을 현재에 어떻게 접목시킬 수 있을지 생각해 보도록 합니다. 내담자의 아이디어가 표면화되면 상담자는 다른 가능한 행동을 추가할 수 있습니다. 대안 목록을 만들고 나면 내담자로 하여금 자신이 해낼 수 있을 것 같아 보이는 한 가지 혹은 그 이상의 행동을 선택하도록 격려할 수 있습니다. 상담자는 내담자가 자신의 삶에 대한 통제력을 회복하도록 하는 구체적이고 긍정적인 행동이 무엇인지 알 수 있도록 돕습니다. 이때 재정적 도움, 법률적 조언, 응급 시 접촉할 수 있는 연락처에 대한 정보 제공, 보호시설에 대한 정보 제공 등과 같이 상담자의 도움 외에 다른 도움을 받을 수 있는 곳을 추천해 주는 것도 상담자의 적절한 행동입니다.

이러한 위기개입을 한 후 종결하기 전에 내담자의 불안이 감소되었는지, 앞으로 어떤 대처행동을 하고자 하는지, 어느 정도 희망이 생겼는지 물어봅니다. 그리고 내담자가 겪는 감정을 다른 누군가가 알고 있는지도 탐색하고 그 사람과 연락하여 도움을 받을 수 있는지 확인합니다. 내담자를 지원하고 도움을 줄 수 있는 사람을 상담 마지막 시간에 초청해서 동참하게 할 수도 있습니다.

마지막 단계에서는 필요한 경우 추수상담을 계획하고 의뢰할 수 있습니다. 보통 위기개입에서 추수상담은 내담자가 위기상황에 대한 문제를 잘 해결해 나가고 있는지 점검하기 위해 진행합니다. 그런데 만약 내담자가 추수상담까지 자신의 문제를 해결하기 위한 시작행동을 하지 못하고 있으면 이전 단계의 일부나 전체를 다시해야 할 수도 있습니다. 그리고 필요할 경우 내담자를 다른 기관이나 전문가에게 의뢰할 수도 있습니다.

다음은 40대 여성의 사례입니다. 정규 상담을 진행하던 중 위기상황이 발생하여 내담자가 상담자에게 전화 연락을 하여 짧게 전화상담이 진행된 내용입니다. 일반적인 면대면 위기개입은 아니었지만 앞에서 언급한 위기개입이 어떻게 나타나는지 살펴보도록 하겠습니다.

(내담자에게 문자가 옴. "선생님 지금 상담하는 날은 아니지만 혹시 선생님이랑 잠깐 통화 가능할까요?")

내담자1: 선생님 정말 죄송한데 전화할 곳이 없어서요. (소리 내서 엉엉 울음)

상담자1: 네. 말씀하세요. 지금 전화 통화 가능합니다.

💬 상담자가 내담자의 위기감을 느끼고 적극적으로 경청할 자세를 보이고 있습니다.

내담자2: [남편이 술 마시고 와서 잔소리를 했는데 자신의 **뺨**을 때려서 무작정 나와 걷는데 진정이 안된다. 이러다 큰일 나겠다는 생각이 들어 무서워서 상담자에게 전화한 상황을

감정에 압도된 상태로 이야기함. 그리고 남편과의 관계에 대해서 횡설수설하면서 이야기 시작함.]

상담자2: (남편과의 관계에 대해 이야기하는 것을 잠깐 멈추게 함) 네. ○○ 씨 지금 전화 잘 하셨어요. 지금 많이 화도 나고, 놀라고, 죽고 싶은 마음까지도 드는 거 같네요. 그런데 지금은 남편과의 관계를 상담하기 전에 우선 ○○ 씨가 안전한 곳에서 진정하면서 마음을 가라앉히는 게 중요해 보이네요.

💬 상담자가 여러 고민을 듣기보다 지금 내담자가 혼란 상태에서 빠져나와 평정을 찾을 수 있는 한 가지 문제에 집중합니다.

내담자3: (눈물) 네.

상담자3: 남편과의 관계와 지금의 사건에 대해서는 내일 저랑 만나 상담을 하도록 하면 좋을 거 같아요.

내담자4: 네, 알겠어요.

상담자4: 그럼 지금 어디신가요?

내담자5: 잘 모르겠어요. 무작정 걸어 나와서요. 자꾸 이대로 사라져 버릴까 생각하다가 여기까지 오게 되었네요.

상담자5: 한번 주변을 보세요. 뭐가 보이나요?

내담자6: 한강인데. 다리 위예요. 국회의사당도 보이고, 음. 마포대교 같아요.

💬 혼란스러울 땐 지금이 어디이고, 언제인지 등의 지남력이 떨어질 수 있어 혼란한 가운데 정신을 명료하게 하기 위해 질문을 할 수 있습니다.

상담자6: 지금 누구에게 연락을 해서 도움을 청하면 좋을 거 같은데 누구한테 연락을 할 수 있을까요?

내담자7: 모르겠어요.

상담자7: 언니네 집이 저번에 이야기할 때 집이랑 가깝다고 했으니 지금 걸어 나오셨으면 많이 멀진 않을 거 같아요. 언니한테 전화해서 데리러 나오라고 할 수 있나요?

내담자8: 근데 언니가 운전을 못해서.

상담자8: 그럼 택시를 타고 언니네 집에 갈 수 있을까요?

내담자9: 네.

상담자9: 지갑은 갖고 나오셨나요?

내담자10: 없네요. 무작정 나와서.

상담자10: 그럼 언니한테 전화해서 나와 달라고 해 보면 좋겠네요.

내담자11: 그러면 되겠네요.

📝 현재의 위기상황에서 외부 도움 요청할 필요가 있는지, 어떻게 받을 수 있는지 하나하나 물으면서 행동 결정을 촉구합니다.

상담자11: 그럼 지금 언니랑 통화하고 저한테 전화를 바로 다시 주실래요? 제가 ○○ 씨가 걱정이 됩니다.

내담자12: 네. 죄송해요. 걱정 끼쳐 드려서.

상담자12: 아닙니다. 살다 보면 이런 날도 있을 수 있고, 이 위기를 또 잘 넘기면 되지요.

내담자13: 네. 바로 전화 드릴게요. [조금 후 다시 전화 옴] 선생님, 언니가 형부한테 부탁해서 저 데리러 오기로 했어요. 걱정하지 마세요. 선생님이랑 전화하니 이미 기분이 많이 진정이 되었어요.

💬 지금의 위기에서 벗어나는 행동을 내담자가 하는지 확인하고 내담자의 불안이 감소했는지 확인합니다.

상담자13: 네. 그럼 내일 1시에 볼 수 있을까요?
내담자14: 네. 내일 찾아뵐게요.

💬 추후상담을 계획합니다.

----

2. 자문과 슈퍼비전

상담을 진행하는 도중 상담자가 다루기 어려운 문제가 발생하여 다른 영역 전문가의 조언을 필요로 한다든가 혹은 상담자가 전문적인 상담 능력을 향상시키고 이를 통해 내담자를 더 잘 이해하고 조력하기 위해 다른 전문가의 도움을 받아야 하는 경우가 있습니다.

1) 자문

자문이란 특정 분야의 전문가(A)가 한 명 혹은 그 이상의 다른 전문가(B)를 만나서 그의 현재 또는 잠재적인 내담자와의 작업 효과를 높이도록 도움을 제공하는 것을 말합니다. 여기서 A는 자문가, B는 상담자(피자문가)에 해당합니다. 자문은 자문가, 상담자(피자문가), 내담자 3인의 관계를 포함하며 자문가의 작업은 상담자에게 영향을 미칠 뿐만 아니라 제3자인 내담자나 조직에도 영향을 미칩니다(Kampwirth & Powers, 2012).

다음은 40대 여성 사례에서 상담자가 약물치료의 필요성을 확인하고자 정신과의사에게 자문을 요청하는 내용입니다. 축어록을 통해 자문이 이루어지는 구체적인 상황을 살펴보도록 하겠습니다.

상담자1: 요즘 제가 만나는 내담자의 모습이 예전과는 많이 다르게 보입니다. 그래서 선생님께 자문 좀 구하려고 연락 드렸습니다.

의사1: 예, 어떤 상태인지 말씀해 주세요.

상담자2: [최근에 겪은 위기상황에 대해 언급] 그때 내담자가 남편한테 처음으로 뺨을 맞은 후에 잠깐이지만 자살 충동을 보였었어요. 위기상황으로 판단돼서 급하게 상담도 하고, 다시 예전처럼 회복되나 보다 싶었는데, 그때뿐이더라고요. 이후에 남편이 실직했다는 사실까지 알게 되고, 아들도 잘 지내다가 다시 갈등이 커지면서 '모든 게 다 망해버린 것만 같다.'고 하더라고요. 지금 현재로서는 자살 충동을 보이지는 않지만, 내담자가 하는 얘기에서 깊은 우울감이 느껴져요. 예전에는 슬쩍슬쩍 우울해하다가도 금세 기분이 나아져서 저랑 이런저런 얘기들을 곧잘 했거든요. 그런데 지난 2주 동안은 음… 뭐랄까요? 전혀 변화가 느껴지지 않는 모습? 우울감, 절망감… 그런 모습만 두드러지게 나타나요.

의사2: 혹시 우울함과 절망감 외에 또 다른 변화는 없었나요? 식욕이나 수면의 변화, 피곤함 이런 것들이요.

📃 정신과의사는 내담자 상태를 평가하기 위해 우울증의 핵심 증상과 관련된 추가 질문을 합니다.

상담자3: 맞아요. 그 일 이후 부쩍 밤에 잠을 못 잔다는 얘기도 여러 번 했어요. 상담하면서 수면의 질이 좋아졌는데, 지금은 오히려 예전보다 더 안 좋아진 것 같아요. 최근 들어 이렇게 뭔가 더 안 좋아지는 쪽으로 상담이 흘러가다 보니 선생님께 자문을 구해 봐야겠다 싶어지더라고요.

의사3: 아, 그렇군요, 선생님. 지금 전해들은 것으로만 봤을 때는 남편의 폭력, 연이은 실직 소식, 다시 시작된 아들과의 문제 때문에 촉발된 반응성 우울증처럼 보이는데, 선생님 생각은 어떠세요?

상담자4: 아무래도 그래 보이죠, 선생님? 제 생각에도 내담자가 외적 요인들 때문에 반응성 우울증이 나타난 것 같아요. 그래서 지금 이 상태에서 조금 더 내담자를 지켜봐야 할지, 당장 약물을 복용하는 게 나을지에 대해 선생님 의견을 듣고 싶었어요.

의사4: 모든 우울증 환자가 약물의 도움을 받아야 하는 것은 아니지만, 내담자에게 약물에 대한 안내를 해 주는 것은 필요하죠. 약물치료가 있다는 것조차 모르는 환자 분들도 있으니까요. 그리고 내담자가 현재 일상생활에서 얼마나 잘 기능하고 있는지를 점검해 보면 우울증의 심각도 수준을 더 정확하게 살펴보실 수 있을 거예요. 기능 수준이 많이 떨어진 게 확인되고, 내담자도 스스로 자기 상태에 대해 자각을 하게 되면, 그때는 적절한 약물 처방을 위해 정신과 방문을 권하시는 게 좋겠어요.

상담자5: 예, 알겠습니다. 지금 약물이 필요한 시점인지 아닌지 경계선에 있다고 보였는데, 선생님과 얘기를 나누니 추후 탐색의 방향이나 약물 복용의 시점에 대한 게 명확해진 것 같아요. 감사합니다.

📝 상담자와 정신과 의사는 약물치료의 필요성에 대해 서로 전문적인 의견을 교환합니다. 또한 정신과 의사는 내담자의 우울증 심각도 수준을 파악하기 위하여 상담자가 추가적으로 탐색해야 할 정보가 무엇인지를 자문합니다.

한편, 앞과 같이 상담자가 다른 전문가에게 자문을 요청하는 경우와는 반대로, 상담 전문가로서 활동하면서 종종 자문가의 역할을 요청받기도 합니다. 자신이 상담을 진행하는 내담자의 문제에 개입하는 것을 넘어 다른 상담자, 학교 행정가, 부모, 교사, 대학교수, 사회복지행정가, 회사 및 산업체 관리자, 법률 전문가 등 다양한 전문가에게 자문함으로써 이를 통해 간접적으로 이들 전문가들이 개입하는 내담자나 조직을 변화시킬 수 있습니다.

상담 자문은 특히 학교 장면에서 가장 빈번하게 요구하는데 대학 상담 현장에서 하는 자문의 형태를 살펴보면 다음과 같습니다.

- 학생이 겪는 심리적 어려움과 관련하여 교수를 대상으로 자문
- 캠퍼스 안에서 일어나는 다양한 문제들에 관하여 학교 행정가나 관련부서 직원을 대상으로 자문
- 학생들이 기숙사 생활에서 직면하는 스트레스에 대하여 사감이나 직원을 대상으로 자문
- 위기 학생에 대하여 지도교수 및 학사 지도자를 대상으로 자문
- 지체장애인 학생들을 조력하기 위해 행정가를 대상으로 장애서비스 자문
- 캠퍼스 내 성폭력사건과 같은 문제에 대처하기 위해 성평등센터 직원을 대상으로 자문
- 심한 정신과적 증상을 보이는 학생 문제에 대처하기 위해 교수 및 직원을 대상으로 자문

다음은 한국심리학회 산하 한국상담심리학회 윤리강령 중 자문에 해당하는 부분입니다.

상담자는 각 항의 강령을 숙지하여 상담영역의 전문가로서 적절한 수준의 자문을 제공해야 할 것입니다.

◎ 한국상담심리학회 윤리강령

2. 사회적 책임

마. 자문

　　(1) 자문이란 개인, 집단, 사회단체가 전문적인 조력자의 도움이 필요하여 요청한 자발적인 관계를 말한다. 상담심리사는 자문을 요청한 개인이나 기관의 문제 혹은 잠재된 문제

를 규명하고 해결하는 데 도움을 준다.

(2) 상담심리사는 자신이 자문에 참여하는 개인 또는 기관에게 도움을 주는데 필요한 자질과 능력을 갖추었는지를 스스로 검토하고 자문에 임해야 한다.

(3) 상담심리사는 자문에 임할 때 자신의 가치관, 지식, 기술, 한계성이나 욕구에 대한 깊은 자각이 있어야 하고, 자문의 초점은 문제를 가진 사람이 아니라 풀어 나가야 할 문제 자체에 두어야 한다.

(4) 자문 관계는 자문 대상자가 스스로 성장해 나가도록 격려하고 고양하는 것이어야 한다. 상담심리사는 이러한 역할을 일관성 있게 유지해야 하고, 자문 대상자가 스스로의 의사결정자가 되도록 도와주어야 한다.

(5) 상담활동에서 자문의 활용에 대해 홍보할 때는 학회의 윤리강령을 성실하게 준수해야 한다.

2) 슈퍼비전

슈퍼비전이란 슈퍼바이저와 슈퍼바이지, 내담자 간의 독특한 전문적 관계의 형태로 '전문적인 상담자가 되고자 하는 슈퍼바이지가 적절한 직업적 행동을 습득할 수 있도록 슈퍼바이저가 조력하는 지속적인 교육과정'을 가리킵니다(유영권 외, 2013).

다음은 한국심리학회 산하 한국상담심리학회 윤리강령 중 슈퍼비전(수련감독)에 해당하는 부분입니다.

7. 수련감독 및 상담자 교육

가. 수련감독과 내담자 복지

(1) 수련감독자는 수련생이 진행하는 상담을 지도 · 감독할 때 내담자의 복지를 우선적으로 고려해야 한다.

(2) 수련감독자는 수련생이 내담자들에게 상담 서비스를 제공함에 있어서 자신의 자격 요건을 명확히 알리도록 지도한다.

(3) 수련감독자는 사전 동의 및 비밀보장 등의 권리가 내담자에게 있음을 수련생에게 주지시킨다.

나. 수련감독자의 역량과 책임

(1) 수련감독자는 사례지도 방법과 기법들에 대한 교육과 훈련을 받음으로써 사례지도 역량을 향상시키기 위해 노력한다.

(2) 수련감독자는 전자 매체를 통하여 전송되는 모든 사례지도 자료의 비밀보장을 위해서 주의하고, 필요한 조치를 취한다.

(3) 수련감독자는 사례지도를 진행할 때 학회에서 권고한 사례지도 형식과 시간을 준수해야 한다.

(4) 수련감독자는 사례지도를 시작하기 전에 진행 과정에 대해 충분히 설명한 후 동의를 받음으로써 수련생의 적극적 참여를 독려할 책임이 있다.

(5) 수련감독자는 수련생에게 그들이 준수해야 할 전문가적 · 윤리적 규준과 법적 책임을 숙지시킨다.

(6) 수련감독자는 지속적 평가를 통해 수련생의 한계를 파악하고, 그가 자신의 한계를 인식하고 보완할 수 있도록 돕는다.

(7) 자격 심사 추천을 하는 주 수련감독자는 수련생이 합당한 역량을 모두 갖추었다고 여겨질 때에만 훈련과정을 확인 및 추천한다.

다. 수련감독자와 수련생 관계

    (1) 수련감독자는 수련생과 상호 존중하며 윤리적, 전문적, 개인적, 그리고 사회적 관계를 명료하게 정의하고 유지한다.

    (2) 수련감독 관계의 변화나 확장이 있을 경우, 수련감독자는 그로 인한 문제가 발생하지 않도록 적절한 전문적 조치를 취한다.

    (3) 수련감독자와 수련생은 성적 혹은 연애 관계를 갖지 않는다.

    (4) 수련감독자와 수련생은 상호 성희롱 또는 성추행을 해서는 안 된다.

    (5) 수련감독자는 가족, 친구, 동료 등 상대방에 대한 객관성을 유지하기 힘든 사람과 수련감독 관계를 맺지 않는 것을 원칙으로 한다.

    슈퍼비전을 통해 슈퍼바이저는 슈퍼바이지의 성장과 전문성 발달을 촉진하고, 슈퍼바이지의 역할수행을 감독함으로써 상담 중 내담자의 복지가 지켜지도록 하며, 슈퍼바이저 또한 전문가로서 상담자 자신의 역량강화를 도모할 수 있습니다. 따라서 슈퍼비전의 목적은 크게 상담자를 위한 것과 내담자를 위한 것으로 구분해 볼 수 있습니다(유영권 외, 2013).

    우선 상담 전문가로서 발달적 측면에서 본 슈퍼비전의 목적은 다음과 같습니다.

    슈퍼비전은 상담자의 전문적인 기능을 향상시키는 것을 목적으로 합니다. 슈퍼비전을 통해 상담자는 전문가로서 필요한 능력을 습득할 수 있고, 그 능력을 직업적 발달 단계에 맞추어 발전시킬 수 있습니다.

상담자는 때로 내담자의 정보가 부족할 때도 임상적으로 적절한 결정을 내릴 수 있는 능력을 발휘할 필요가 있는데 슈퍼비전을 통해 이러한 지혜를 키워 가며 상담 전문가로서 더욱 성장할 수 있습니다.

또한 슈퍼바이저는 성숙한 역할모델이 됨으로써 슈퍼바이지가 상담 전문가로서 정체감을 확립하고 상담 전문성을 발달시킬 수 있도록 도와야 합니다.

다음으로 내담자 보호의 측면에서 슈퍼비전의 목적을 살펴보면 다음과 같습니다.

슈퍼바이저는 슈퍼비전을 통해 상담기술과 경험이 부족한 상담자에게서 내담자를 보호할 수 있습니다. 수련 중인 상담자나 초심 상담자의 경우 상담 능력이나 사례를 관리하는 기술이 부족할 수 있습니다. 이때 슈퍼바이저는 원활하고 효과적으로 상담을 진행할 수 있도록 특별히 지도하고 감독하는 노력이 필요합니다. 슈퍼비전에도 불구하고 상담자가 사례를 진행하는 데 어려움을 느끼고 내담자에게도 상담이 도움이 되지 않는다면, 경험이 더 많은 다른 상담자에게 내담자를 의뢰하도록 권고하는 것이 바람직합니다.

어떤 상담자는 내담자에게 도움을 줄 수 있는 상담 능력을 갖추고 있음에도 불구하고 현재 상담자 자신의 개인적인 문제로 인하여 효과적으로 능력을 발휘하지 못하는 경우가 있습니다. 이러한 경우 슈퍼바이저는 슈퍼비전 시간에 상담자 개인의 문제를 다뤄 보는 시간을 갖고 상담 전문가로서 기능을 저해하는 요인들을 제거함으로써 더욱 효과적인 상담이 되도록 조력할 수 있습니다. 이는 효과적이지 않은 상담자로부터 내담자를 보호하는 동시에 상담의 실패로부터 상담자를 보호하는 길이기도 합니다.

다음은 대학생의 사례입니다. 상담자는 내담자의 선택에 대해
조바심과 죄책감을 느껴 슈퍼비전을 받게 되었습니다.

상담자1: 상담이 잘 되고 있는 건지 걱정스러워요. 내담자가 방향을
　　　　잡고 싶어서 왔는데, 그래도 어떻게 가면 좋겠다고 알려
　　　　주지도 못하고 있는 것 같고…

슈퍼바이저1: 그 마음에 대해 좀 더 설명해 주세요.

상담자2: 고시를 그만둔 게 제 상담 때문인 것 같아서 책임감도 느
　　　　껴요. 부모님도 원했던 거고 내담자도 오래 준비했던 건
　　　　데, 잘 한 선택인 건지…

슈퍼바이저2: 내담자에게 꼭 맞는 길을 선택해 주고 싶은 마음이었
　　　　나 봐요.

상담자3: 그렇게 해 줘야 한다고 생각해요. 도움을 받으려고 온 내
　　　　담자인데, 상담자인 제가 도움을 줘야 한다고. 생각해 보
　　　　면 제가 사람들을 대하는 게 그런 방식인 것 같아요.

슈퍼바이저3: 내담자에게 느끼는 책임감? 그런 마음을 주변 사람들
　　　　에게도 느낀 적이 있나요?

상담자4: 어릴 때부터 동생들 챙기던 태도가 그대로 나오는 것 같아
　　　　요. 저도 집에서 첫째이다 보니까 저도 모르게 내담자에게
　　　　감정이입이 많이 되었던 것 같아요. 그 부담감이 어떤 것
　　　　인지 아니까…

슈퍼바이저4: 동생들에게 느꼈던 마음이 내담자에게도 들었다는 거
　　　　군요.

상담자5: 네. 그랬네요. 저도 사실 그 친구한테 뭐가 제일 좋은 길인
지 모르는 건데… 상담자가 내담자를 위해서 결정을 해 줘
야 하는 것도 아니고 그럴 수도 없다는 걸 배웠는데도, 막
상 상담을 하니 그게 잘 안되네요.

💬 슈퍼비전을 통해 상담자가 자신의 동생에 대한 감정을 내담자에게 느
끼면서 부담감과 책임감을 느꼈다는 것을 알아차리고 상담자의 역할
에 대해 다시 한번 환기하는 기회를 갖습니다.

슈퍼바이저5: 그래요. 상담자에게 그 마음이 있다는 걸 알아차리는
게 중요하지요. 결정해 주고 싶은 마음이 내담자와 상담
하는 동안 어떻게 작용하는지를 알아볼 필요가 있어요.
어때요?
상담자6: 내담자가 스스로 결정하지 못하는 모습을 보면서 조바심
이 나요. 왜 이렇게 결정을 잘 못할까 하는 생각에 답답하
기도 하구요.
슈퍼바이저6: 그래서 상담자반응 20에서(축어록을 보며) 내담자에
대한 개입이 다소 급하게 나온 거군요. 상담자반응 18과
21(축어록의 다른 부분을 보며)에서는 상담자의 답답함도
묻어나구요.
상담자7: 네. 진짜 그런 것 같아요. 제 감정이 상담 회기에 이렇게
영향을 주네요.

💬 상담자의 조바심과 부담감이 상담에서 어떻게 드러나는지 구체적으로
살펴보면서 상담과정에 어떤 영향을 주고 있는지 알아봅니다. 이 과정

을 통해 슈퍼바이저는 상담자가 추후에 어떻게 다르게 개입해야 하는
지 알 수 있게 하여 효과적인 상담을 할 수 있도록 조력합니다.

슈퍼바이저7: 초심상담자로서 흔히 있을 수 있는 일이죠. 그래서 상
　　　　담자가 상담 중에 자신의 감정을 잘 자각하는 것이 중요하
　　　　답니다. 또한 방금 상담자가 말한 그 조급함이 내담자가
　　　　자신을 보면서 느끼는 마음이 그렇지 않을까 싶어요. 나는
　　　　왜 이렇게 결정을 잘 못할까 하는 마음일 수 있겠네요. 상
　　　　담자가 느끼는 답답함이나 조급함을 비춰 보면 내담자를
　　　　더 잘 공감할 수도 있답니다.

----

3. 의뢰

마지막으로 내담자 의뢰에 대하여 살펴보겠습니다. 의뢰란 '상
담자가 내담자에게 필요한 전문적인 도움을 줄 수 없거나, 윤리
적인 이유 또는 사적인 이유로 더 이상 상담을 할 수 없을 때, 내
담자를 다른 전문가나 기관에 보내는 행위(Hackney & Cormier,
2004)'를 말합니다. 이미 언급한 바와 같이 웰펠과 패터슨(Welfel &
Patterson, 2009)은 위기개입의 마지막 단계에서 필요시 내담자를
의뢰할 수 있다고 제안하였습니다. 위기상황에서 파악한 내담자
문제가 상담자의 능력으로 다룰 수 있는 범위가 아니라면, 내담자
가 보다 더 적절한 도움을 받을 수 있도록 관련 전문가나 기관에 의
뢰해야만 합니다. 예를 들어, 40대 여성의 사례에서 내담자가 부부

상담이나 가족상담이 적극적으로 필요한 시점이고, 현재 상담자는 개인상담만 하는 경우라면 부부상담 전문가나 가족상담 전문가에게 의뢰할 필요가 있을 것입니다. 또는 위기상황과 같은 극심한 스트레스하에서 내담자가 식습관 이상이나 약물 남용, 심각한 정신병과 같은 문제를 보이는데, 상담자가 이러한 분야에 대한 지식이나 경험이 부족할 수도 있습니다(Hill, 2012). 이러한 경우에도 해당 분야에 대한 지식과 상담경험이 충분한 전문가에게 의뢰하는 것이 적절합니다. 또한 상담개입 이외에도 의료적 처치나 법률적 조언, 재정적 지원, 종교적 안내, 취업 정보 등이 필요할 때, 상담자는 내담자에게 적절한 기관이나 전문가를 안내함으로써 내담자가 필요한 도움을 받을 수 있도록 노력해야 합니다.

이와 같이 내담자의 요구가 상담자의 자격이나 능력 범위를 벗어날 때, 내담자를 의뢰하는 것은 상담자로서 마땅히 해야 하는 윤리적 행동입니다(Hill, 2012). 실제로 한국상담심리학회의 상담심리사 윤리강령(한국상담심리학회, 2018)이나 미국상담협회의 윤리강령(American Counseling Association, 2014), 미국심리학회의 윤리원칙(American Psychological Association, 2017) 등에 기술되어 있는 내용을 보면, 공통적으로 능력의 한계나 개인적인 문제로 내담자를 도울 수 없을 때 상담을 시작하거나 계속해서는 안되며, 다른 전문가에게 의뢰하는 등 내담자를 도울 수 있는 방법을 강구하도록 규정하고 있습니다.

한편, 내담자를 의뢰할 때는 몇 가지 주의할 사항이 있습니다. 첫째, 상담자는 의뢰 이유에 대해 내담자에게 충분히 설명해야 합니다. 그렇지 않으면 내담자는 자신의 문제가 나아질 희망이 없거나, 상담을 끝없이 계속해야 한다고 느끼거나, 스스로 '형편없는 나

쁜 내담자'라고 생각할 수도 있습니다(Hill, 2012). 또는 상담자로부터 버림받았다는 생각을 할 수도 있습니다. 따라서 상담자는 의뢰 필요성과 이유를 충분히 설명하여 내담자가 보다 편안한 마음으로 의뢰 상황을 받아들일 수 있도록 돕는 것이 중요합니다. 둘째, 일반적으로 진행되는 상담 종결 과정과 동일하게, 현재까지 진행한 상담을 정리하고, 새롭게 만나게 될 상담자나 기관에 대한 내담자의 불안이나 기대감 등을 다루도록 합니다. 특히 의뢰와 관련하여 내담자의 저항이 있을 수 있습니다. 자신의 걱정거리와 취약한 모습이 새로운 상담자에게 또 다시 공개된다는 것에 불편감이 생길 수 있고, 유사한 상담과정과 내용을 반복하는 것이 내키지 않을 수도 있습니다(Hackney & Cormier, 2004). 그러나 상담자가 충분히 설명하고 의문사항에 명쾌하게 대답해 주며 내담자의 양가감정을 지지해 준다면, 의뢰에 대한 부정적 감정을 다루는 것이 한결 수월해질 것입니다(Hackney & Cormier, 2004). 끝으로, 내담자를 의뢰받는 다른 전문가나 기관에 내담자의 정보나 상담내용을 전달하기 전에, 이와 같은 정보 제공에 대한 내담자의 동의를 먼저 구해야 합니다. 내담자의 동의 없이 상담자가 임의로 내담자 및 상담 관련 정보를 전달하는 것은 바람직한 의뢰 절차가 아님을 유의해야 할 것입니다. 이와 같이 적절한 과정을 거쳐 의뢰를 진행하게 된다면 내담자는 현재 상담에서 받을 수 없었던 전문적 도움을 제공받을 수 있는 기회를 다시 얻을 수 있을 것입니다.

참고문헌

유영권, 김계현, 김미경, 문영주, 손은정, 손진희, 심흥섭, 연문희, 천성문, 최
    의헌, 최한나, 최해림 (2013). 상담 슈퍼비전의 이론과 실제. 서울: 학지사.

American Counseling Association. (2014). 2014 ACA Code of Ethics.

American Psychological Association. (2017). Ethical Principles of
    Psychologist and Code of Conduct.

Edward Neukrug (2016). 전문 상담자의 세계, 제5판. (이윤주, 구자경, 권경
    인, 박승민, 손은령, 손진희, 임은미 역). 서울: 사회평론아카데미.

Hackney, H. L., & Cormier, L. S. (2004). 심리상담의 과정과 기법, 제4판 (임
    성문, 이주성, 최국환, 김윤주, 이누미야 요시유키, 안형근, 육성필 공역).
    서울: 시그마프레스.

Heaton, J. A. (2006). 상담 및 심리치료의 기본기법. (김창대 역). 서울: 학지사.

Hill, C. E. (2012). 상담의 기술: 탐색-통찰-실행의 과정, 제3판. (주은선 역).
    서울: 학지사.

James, R. K., & Gilliland, B. E. (2001). *Crisis Intervention* (4th ed.).
    Victoria, Brooks/Cole.

Kampwirth, T., & Powers, K. (2002). *Collaborative Consultation in Schools.*
    Upper Saddle River, CA: Pearson.

Welfel, E. R., & Patterson, L. E. (2009). 상담과정의 통합적 모델: 다이론적 통
    합적 접근, 제6판. (한재희 역). 서울: 시그마프레스.

한국상담심리학회(2018). 상담심리사 윤리강령. http://krcpa.or.kr/
    sub05_5.asp?menuCategory=5&txtQnaaNumber=0에서 검색.

제11장

상담관계의 치료적 활용

  상담자와 내담자의 상담관계는 치료 효과에 영향을 미치는 주요
한 치료 요인 중 하나입니다. 상담관계는 상담자의 이론적 지향과
무관하게 대부분의 상담접근에서 공통적으로 나타나는 치료 요인
입니다. 따라서 상담자는 상담과정에서 나타나는 상담관계의 여러
양상들을 이해하고 이것을 치료에 어떻게 적용하는지를 배움으로
써 상담자로서의 중요한 역량을 높일 수 있을 것입니다.
  상담관계는 작업동맹, 전이와 역전이 관계, 실제관계 등 세 측면
에서 이해할 수 있습니다(Gelso & Carter, 1985, 1994). 이러한 상담
관계는 상담과정에서 상담자가 사용하는 기법과 개입 전략이 효과
를 발휘하는 데 중요한 영향을 미칩니다(Gelso & Carter, 1994). 또
한 상담자와 내담자 각자의 심리적 역동은 치료적 관계에 영향을
미치며, 이러한 상담관계에 대해 이해하고 활용함으로써 내담자의

성장과 변화를 촉진시킬 수 있습니다(Stadter, 2006).

1. 상담관계: 작업동맹, 실제관계, 전이와 역전이

첫째, 작업동맹은 내담자의 합리적 자아와 상담자의 치유적 자아 간의 협력이며, 내담자가 상담자의 개입을 받아들여 변화를 이루도록 하는 좋은 토대입니다(조성호, 이장호, 1997). 또한 작업동맹은 전문적 도움을 바라는 내담자의 건강한 자아 부분과 치료자 사이의 의식적인 약속이며, 여러 가지 방해요소가 예상되더라도 치료자와 협력하려는 의도를 말합니다(Moore & Fine, 2006). 작업동맹에 대해서는 제2장을 참조하길 바랍니다.

둘째, 실제관계는 내담자 관계의 여러 측면 중 전이와 관련되지 않고 진술하고 현실적인 지각에 근거한 관계를 말합니다(김진숙, 2001; Gelso & Carter, 1994; Gelso & Hayes, 1998). 겔소와 그의 동료들은 실제관계가 진정성과 실체성으로 구성된다고 했습니다. 여기서 '진정성'은 '가짜가 아닌 진정한 자기 자신으로 있을 수 있으며, 지금-여기에서 진정성을 가질 수 있는 능력'입니다. '실체성'은 '타인을 자신의 소망이나 두려움의 투사로서가 아니라 있는 그대로 경험하고 인식하는 것'입니다(Gelso, 2002: 최한나, 2010에서 재인용). 실제관계는 내담자가 상담자의 실제 모습에 근거해서 상담관계를 지각하는 것으로, 상담자의 태도에 따라 상담자에 대해 따뜻하고 지지적이라고 지각하거나, 혹은 관심이 부족하고 거리감이 있다고 지각하는 등의 다양한 경우가 있을 수 있습니다. 연구(Eugster & Wampold, 1996)에 의하면 상담자보다 내담자가 상담에서의 실제

관계가 미치는 영향력을 보다 중요하게 평가합니다.

셋째, 전이는 과거 중요한 인물에 대한 감정, 기대, 생각, 태도 등을 상담자와의 관계에서 재경험하는 것입니다. 역전이는 상담자가 상담관계에서 내담자에게 경험하는 감정, 태도, 생각 등을 의미하는 것으로, 이는 상담자 자신의 미해결된 문제에 기인하는 경우와, 내담자의 투사적 동일시 등을 통해 유발되는 경우가 있습니다. 상담자와 내담자의 전이 및 역전이에 대한 이해는 내담자가 일상생활에서 경험하는 주요 대인관계의 양상과 이러한 대인관계 경험과 관련된 주요 문제들을 파악하는 데 중요한 정보가 됩니다. 또한 상담장면에서 상담자와의 교정적 관계 경험을 통한 치료적 변화를 가능하게 하는 주요한 토대가 될 것입니다.

내담자들이 겪고 있는 여러 증상과 부적응 문제의 이면에는 대부분 근원적인 핵심문제가 자리 잡고 있습니다. 이러한 핵심문제에 대해서 여러 학자가 핵심갈등, 핵심감정, 내면화된 대상관계, 심리도식, 반복되는 관계패턴 등 다양한 용어로 설명하고 있습니다(McWilliams, 2005). 많은 경우 내담자들이 겪고 있는 심리적 증상들의 원인이 되는 핵심문제는 반복되는 부적응적 관계패턴에 기인하는 경우가 많으며, 이는 현재의 다양한 대인관계에서 재연되면서 대인관계 문제를 야기하고, 나아가 겉으로 보기에 대인관계와 직접 관련이 없어 보이는 심리적 증상의 원인이 되기도 합니다. 따라서 내담자의 부적응적인 관계패턴을 이해하고 변화시키는 것은 상담에서 매우 중요한 치료기제가 될 수 있습니다. 이러한 부적응적인 관계패턴은 우선적으로 내담자가 경험하는 대인관계를 상세하게 탐색하면서 파악할 수 있습니다. 또한 상담과정에서 나타나는 전이와 역전이 경험을 통해서도 생생하게 발견할 수 있습니다.

즉, 일반적으로 내담자는 반복적인 부적응적 관계패턴과 이에 관련된 핵심갈등을 상담관계에서도 드러냅니다. 전이는 자신에게 중요한 대상이었던 인물에게 느꼈던 감정과 생각, 태도를 상담자에게 드러내 보이는 것으로, 이를 통해 내담자가 주요 애착 대상에게 느꼈던 마음을 생생하게 이해할 뿐만 아니라, 현재의 대인관계 양상을 이해하는 데에도 도움을 받을 수 있습니다. 역전이의 경우는 보다 간접적으로 나타날 수 있는데, 내담자는 투사와 투사적 동일시 등을 통해서 자신이 경험하고 있는 깊은 갈등을 상담자도 유사하게 경험하게 하거나, 자신의 주요 애착 대상이 내담자에게 경험하는 감정과 생각들을 상담자가 경험하게 하기도 합니다. 상담자는 이러한 경험을 통해 내담자의 깊은 갈등을 이해할 수 있고, 내담자의 주변인들이 내담자에게 느끼는 마음과 이들의 관계 양상들도 알 수 있게 됩니다. 이러한 의미에서 전이와 역전이는 내담자를 이해하고 상담을 진행하는 데 있어 중요한 통로가 될 수 있습니다.

2. 전이

전이에 대한 고전적 정의는 '아동기의 중요한 인물과 경험했던 감정, 생각과 행동패턴이 현재 관계하고 있는 사람에게 전치된 것'입니다(Moore & Fine, 2006). 전이에 대한 정신분석 모델에서는 상담자를 빈 스크린으로 보고, 상담자는 내담자의 심리적 이미지만을 반영한다고 봅니다. 상담자는 개인적 특성을 드러내지 않고 중립적인 태도를 견지한다고 가정하기 때문에 내담자가 상담자에 대해 보이는 정서적 반응은 상담자의 현실적 요인에 의한 것이 아니라 내담자의 전이에 의해 왜곡된 것이라고 할 수 있습니다. 내담자는 상담과정에서 어린 시절의 갈등이 활성화되고, 이 과정에서 상담자에 대한 강한 감정을 경험하게 되는데, 이것은 내담자가 생애 초기에 중요 대상에게 느꼈던 감정을 재경험하는 것입니다. 상담자는 내담자의 이러한 갈등을 해석하고 억압된 기억이 떠오를 때 경험하게 되는 정서를 분출하도록 돕고, 이를 통해 내담자는 자신이 겪었던 힘들었던 여러 사건이나 관계 경험에 대한 인지적 이해 및 정서적 통찰을 하게 됩니다(Moore & Fine, 2006).

대상관계이론에 따르면 생애 초기부터 현재까지 의미 있는 타인들과의 경험, 특히 생애 초기의 경험을 통해 내적 표상이 형성되며, 성장과정에서 미해결된 욕구나 갈등이 많을수록 현재의 주변인들을 있는 그대로 보지 못하고 과거 경험에서 내사된 대상으로 지각하는 경향을 보입니다(Stadter, 2006). 따라서 전이에 대한 이해를 통해 내담자가 자신의 역기능적 대인관계패턴을 이해하고 자신과 타인에 대해 더 현실적인 지각을 할 수 있도록 돕는 것이 필요합니다.

다음은 대학생 사례에서 내담자가 상담자에게 전이를 경험하고 상담자가 이를 해석하는 예입니다.

내담자1: (자꾸 시계를 봄)

상담자1: ◇◇ 씨 오늘은 시계를 자주 보네요?

내담자2: (망설이면서) 아 아니에요… 죄송합니다.

상담자2: 계속 보는 게 무슨 일이 있는 것 같은데 편하게 얘기해 주면 좋겠어요.

내담자3: 사실 오늘 과에서 행사가 있는데, 제가 가고 싶은 행사거
든요. 제가 신청을 해 놨는데 상담시간이랑 겹쳐서 말씀을
못 드렸어요. 행사에 참여하려면 적어도 20분 있다가는 가
야 하거든요…

상담자3: 아 그래요… 그런 거면 충분히 스케줄을 조정할 수 있었을
텐데 그 얘길 하기가 어떤 면에서 어려웠을까요?

내담자4: 제가 상담받기로 한 거니까… 이 약속이 먼저 있기도 했고
제 꺼 때문에 바꾸면 선생님 스케줄도 있으실 텐데…

상담자4: 제 스케줄이 어려울 수도 있고, 시간 변경을 요청하는 게 많
이 망설여졌나 봐요. 혹시 조정하자고 말 했으면 제가 ◇◇
씨를 어떻게 생각할까 걱정된 것도 있을까요?

내담자5: 글쎄요… 실망하시거나 저를 책임감 없다고 생각하지 않
으셨을까요? 선생님 기대에 못 미치는 것 같고… 저 때문에
애를 많이 쓰셨는데 제가 도움만 많이 받고 이러면 안 될
것 같았어요.

상담자5: 제가 ◇◇ 씨를 책임감 없는 사람으로 보고 실망할까 하는
그런 걱정이 있었네요. 그런 걱정이 있으면 상대가 실망할
까 봐 또는 미안해서 자신이 원하는 것을 잘 표현 못하게
되는 것 같네요. 다른 관계에서도 비슷한 마음 때문에 하고
싶은 얘기나 하고 싶은 것을 잘 얘기하지 못하는 경우가 있
는지 궁금하네요.

내담자6: 주로 아버지나 어머니랑 그랬던 것 같아요. 많은 관계에
서 실망감을 안겨 주거나 기대에 부응하지 못할까 봐 제가
원하는 것을 잘 얘기하지 못하는 면이 있었죠. 사실 지금도

선생님이 어떠실지 걱정돼요.

상담자6: 사실 저는 ◇◇ 씨가 흥미를 갖는 행사에 참여하는 게 반가
　　　　워요. 미리 연락했으면 얼마든지 조정할 수 있었을 것 같은
　　　　데 그런 부담감이 있었구나 싶어요. 상담 약속을 중요하게
　　　　여기고 지키고 싶었던 게 저를 배려한 마음인 것 같아 고마
　　　　운 마음이 들기도 하고, ◇◇ 씨가 하고 싶은 일을 그 책임
　　　　감 때문에 계속 얘기하지 못했다는 게 안타깝기도 하네요.
　　　　저한테 얘기하니 어떤가요?

내담자7: 시원하고 마음이 편해져요. 조마조마하고 마음이 불편했
　　　　었는데 마음이 좀 편해져요.

상담자7: 저도 표현해 주니 ◇◇ 씨가 어떤 것을 원하고 어떤 상황인
　　　　지에 대해 알게 되어 좋네요.

　이 사례에서는 내담자가 부모님을 실망시키고 부모님의 기대에
미치지 못할까 봐 두려워하는 마음이 상담시간에 상담자에게 드러
났습니다. 현실적으로는 과 행사가 있음을 얘기하고 상담시간 변
경에 대한 양해를 구하는 것이 상담자를 실망시킬 일이 아니지만
내담자는 중요한 타인과의 관계에서 상대를 실망시킬지도 모른다
는 생각을 갖고 있어서 이것이 상담자에 대한 전이로 표현되었습
니다. 상담자는 내담자의 걱정스러운 마음을 공감하면서 다른 관
계에서도 이와 유사한 경험이 있는지 질문하고 부모님과 관계에
대한 자각으로 연결합니다.

　전이는 최근에 개념이 보다 확장되면서 다양한 상담 상황을 이
해하는 데 적용되고 있습니다. 현대적 의미의 전이는 상담자에 대

한 현실에 기초한 정확한 지각에서부터 과거 관계 경험에 기초하여 상담자가 실제로 어떻게 반응하는가와는 거의 관계가 없는 왜곡된 반응에까지 그 범위가 넓어졌습니다. 전이에 대한 이러한 확대된 관점에서는 상담자에 대한 내담자의 반응들이 많은 부분 상담자의 실제 모습에 기초하고 있다고 봅니다. 즉, 전이는 내담자의 심리적 측면만을 보여 주는 것이 아니라 상담자의 특징, 그리고 상담자와 내담자의 상호작용을 반영한다고 할 수 있습니다.

따라서 내담자가 상담자에 대한 개인적인 반응을 탐색하고 논의하는 것이 안전하게 느끼도록 하고, 문제가 되는 상호작용이나 그들 관계에서 잘못된 지각에 대해 서로가 기여하는 바를 함께 탐색하도록 합니다. 즉, 전이를 해결하기 위해서 상담자와 내담자 사이에서 상담자에 대한 왜곡된 지각을 해결하고 이러한 왜곡된 지각이 내담자의 삶에서 다른 사람과 관계에서 어떻게 나타날 수 있는지를 탐색할 뿐만 아니라, 상담자에 대한 내담자의 지각에 상담자가 기여하는 부분이 있는지에 대한 점검을 병행해야 합니다. 이러한 관점은 전이와 역전이의 관련성을 시사해 주고 있습니다.

3. 역전이

프로이트는 역전이에 대해 상담자가 내담자에 대한 중립적 태도를 유지하고 내담자에 대한 정확한 이해를 하는 데 방해하는 장애물이라고 했지만, 한편으로는 상담자의 중립성이 위협받고 상담에 부정적 영향을 미칠 수 있음을 알려 주는 신호가 될 수 있다고 했습니다. 라이히(Reich, 1951)는 역전이는 상담자 자신의 무의식적 욕

구와 갈등이 내담자에 대한 이해나 상담과정에 미치는 영향이라고
했습니다. 상담자가 이러한 역전이를 나타낼 경우, 상담은 내담자
의 욕구가 아닌 자신의 심리적 욕구를 충족시키는 과정이 될 위험
이 있습니다(Moore & Fine, 2006).

　그러나 이후 역전이 개념은 보다 확장되었습니다. 랙커(Racker,
1968)는 내담자가 자신의 인격 안의 원치 않는 부분을 떼어 내어 상
담자에게 투사하면 그 부분이 상담자 안에서 정서적 반응을 일으
킨다고 했습니다. 이런 경우에 상담자는 자신의 역전이 반응을 분
석하고 내담자의 투사적 동일시를 명료화하고 해석함으로써 상담
과정을 촉진시켜야 합니다. 블럼과 굳만(Moore & Fine, 2006)은 상
담자와 내담자의 두 사람 관계에서 내담자는 상담자에게 심리 내
적으로 결정된 역할 관계를 일으키거나 강요한다고 했습니다. 내
담자는 전이를 일으키면서 상담자와 관계를 통해 자신의 무의식적
소망을 충족하기를 시도합니다. 이 경우 상담자는 자신의 반응을
검토할 수 있어야 하며, 상담자 자신의 갈등이 내담자의 연상과 행
동에 대한 상담자의 무의식적 반응에 어떻게 영향을 미치는지 의
식적으로 인식하도록 노력해야 합니다. 예를 들어, 내담자가 스스
로 자신은 까다롭고 성격이 나빠서 사랑받을 수 없고 사람들은 모
두 자신을 귀찮아하고 싫어해서 결국 멀어지게 될 것이라고 믿는
경우가 있다고 합시다. 이러한 내담자는 상담과정에서도 반복적으
로 불만스럽고 비협조적인 모습을 보여서 상담자를 짜증나게 하고
질리는 마음이 들도록 유도할 수 있습니다. 상담과정에서 내담자
에 대해 이런 마음이 들 때 상담자는 이것이 내담자가 자신의 반복
적인 관계패턴을 상담자에게도 재연하고 있는 것임을 자각하고 치
료에 활용하는 것이 필요합니다.

이러한 역전이 분석을 통해 상담자는 상담과정에서의 중립성을 회복하고, 내담자가 언어로 표현하지 못하는 고통스럽고 깊은 감정을 공감하면서 내담자에 대한 정확한 이해를 할 수 있고, 이를 통해 적절한 해석적 개입을 할 수 있게 됩니다.

다음은 40대 여성 사례에서 내담자의 투사로 인해 유발된 상담자의 역전이 예입니다.

(본인이 매우 힘든 상황임에도 강렬한 감정을 보이지 않고 괜찮은 듯이 표현함)

상담자1: 2주 만에 오셨는데 그동안 어떻게 지내셨어요?

내담자1: 네, 별일 없이 지냈어요. 선생님도 많이 바쁘셨죠?

상담자2: 네, 저도 잘 지냈습니다. 그 사이 시댁 집안 행사도 있고, 아들 학교에 상담도 있을 거라고 하셨는데 어떠셨어요?

내담자2: 시아버님 칠순은 손님들이 많긴 했지만 그럭저럭 잘 치루었구요, 아들 학교상담은 어차피 아들이 금방 달라지지 않는다는 걸 아니까 그러려니 하고 왔어요.

… 〈있었던 일에 대한 이야기, 중략〉 …

💬 내담자는 힘들었던 사건들을 얘기했지만, 상담자는 그 힘든 감정이 충분히 전달되지 않는다고 느낍니다. 상담자는 이런 경험을 내담자에게 얘기합니다.

상담자3: ○○ 씨와 얘기를 하다 보면 내용은 참 힘든 얘긴데, 그 힘
든 마음이 저한테 잘 전해지지가 않는 것 같아요. 왠지 ○○
씨가 '저는 괜찮아요, 저한테 그렇게 신경 쓰지 않으셔도
돼요'라고 말하는 것 같아요.

내담자3: 그래요? 저는 그냥 제가 아주 엉망으로 지내는 건 아니고
제 선에서 잘 지내고 있다고 말씀드리고 싶었던 거 같아
요. 너무 힘들다고 하면 어리광 부리는 거 같고 선생님이
부담스러우실 거 같아서요.

상담자4: 그러셨군요. ○○ 씨가 그런 마음이다 보니 저를 많이 의
지하지 않으시고 감정적으로 호소도 적게 하고 그러시는
거 같아요.

내담자4: 네. 저는 항상 제 일은 제가 알아서 해야 한다고 생각했어요.

상담자5: 네. 맞습니다. 그런데 그러시다 보니 저도 ○○ 씨를 덜 걱정
하게 되고 신경을 덜 써도 될 것 같은 마음이 들어요. 좀 신
경을 덜 써도 서운해하거나 화내지 않을 거 같기도 하구요.

내담자5: 그래요? (침묵)

상담자6: 물론 제가 그런 마음이 든다고 해서 ○○ 씨에게 신경을
덜 쓰는 건 아니지만, 다른 분들과 달리 ○○ 씨에게 그런
마음이 드는 것에 대해서는 우리가 같이 들여다볼 필요가
있다고 생각해요.

내담자6: 네.

상담자7: 제가 보기에 ○○ 씨는 본인이 힘든 일에 대해서 많이 누
르면서 얘기하는 거 같아요. 상대방에게 힘들다는 호소를
하고 도와달라는 메시지를 전달하는 게 잘 안 되는 거 같
아요. 오늘도 시댁 행사나 아들 상담은 ○○ 씨에게는 매

우 힘든 일이었을 텐데 그런 어려운 일이 있는 상황에서 상담을 한 주 쉰 것에 대해 서운할 수도 있고, 이렇게 힘드니까 나 좀 도와달라고 할 수도 있을 텐데 ○○ 씨는 괜찮으니까 신경 안 써도 된다는 듯이 보여요.

내담자7: 그러려고 하는 건 아닌데, 습관이 돼서 그런 거 같아요.

상담자8: 그렇죠. 예전부터 늘 그렇게 해 오셔서요. 아마도 혼자 알아서 처리하고 나는 괜찮다고 말하는 듯한 태도가 ○○ 씨 주변 사람들이 ○○ 씨 힘든 거를 잘 모르고 신경 안 써 주는 것과 관련이 있을 거 같은데 ○○ 씨 생각은 어떠세요?

이 사례에서 상담자는 내담자가 자신은 관심받을 만하지 못하다는 생각을 상담자에게 투사하고 이로 인해 상대방의 무관심을 이끌어 내는 과정에 대해 해석해 주고 있습니다.

내담자가 유발한 상담자의 역전이 경험을 다루는 것에 대해 학자들마다 다양한 견해가 있습니다. 그에 대해 좀 더 살펴보겠습니다. 스트럽과 빈더(Strupp & Binder, 1984)에 의하면 내담자가 불러일으킨 느낌을 상담자가 자각할 때 내담자에 대해 많은 것을 알 수 있게 되지만 상담자는 이런 느낌을 통제해야 한다고 했습니다. 즉, 내담자가 무의식적으로 유도하는 역할을 하지 않아야 하며 상담자는 내담자가 투사적 동일시를 통해 유발한 감정을 통제해야 한다는 것입니다. 이러한 관점은 상담자의 역할을 내담자의 대인관계 밖에 머무르는 객관적 관찰자로 정의한다는 점에서 고전적 정신분석의 견해와 비슷하다고 할 수 있습니다. 레벤슨(Levenson, 2008)은 상호작용적 역전이 혹은 교류적 역전이 개념을 제시했습니다. 그에 의하면 상담자는 내담자의 융통성 없고 부적응적인 패턴에 대해 상보적인 반응을 하도록 휘말려 들어갑니다. 불가피하게 내담자와의 대인관계에 말려들게 되면서 상담자는 이 사람과 상호작용하는 것이 어떤 것인가를 경험적으로 알게 됩니다. 상담자가 처음에 내담자의 부적응적인 대인관계 스타일에 맞추어 주면 상담자에 대한 내담자의 정서적 유대인 작업동맹의 발달이 촉진됩니다. 상담자가 내담자의 역기능적 패턴의 반복에 자신이 어떻게 영향을 미쳤는지를 깨달은 다음, 이 정보를 사용하여 내담자와 상호작용을 긍정적인 방향으로 바꾸고 내담자가 그들 사이에서 일어나는 일을 볼 수 있도록 돕는 것이 중요합니다. 옥덴(Ogden, 1982)은 투사적 동일시의 대인 간 과정과 역전이에 대해 제시했습니다. 그에 의하면 내담자는 상담자 내면에 어떤 감정을 불러일으킬 수 있는 방식으로 상담자에게 교묘하게 행동하는데, 내담자의 상태에 공감적으로 반응하는 상담자는 자신이 평소와 다르게 느끼고 행동하는 모습을 발견하게 되고, 상담자 내면의 이런 감정은 내담자의 가장 깊고 가장 혼란스러운 정서를 경험하고 이해하는 방법이 될 수 있습니다. 이는 상대방에게 자신의 내면 경험을 말로 전달하는 대신 상대방으로 하여금 그것을 직접 경험하게 함으로써 이해받는 느낌을 받기 위해 이용될 수 있습니다(Stadter, 2006). 이것은 투사적 동일시의 의사소통 기능인데, 이를 통해 말로 표현될 수 없거나 언어 이전의 경험, 언어로 표상되지 않았던 고통스러운 경험을 다른 사람에게 전달할 수 있게 되며(Bion, 1962; McWilliams, 2017), 상담자가 경험할 수 있는 또 하나의 역전이의 형태가 됩니다.

다음은 40대 여성 사례에서 내담자의 투사적 동일시로 인해 유발된 상담자의 역전이를 공감적으로 활용한 예입니다.

상담자1: 추석 어떻게 보내셨어요?

내담자1: 네, 그럭저럭 보냈어요. 늘 비슷하죠, 뭐.

상담자2: 명절 되면 집안일을 거의 도맡아 하셔서 많이 힘들다고 하셨었는데, 이번에는 어떠셨어요?

내담자2: 똑같아요. 늘 해오던 건데 그게 갑자기 바뀔 수는 없잖아요.

상담자3: 그러셨군요. 그래도 막상 일을 하게 되면 또 억울하고 속상한 마음이 들 거 같기도 한데…

내담자3: 그렇긴 하지만… 누가 관심이나 있겠어요?

상담자4: 시댁에 있으면서, 당연한 듯이 그렇게 일을 하고 있으면, 또 내 편은 없고 혼자라는 생각도 들고 쓸쓸하고 그랬을 거 같아요…

내담자4: 좀 그렇기도 하지만 어쩔 수 없다고 생각해요. 그 마음은 아무도 이해 못할 거예요… 경험해 보지 않으면…

상담자는 내담자가 상담자를 밀어내고 있다는 느낌이 들었습니다. 내담자가 경험하는 심리적 어려움에 대해 이해하고 공감하려고 하지만 내담자는 마음을 열지 않고 이 상황에서 상담자를 소외시키려는 것 같았습니다. 그러나 상담자는 이것이 내담자가 다른 사람에게 느끼는 소외감임을 이해하고 이에 대해 공감적 반응을 합니다.

상담자5: 그렇게 말씀하시니까 ○○ 씨가 시댁에서 외롭고 참 막막했겠다는 생각이 드네요. 저한테라도 마음을 좀 털어 놓으시면 좋겠어요.

내담자5: 뭔가 되게 막막하다는 느낌이 들었어요… 혼자 저만치 떨어져 있는 것 같은…

상담자6: 그런 마음을 상담시간에 얘기하는 게 어떻게 느껴지세요?

내담자6: 얘기해도 어차피 모르실 것 같고, 결국 사람은 다 혼자잖아요. 얘기한다고 뭐가 달라질 것 같지도 않구요.

상담자7: ○○ 씨가 그렇게 말씀하시니까 제가 어쩐지 좀 ○○ 씨에게 가까이 다가가기 어려운 느낌이 드네요. 다른 사람들도 그렇게 느끼지 않을까 싶기도 해요.

내담자는 추석 연휴기간에 힘들었지만 그 마음을 상담자에게 충분히 표현하고 이해받으려고 하지 않습니다. 상담자는 이 상황에서 내담자에게 밀려나는 느낌과 함께 그 관계에서 소외되는 경험을 합니다. 이러한 경험은 내담자가 다른 사람과의 관계에서 주로 경험하는 핵심문제로 상담자는 이를 통해 내담자의 깊은 소외감을 이해할 수 있었고 이것을 내담자에게 공감적으로 표현합니다. 그리고 내담자의 그런 태도가 다른 사람을 오히려 밀어내는 역할을 할 수 있다는 것을 다루고자 합니다.

앞의 사례와 같이 상담자가 내담자의 내적 갈등을 같이 경험하고 치료에 활용하는 것은 그 유용성이 매우 큽니다. 그러나 대부분의 경우 상담자가 경험하는 역전이는 상담자 자신에서 기인한 것과 내담자가 유발한 것이 혼재되어 있으므로, 이들을 분별하여 사용할 수 있는 치료적 역량을 키우는 것이 우선되어야 할 것입니다.

지금까지 상담자와 내담자의 관계에 있어 작업동맹, 실제관계,

그리고 특히 전이와 역전이에 대해 주로 살펴보았습니다. 상담자는 상담과정에서 내담자와 관계에서 경험하는 많은 현상을 현실에 기반한 실제관계와 심리 내적인 요소에 기반한 전이 및 역전이 관계 사이에서 균형 있게 이해하는 것이 중요합니다. 이를 통해 보다 효과적인 상담을 진행하는 매우 중요한 토대를 마련할 뿐만 아니라 상담진행에 있어 핵심적인 정보를 얻을 수 있습니다. 나아가 내담자의 부적응적인 관계패턴을 해결하는 주요 치료기제로 활용할 수 있을 것입니다.

참고문헌

김진숙(2001). 대상관계이론의 상담적 적용에 대한 고찰. 상담학연구, 2(2), 327-344.

이영순(2010). 초보상담자들의 어려움과 역전이 관리 능력 및 상담 성과간의 관계. 상담학연구, 11(3), 1021-1035.

이혜선, 최선남(2010). 미술치료사의 치료경험과 역전이 관리 능력이 치료성과에 미치는 영향. 미술치료연구, 17(1), 149-155.

조성호, 이장호(1997). 내담자 저항과 내담자 반발성, 상담자 개입 특성 및 작업동맹과의 관계. 상담 및 심리치료, 9(1). 101-127.

최한나(2010). 상담관계의 두 가지 측면: 작업동맹과 실제관계. 인간이해, 31(2), 85-101

Bion, W. (1962). *Learning from experience*. London: Heinemann.

Eugster, S. L., & Wampold, B. E. (1996). Systematic effects of particular role on evaluation of the psychotherapy session. *Journal of Cousuting and Clinical Psychology, 64*, 1020-1028.

Gelso, C. J., & Carter, J. (1985). The relationship in counseling and psychotherapy: Components, consequences, and theoretical antecedents. *Counseling Psychologist, 13*, 155–243.

Gelso, C. J., & Carter, J. (1994). Components of the psychotherapy relationship: their interaction and unfielding during treatment. *Journal of Counseling Psychology, 41*, 296–306.

Gelso, C. J., & Hayes, J. (1998). *The psychotherapy relationship. Theory, research, and pratice.* New York: Wiley.

Hamilton(1992, Ed.). *From inner sources: New directions in object relation psychotherapy.* Northvale, NJ: Aronson.

Levenson, H. (2008). 단기 역동적 심리치료(*Time-limited dynamic psychotherapy*). (정남운, 변은희 역). 서울: 학지사. (원전은 1995년에 출판).

McWilliams, N. (2017). 정신분석적 진단(*Psychoanalytic diagnosis: Understanding personality structure in the clinical practice*). (정남운, 이기련 역). 서울: 학지사. (원전은 1994년에 출판)

McWilliams, N. (2005). 정신분석적 사례이해(*Psychoanalytic case formulation*). (권석만, 김윤희, 한수정, 김향숙, 김지영 공역). 서울: 학지사. (원전은 1999년에 출판)

Moore, B. E. & Fine, B. D. (2006). 정신분석학 주요개념-기법-(*Psychoanalysis: the major concepts*). (이재훈 역). 서울: 한국심리치료연구소. (원전은 1995년에 출판).

Ogden, T. H. (1982). *Projective Identification and Psychotherapeutic Technique.* New York: Jason Aronson.

Racker, H. (1968). *Transference and Countertransference.* New York: International University Press.

Reich, A. (1951). On Counter-transference. Int, J. *Psychoanal., 32*: 25–31.

Stadter, M. (2006). 대상관계 단기치료(*Object Relations Brief Therapy*). (이재훈, 김도애 역). 서울. 한국심리치료연구소. (원전은 1996년에 출판).

Strupp, H. H. & Binder, J. L. (1984). *Psychotherapy in a New Key: A Guide to Time-limited Dynamic Psychotherapy*. New York: Basic Books.

종결

상담은 내담자가 처음에 호소했던 문제들이 해결되고 상담의 목표를 달성하게 되면 종결을 하게 됩니다. 그런데 내담자 측에서는 그동안 상담자와 협력해 오다가 종결 이후에는 혼자 해나가야 한다는 상황이 두려울 수 있기에 종결은 또 하나의 도전이 될 수 있습니다. 종결은 그동안의 상담 성과를 극대화하기 위한 중요한 과정이므로 상담자가 종결과정을 잘 다루는 능력이 중요합니다.

종결은 갑자기 중단하는 것이 아닌 상담을 진행하면서 지속적으로 하는 작업입니다. 시작과 동시에 종결을 이야기하는 것이 어쩌면 이상하게 생각될 수도 있지만, 종결 준비는 상담 초기부터 하는 것이기도 합니다. 즉, 상담자는 직접적으로 종결이라는 단어를 사용하지 않더라도 상담 초기부터 상담의 의도는 내담자가 '상담자 없이도' 잘 기능할 수 있도록 돕는 것임을 분명히 하는 것이 좋습니다. 이러한 종결의 준비는 내담자가 시간의 유한성을 상기하며 더욱 상담과정에 몰입할 수 있도록 동기부여를 하게 합니다.

이 장에서는 종결단계의 주요 작업인 '상담 성과에 대한 평가' '미해결 과제에 대한 평가' '미래에 대한 예견과 계획을 세우기' '종결에 대한 내담자의 감정 다루기'에 대해 다룰 것입니다. 그리고 마지막으로 목표가 달성되지 않았지만 여러 사정에 의해 상담을 종결하게 되는 경우에 대해서도 언급하도록 하겠습니다.

1. 평가

상담 종결의 적절한 시점을 알기 위해서는 상담을 진행하는 동안 꾸준히 상담 성과에 대한 평가를 해야 합니다. 평가과정은 상담이 내담자의 목표를 달성하는 방향으로 흘러가고 있는지 점검할 수 있는 중요한 기회가 됩니다. 우리가 정해 놓은 목적지에 이르기 위해서 수시로 자신이 어디에 와 있는지 알아차리고 방향을 설정하고 필요한 경우 변경해 가는 것이 필요한 것과 마찬가지입니다. 상담 성과란 상담의 결과로 내담자가 경험한 모든 종류의 긍정적인 변화를 의미합니다. 상담 성과의 평가는 평가 시기에 따라 다양한 종류가 있지만 크게 상담시간별 평가와 최종적 평가(즉, 종결 시의 평가)로 나누어 생각할 수 있습니다. 상담시간별 평가는 상담시간마다 내담자의 경험이 어떠하였는지, 그 시간에서 구체적으로 어떠한 변화가 있었는지 평가하는 것입니다. 상담자는 상담을 마치기 전에 "이제 상담을 마치려 합니다. 잠시 시간을 가지고 오늘 상담시간은 ○○ 씨에게 어떠했는지를 생각해 보세요. 마음에 떠오르는 몇 가지를 간단히 나누어 주셔도 좋습니다. 예를 들어, 가장 도움이 되었거나 도움이 되지 않은 것은 어떤 것이 있을까요." 등의 안내를 통하여 내담자에게 상담 경험을 직접적으로 묻고 표현하게 할 수도 있습니다. 또한 상담시간 평가는 리커트 척도를 사용한 간단한 질문지를 통해서 쉽게 할 수 있는데, 대표적으로 많이 쓰이는 상담시간 평가 척도로는 스타일스(Stiles, 1980)가 개발하고 이상희와 김계현(1993)이 타당화한 것이 있습니다(Session Evaluation Questionnaire: SEQ, 부록 참조). 예를 들어, 내담자가 방금 마친 상담시간이 힘들게 느껴졌는지 쉽게 느껴졌는지, 피상적이었는지 깊이 있게 느껴졌는지, 혹은 편안했는지 불편했는지 등을 평가하도록 합니다. 이러한 상담시간 평가는 내담자에게 내 상담을 다시 생각해 보고 자신의 경험을 되새겨 볼 수 있는 기회가 되며, 내담자는 상담 경험을 상담자와 논의함으로써 자신의 목표 달성에 더욱 도움이 되는 방향으로 상담을 진행시킬 수 있습니다.

한편, 종결 시의 평가는 종결 전까지 진행한 상담 전반에 대한 종합적인 평가입니다. 보통 내담자는 자신이 처음에 어떤 상황에서 상담을 시작하게 되었는지 떠올리고 종결 시점에서 자신이 달성하고자 한 상담목표에 어느 정도 가까운지를 평가하게 됩니다. 평가의 구체적인 방법은 내담자와 상담자가 함께 얼마든지 창의적으로 정할 수 있습니다. 내담자가 자신의 변화와 성장을 되돌아볼 수 있도록 돕기 위하여 내담자가 처음에 기록한 상담신청서를 그대로 다시 보여 주거나 상담자가 읽어 주며 그때 이후 내담자의 감정, 생각, 행동, 주변 환경 등에서 어떤 변화를 경험했는지를 이야기해 볼 수 있습니다. 이 과정은 구체적일수록 내담자에게 도움이 되는데, 자신의 상담과정을 돌아봄으로써 자신의 문제 혹은 어려움을 해결하는 데 도움이 된 요인은 무엇이었는지, 도움이 되지 않은 것은 무엇이었는지 등을 자세히 알 수 있으며 이러한 자기이해는 상담 종결 후에도 내담자가 스스로 자신의 삶을 가꾸어 가는 데에 큰 자원이 되기 때문입니다.

때로는 평가과정에서 내담자가 상담을 통하여 얻은 성과를 상징화하는 작업도 할 수 있습니다. 이는 자신의 목표 달성을 기념하고 기억할 수 있도록 돕는 방법 중 하나입니다. 예를 들어, 상담자는 종결 시간 혹은 종결 이전 시간에 내담자가 상담을 통하여 배운 내용 혹은 오랫동안 기억하고자 하는 내용을 간단하게 적은 카드나 편지를 스스로에게 써 보도록 제안할 수 있습니다. 또한 상담자는 내담자에게 상담 종결 후에도 반드시 기억했으면 하는 내용을 상징하는, 간단하지만 눈으로 볼 수 있고 손으로 만질 수 있는 물건을 가지고 와서 그 의미를 나누게 할 수도 있습니다. 예를 들어, 상담 과정에서 지나치게 경직된 사고가 자신의 중요한 문제임을 깨달은 내담자는 유연한 태도를 상징할 수 있는 간단한 물건(예, 고무밴드)을 활용하여 종결 후에도 스스로 유연함에 대한 자각을 높이는 방법으로 사용할 수 있습니다.

상담시간별 평가든 종결 시의 평가든, 상담 성과의 평가는 내담자와 상담자 서로에게 부담스러운 과정일 수 있음을 이해해야 합니다. 간혹 내담자는 상담에 대한 평가를 '상담자'에 대한 평가로 여기거나 상담자의 기분이 상할 것을 우려하는 경우도 있으며 상담목표 달성이 미흡한 경우에도 상담자를 실망시키지 않기 위해 이에 대한 좌절감 표출을 꺼리는 경우도 있습니다. 따라서 상담자는 상담과정 중 나오는 모든 종류의 평가에 대하여 그 목적을 충분히 분명하게 설명하고 필요하다면 평가과정 자체가 어떻게 느껴지는지에 대해서도 함께 논의하는 것이 도움이 됩니다. 예를 들어, 상담자는 "상담에서 ○○ 씨가 다루고자 하는 부분을 잘 다루고 있는지 평가해 보고 싶습니다. 또한 저와 이러한 이야기를 나누는 것에 대해서는 어떻게 느껴지는지도 궁금합니다." 등의 안내를 통하여 내담자가 경험할 수도 있는 다양한 내적 경험을 상담과정 내에서 표현할 수 있도록 격려하는 것도 좋습니다.

2. 미해결 과제

상담 성과에 대한 평가를 하다 보면 자연스럽게 미해결 과제에 대한 평가도 함께 진행할 수 있습니다. 내담자 입장에서 달성된 것 혹은 해결된 것에 대한 인식과 자각은 미해결된 것에 대한 자각으로 자연스럽게 이어지기 때문입니다. 상담의 성과, 즉 해결된 과제가 무엇인지를 아는 것만큼이나 미해결 과제에 대한 논의는 종결 시 반드시 필요한데, 미해결 과제가 무엇인지 정확히 인식하지 못한다면 상담 종결 후 내담자는 여전히 남아 있는 문제들에 대하여 당황하고 실망감과 좌절감을 느낄 수 있기 때문입니다.

미해결 과제는 편의상 다음과 같이 나누어 탐색하는 것도 도움이 됩니다(박태수, 고기홍, 2008). 첫째, 내담자에게 중요한 문제이나 시간 혹은 비용의 부족, 내담자의 준비도, 상담자 유능성의 한계 등 여러 가지 상황적 제약으로 인하여 이번 상담에서 다루지 못한 문제가 무엇인지 탐색합니다. 둘째, 이번 상담에서 어느 정도 다루었고 의미 있는 성과도 있었지만 불충분하게 다룬 문제는 무엇인지 탐색합니다. 인생에서 '완벽하게' 다루어지거나 해결되는 문제는 거의 없지만 내담자가 주관적으로 미진하다고 느끼는 문제가 무엇인지 구체적으로 명료하게 인식하는 것은 내담자가 종결 후의 자신의 삶을 예측하고 준비할 수 있도록 도와줍니다. 예를 들어, 어떤 내담자가 진로에 대한 고민과 대인관계의 어려움을 호소하였으나 한 학기 동안은 진로문제에 더욱 초점을 맞추어 상담을 진행하고 목적을 달성한 후 상담을 종결해야 하는 경우가 있습니다. 이럴 경우 대인관계의 어려움에 대해서는 다루지 못하였기 때문에 이로 인해 겪을 수 있는 내담자 삶의 어려움을 구체적으로 예견해 볼 수 있도록 하는 것이 도움이 됩니다.

이처럼 미해결 과제에 대한 총체적인 점검을 통하여 내담자는 한 번의 상담에서 모든 문제가 해결되어야 하는 것이 아니라는 점을 받아들이게 될 것입니다. 또한 상담은 살아가며 한 번만 경험하는 것이 아니라 이러한 미해결 과제가 내담자의 삶과 성장에 미치는 부정적인 영향이 커질 경우, 언제든 다시 상담에 참여할 수 있음을 충분히 인식하게 될 것입니다.

그럼 대학생 사례를 통하여 앞에서 설명한 상담에 대한 평가와 미해결 과제를 다루는 개입에 대해 조금 더 살펴보기로 하겠습니다.

상담자1: ◇◇ 씨도 잘 알고 있듯이 우리 이제 종결까지 2번 정도 남았어요. 오늘은 지난번에 계획한 것처럼 지금까지의 상담을 쭉 되돌아보며 상담의 목표가 달성된 부분은 무엇인지, 그리고 아직 잘 해결되지 않은 것은 무엇인지 등을 함께 이야기해 보도록 하지요.

내담자1: 네. 좋아요.

상담자2: ◇◇ 씨가 처음 상담에 왔을 때 어떤 어려움으로 왔는지 기억하나요? 여기 ◇◇ 씨가 작성했던 것이 있답니다. 천천히 한번 읽어 보시겠어요?

내담자2: (내담자는 자신이 작성했던 서류를 받아 읽기 시작한다.) 1년 휴학하고 행정고시에 도전했으나 실패했다. 최근에 시험에 떨어졌는데 마음이 안 잡힌다. 더 이상 해야 될지, 말아야 할지 모르겠다. 잠을 못 잔다. 준비할 때도 공부가 잘 안됐다. 집중이 안됐다. 불안하고 앉아 있으면 딴생각 한다. 책 펴 놓고 1시간 동안 두 페이지도 못 넘어간 적이 많았다. 학과 공부도 집중이 잘 안된다. 잠에 들기 어렵다. 뭐라도 해야 하니까 빨리 눕지도 못하고 1시쯤 눕지만 3시 쯤까지 뒤척인다. 7시에 엄마가 깨우지만 못 일어난다. 눈 뜨면 9, 10시이고 늘 피곤하다.

상담자3: 어떤가요? 그때의 ◇◇ 씨가 경험하던 것과 지금의 ◇◇ 씨 삶을 찬찬히 바라본다면…

내담자3: 그때는 시험에 떨어지고 정말 마음도 안 잡히고… 어찌 할 바를 몰랐고 집중은 전혀 안되는데 늦게까지 공부는 붙들고 있었으니 아침에 일어나지 못하고… 괴로웠어요. (웃음) 지금은 고시에 대해 결정을 내렸으니 마음이 한결 편안하구요. 학과 공부도 어느 정도 패턴을 찾은 것 같아요. 그래서 학교 오는 게 부담스러운 게 많이 줄었어요.

상담자4: 그렇군요. 마음이 많이 편안해졌다니 저도 기쁘네요. 학교 오는 것은 어떤 점에서 부담이 줄어든 것 같아요?

내담자4: 아버지에게 얘기하고 나니 생각보다 아버지가 적극적으

로 지원하시거나 좋아하시는 것은 아니지만 그냥 지켜봐
주시는 것 같아요. 제가 걱정했던 것보다 아버지가 고시를
안 하는 것에 대하여 잘 받아들여 주시는 것 같아요. '니가
하고 싶은 것 해 봐라' 말이라도 그렇게 해 주셔서… 그러
니까 고시를 안 해도 되는 것이 더 시원하고 다른 일을 하
는 것이 즐겁기도 한 것 같아요. 계절수업 들을 때도 집중
이 잘되고 전공 공부도 더 재미를 느끼고 친구들이랑도 얘
기를 하고 있고… 지난번에 성공한 선배와의 대화에 참여
하면서 선배들도 알게 되고 동기들과 얘기해 보며 비슷한
고민을 가지고 있는 사람들을 알게 된 게 마음을 편하게
해 주고, 학교 와서 밥 먹을 사람도 생기고 하니 학교 오는
게 나아진 것 같아요.

상담자5: 그래요. 아버지의 반응에 대해서 우리 정말 걱정을 했었는
데 아버지께서 생각보다 잘 받아들여 주시니 다행이지요.
아버지의 반응도 ◇◇ 씨의 문제해결에 중요한 부분을 차
지하지만 결국 아버지와 어려운 대화를 시도하고 노력한
건 ◇◇ 씨라는 생각이 들어요.

내담자5: 그런가요? (웃음) 사실 무조건 안 될 거라고 생각하고 미
리 단정 짓거나 한 가지 외에는 다른 생각을 잘 못하는 점
이 많았는데 상담하는 동안 더 유연하게 생각하는 법도 배
우게 되고… 또 행동으로 옮기는 것도 연습을 계속 하다
보니까 점점 괜찮아지더라구요.

상담자6: 맞아요. ◇◇ 씨가 상담과정 내내 포기하지 않고 여러 가지
로 시도해 보는 것이 저도 많이 인상 깊었답니다. ◇◇ 씨
가 유연하게 세상을 바라보는 법을 배웠다는 것도 계속 기

억했으면 좋겠네요. 참, 상담 초기에는 잠드는 것도 불편
하고 일어나기도 힘들어서 피로감을 호소했는데… 이건
좀 어떤가요?

내담자6: 마음이 편해지니 잠드는 것도 편하더라구요. 피로한 것도
확실히 덜하고… 고시에 그렇게 매달렸던 이유도 알게 되
고 저를 좀 이해하게 되니까 잡념도 줄어들면서 몸도 마음
도 좀 가뿐해진 것 같아요.

상담자7: 그렇군요. 만약 ◇◇ 씨가 상담목표의 달성 정도를 1부터
10까지의 척도에서 평가해 본다면, 어느 정도 점수를 줄
수 있을까요? 1은 전혀 달성되지 않았다고, 10은 모두 달
성되었다고 볼 때요.

내담자7: 음… 아마 8점 정도인 것 같아요.

상담자8: 그렇군요. 2점 정도는 아직 미진한 부분으로 볼 수 있을
텐데, 어떤 점이 미진한 부분으로 다가오나요?

내담자8: 음… 아직 어디서 고시 합격생을 만나면 그날 마음이 좀
불편하고 좀 집중이 어렵고 내가 잘 선택한 건지 의심도
들고 그래요. 그런 날은 사람들 사이에서 왠지 자신감도
없어지는 것 같고… 사학이 내 적성과 맞는 것은 알겠는데
구체적으로 무엇을 해야 할지는 막연해요. 이전처럼 심하
지는 않지만 아직 이런 어려움은 남아 있는 것 같아요.

상담자9: 그렇군요. ◇◇ 씨가 얘기한 것처럼 그 부분들은 앞으로도
◇◇ 씨의 생활에 여러 가지로 영향을 줄 수도 있겠지요.
남은 시간 동안은 그 부분에 대해 좀 더 탐색해 보는 것은
어떨까요?

이 사례에서 보듯이 상담자는 내담자가 상담 초기와 종결 시의 자신의 상황을 비교해 볼 수 있게 하며 그 과정에서 타인의 혹은 상황의 변화뿐 아니라 자신의 능동적인 역할에도 주목하게 돕습니다. 즉, 내담자는 현재 자신의 마음이 편해진 것이 아버지가 잘 받아들여 주셨기 때문이라고 인식하는 경향이 있는데, 상담자는 이러한 변화 역시 내담자의 노력을 통하여 가능했음을 더욱 명확히 인식할 수 있도록 돕고 있습니다. 또한 마지막 부분에서는 상담목표 달성을 평가하면서 미해결 과제에 대한 논의로 자연스럽게 넘어가고 있습니다. 아직 종결까지 2회기 정도 남았으므로 내담자는 이 부분에 대하여 여유를 가지고 상담자와 탐색하며 종결 후에 어떻게 대처할 수 있을지와 어떻게 지속적인 성장의 발판으로 삼을 것인지를 다루어 갈 수 있습니다.

---

3. 미래에 대한 예견 및 계획 세우기

종결과정에서는 앞으로 일어날 장애물과 퇴보를 예측하는 것도 중요합니다. 종결 후에 닥칠 상황을 같이 예견해 보고 어떻게 대처할지 미리 의논도 하고, 지금까지 학습한 내용을 확대 적용할 방안에 대해 의논합니다(박태수, 고기홍, 2008). 재발 가능성에 대한 안내는 중요한데, 취약한 상황이나 심한 스트레스를 받을 때 과거의 반응방식이 다시 활성화될 수 있음을 미리 알려 줘서 크게 당황하지 않도록 합니다. 이때 증상이 재발된다면 그 원인을 생각하게 하고 상담에서 터득한 지혜를 어떻게 활용할지 예견해 보도록 하는 게 유용합니다(신경진, 2010).

한편 상담의 종결은 또 다른 시작이자 또 다른 목표를 세우는 과정이라고 할 수 있습니다. 이에 미래에 있을 수 있는 장애물을 예견하여 준비시키는 동시에 상담에서 학습한 부분을 토대로 앞으로의 구체적인 계획에 대해서도 얘기를 나눌 수 있습니다. 예를 들면, 일년 후에 어떤 모습으로 살고 있을 것 같은지, 혹은 살고 싶은지를 예상해 보고 그렇게 하려면 오늘, 내일, 다음 주에 무엇을 해야 할 것인가를 의논해 볼 수 있습니다.

4. 종결에 대한 감정 다루기

종결을 할 때면 내담자들은 다양한 감정으로 힘든 시간이 될 수 있는데 재발할지도 모른다는 불안감, 더 이상 상담자에게 직접 도움을 받지 못한다는 데 대한 불안감, 이별에 대한 슬픔 등이 그것입니다. 상담자는 종결의 감정이 당연히 느낄 수 있는 감정임을 지지하고, 변화를 이끈 주도자가 내담자 자신이라는 것을 인식하게 하여 혼자 작업하는 것에 자신감을 갖도록 합니다. 증상이 재발할 수 있는 가능성에 대해서도 논의하며 이에 대한 대처방법도 이야기해 볼 수 있습니다. 부가적인 도움이 필요할 경우 추가적인 만남을 가질 수 있다는 것을 내담자에게 미리 알려 주고 종결 후 3~6개월 후에 추수상담을 갖는 것에 대해 논의합니다. 경과를 묻는 이메일, 혹은 전화통화 등을 제안해 볼 수도 있습니다.

그럼, 이번에는 40대 여성 사례의 종결과정을 살펴보면서 앞에서 언급했던 종결의 전체적인 과정과 내용을 상담자가 어떻게 담고 있는지 살펴보겠습니다.

상담자1: 오늘이 마지막 날이네요.

내담자1: 네. 정말 시간이 빨리 지나갔어요.

상담자2: ○○ 씨가 처음 상담에 오신 때가 언제였더라… (파일을 찾아) ○월 ○일이네요. 처음 오셨을 때 어떤 부분이 힘드시다고 말씀하셨던 거 기억나시나요?

내담자2: 그때는 아들 때문에 애를 잘못 키운 거 같고, 애가 화내는 것에 대응도 잘 못하겠고, 시댁과 남편에 대한 스트레스도 많아서 잠도 못 잤던 거 같네요.

상담자3: 네. 오늘 저희가 마지막 시간이라 상담에 대한 마무리하는 시간을 가지려 해요. (네.) 처음의 어려움이 현재는 어떻게 변화되었을까요?

내담자3: 처음보다는 많이 좋아졌죠. 우선 □□(아들)에 대해 마음이 많이 편해졌어요. 제가 마음이 편해져서인지 □□도 무작정 화내는 게 줄어들고, 남편이랑도 좀 더 이야기하게 되었어요.

상담자4: 네. 시댁과의 어려움도 있으셨는데 그 부분은 어떤가요?

내담자4: 시댁은… 그러게요? 요즘 제가 시댁 일도 열심히 하지 않고, 그보다 제가 요즘 운동에 푹 빠져서 요가를 열심히 하고 요가하는 사람들이랑 만나기도 하다 보니 시댁이랑은 좀 소원해진 거 같아요.

📋 상담 전-후의 모습에 대해 비교해 보도록 합니다.

상담자5: 어떻게 보면 시댁에서 인정을 많이 받고 싶고, 중심에 있고 싶다고 하셨었는데 그 마음이… (네, 그 인정받고 싶은 마음이 많이 포기가 되었어요.) 네. 그렇군요. 그러면서 자연스럽게 거리 두기를 하게 되니 마음이 편해지게 되셨네요. (네.) 자. 이렇게 거의 9개월 정도 시간이 지나면서 여러 가지 모습들이 변화된 거 같은데요… 9개월 동안 뭐 때문에 이런 변화가 있었을까요? 상담을 하면서 ○○ 씨 안에서 마음의 변화, 생각이 정리된 것, 행동이 변한 것, 상황들이 좋아진 것 등… 뭐 때문에 이런 변화가 가능했을까요? 이 부분을 잘 정리해 두시면 이후 비슷한 어려움이 있을 때도 극복하는 데 적용을 하실 수 있을 거 같아요.

내담자5: 우선 선생님이랑 상담을 하면서 제가 항상 뒷전인 거 같은 느낌 때문에 제가 미리 많은 것을 포기했었다는 것을 깨달은 게 도움이 많이 됐어요. 애한테도 짜증 내고 잔소리만 했지, 제가 뒷전이란 느낌 때문에 자신감이 없어서 제대로 표현을 못했었던 거 같고, 시댁에서도 뒷전인 느낌이 안 들게 하려고 인정받고 싶어서 죽어라 일만 했던 거 같아요. 남편한테도 짜증내고 화만 냈지 남편 얘기를 잘 안 듣고 제 얘기를 진지하게 하지 못했어요.

상담자6: 네. ○○ 씨가 아들에게 스마트폰 게임을 너무 많이 해서 힘들어하셨었는데 아들의 이야기를 듣고 ○○ 씨가 원하는 것도 이야기하면서 타협을 했었던 게 생각나요.

내담자6: 맞아요. 남편이랑도 대화하는 법을 선생님이랑 얘기하고 남편의 이야기를 공감하고 경청한 후에 남편이 마음이 부드러워진 거 경험한 후에도 많이 편안해졌어요.

상담자7: 그래요. ○○ 씨가 이전에는 '난 뒷전이지'라는 느낌 때문에 원하는 게 있어도 마음속으로 미리 '안돼…'라고 포기하셨었지요. 그래서 짜증이나 효과적이지 않은 잔소리, 퉁명스러운 태도 등으로 표현했지요. 그런데 이제는 자기가 원하는 것에 대해 좀 분명히 표현하는 게 도움이 된다는 거죠? (네, 맞아요.) 그럼 '난 뒷전이지…'라는 느낌이 핵심이었던 거 같은데, 이 느낌은 내 생활 속에서 변화가 좀 있는지요?

내담자7: 실은 그 느낌이 종종 자주 올라와요. 하지만 선생님이 전에 말씀해 주신 것처럼 '이건 과거의 감정이 반복된 거고 실제로 날 그렇게 취급하는 사람은 없다'라는 그 말씀이 많이 도움이 되었어요. 그래서 다른 사람과의 관계에서 상대방이 날 무시하는 게 아니라 내가 그런 느낌이 드는 것뿐이야 하면서 마음을 다잡고, 포기하지 않고 표현해 보는 연습을 하는 거 같아요.

💬 변화의 원인에 대해 정리합니다.

상담자8: 그렇군요. 깨달은 후에도 이렇게 끊임없이 적용하는 게 쉽지 않은 과정인데 ○○ 씨는 정말 열심히 생활 속에서 연습하고 계십니다. 그럼 상담을 하면서 어떤 장면들이 혹시 이렇게 마음속에 남아 있을까요? 우리가 이 상담과정을 음미해 보면 좋을 거 같아요.

내담자8: 그 '난 뒷전이지'라는 감정이 정말 과거의 감정이구나 확실히 느끼게 된 계기가요. 제가 선생님 학회 가시느라고 상담을 2주 쉬었던 적이 있잖아요. 그리고 나서 제가 상담에서 피곤해하고 이야기를 잘 안 했을 때, 그때 선생님이랑 얘기 나눈 게 많이 남아요. 그때도 전 '난 뒷전이지'라는 감정이 많이 올라와서 선생님한테 삐졌던 거 같아요, 실은. 그래서 말도 안 하려고 했고. 근데 그 얘기를 터놓고 하기가 어려웠는데 얘기하고 나니깐 뭔가 가벼워지기도 하고, 정말 이 감정이 나한테 많이 있구나 깨닫게 된 거 같아요.

💬 변화의 과정에 대해 음미해 봅니다.

상담자9: 맞아요. 그때 얘기를 한 후에 ○○ 씨가 용기를 내셨지요.

💬 변화를 이끈 주도자가 내담자임을 강조합니다.

내담자9: 한강다리에서 선생님한테 전화한 것도 기억이 나요. 그때 큰 고비였었는데 선생님이 적극적으로 통화를 해 주시고 하셔서 든든했어요.

상담자10: 저도 그땐 마음이 철렁했어요. 그래도 그런 어려운 시간에 도움을 요청하는 것이 저는 용기 있다고 생각해요. 그런 시간도 보내고 지금 이렇게 웃을 수 있어서 참 좋네요. 또 기억나는 게 있을까요?

내담자10: 글쎄요. 그 정도…

상담자11: 전 ○○ 씨가 명절 때 서러운 그 감정을 얘기하셨던 게 짠하게 남아 있네요.

내담자11: 네, 맞아요. 그때도 가족들한테 뒷전인 느낌이었는데, 실

은 늘 내가 어렸을 때부터 뒷전에서 외롭게 살았다 하는
마음을 털어놓았어요. 선생님도 그때 뭔가 눈물이 글썽하
는 게 느껴졌고 제 외로움에 공감해 주시는 거 때문에 많
은 힘이 되었어요.

상담자12: 네. (침묵) 그럼 이제 상담을 종결하지만 우리 인생에서
100% 문제해결이란 없지요. 뭔가 아직 미진한 부분이 있
을 수도 있고, 뭔가 좀 더 해결하고 싶은 부분이 있을 수 있
는데 그런 부분이 있을까요?

내담자12: 음… 지금 가족이랑 시댁이랑은 좀 많이 편해진 거 같아
요. 그런데 아직 친정엄마나 친정 가족들에게 제 속 얘기
를 아직 못하고 있는 부분이 있어요.

상담자13: 친정 가족들에게 속 얘기를 하고 싶은데 용기가 좀 필요
한 거 같네요.

내담자13: 네. 맞아요. 좀 용기를 내서 해 보고 싶어요.

상담자14: 좀 어떻게 생각하면 용기를 낼 수 있을까요?

내담자14: 음… (침묵) 제가 여기 상담에서 배웠던 것, 내가 뒷전이
라는 생각 때문에 미리 포기한 게 있다, 그리고 미리 포기
하지 않고 내가 하고 싶은 이야기를 하면 다른 사람들은
거절하지 않는다. 거절해도 그리 큰일 아니다… 이런 부분
을 떠올리면서 엄마한테 제가 생활에서 겪었던 서운한 이
야기를 조금씩 해 보고 싶네요.

📧 앞으로 일어날 장애물을 예상, 혹은 종결 후의 또 다른 계획을 세우도
록 합니다.

상담자15: 네, 이미 잘 알고 계시네요. 그럼 마지막으로 이 상담을 끝내면서 아쉬운 점이 있을까요?

내담자15: 음. 아쉽다기보다 제가 상담이 끝나고 과연 어려운 일이 있을 때 혼자서도 잘 할 수 있을지. 그동안은 어려운 일이 있을 때 수요일 날 선생님 만나니깐… 하면서 좀 견딜 수 있었는데, 많이 좋아졌지만… 좀 막막해요. 다시 제가 그 감정에 쌓여서 사람들한테 화나고, 등지고, 제 표현은 안 하고… 그럴까 봐.

상담자16: 그래요. 걱정될 수 있을 거 같아요. 혹시 마음이 혼란스럽고 그럴 때 어떻게 하면 좋을까요?

내담자16: 글쎄요. 하긴 요즘에는 그렇게 하기는 해요. 어려운 일이 있을 때, 마음이 심란할 때 이 얘기를 선생님한테 하면 선생님은 이런 질문을 하겠지? 하면서 혼자 그 질문을 하고 또 답을 해 보기도 해요.

상담자17: 네. 스스로와의 대화를 그렇게 하면 도움이 되지요. 이렇게 상담을 하는 게 하나의 학습의 과정이기도 하지요. 그럼 그렇게 혼자 대화를 해 볼 수도 있고, 글을 쓰면서 정리해 보는 게 도움이 되는 분들도 있지요.

내담자17: 네, 맞아요. 일기를 꾸준히 써 보려구요. 그래도 상담이 끝나면 잘 지낼 수 있나 불안하긴 해요.

💬 종결에 대한 감정을 다루고, 상담 종결 이후에 어려울 때 대처하는 방법을 예상해 보도록 합니다.

상담자18: 네. 그럼 이렇게 해 보면 어떨까요? 두 달 후에 한 번 더

만나면서 혼자서도 잘 지내는지 한번 모니터링을 하는 시
간을 가지면서 점검도 해 보고, 그때 좀 더 노력해야 하는
부분이 있으면 무엇인지 검토해 보면 어떨까요?

내담자18: 네. 그거 도움이 되겠네요. 그렇게 하면 좋겠어요.

상담자19: 네, 그럼 두 달 후에 약속을 하지요.

내담자19: 네, 알겠습니다.

💬 추수상담을 약속합니다.

앞의 종결과정을 보면 상담을 성공적으로 끝내면서 단단히 다지
는 모습을 느낄 수가 있습니다. 그런데 모든 종결과정이 앞의 축어
록처럼 순탄한 과정으로 펼쳐지지 않습니다. 예를 들면, 종결할 때
지금까지 다룬 주제 외의 새로운 주제를 꺼내는 경우도 있고, 상담
성과가 분명 있음에도 불구하고 전혀 없다고 하는 경우도 있습니
다. 혹은 아예 종결 시간에 예고 없이 오지 않기도 합니다. 이는 종
결 시 나타나는 퇴행의 모습일 수 있습니다. 종결 시기는 상실과 분
리의 문제가 가장 두드러지게 나타날 수 있는 상황이므로 내담자
의 역동이 어떻게 표현되는지를 상기하면서 이를 다룰 수 있을 것
입니다. 따라서 종결에 대한 구조화를 하면서 내담자가 종결을 준
비하도록 하고, 종결에 대한 정서적 반응을 다루면서 상담자는 마
지막 상담시간까지도 의미 있게 작업을 하는 태도가 필요합니다.

5. 목표 달성 이전의 종결

한편 목표 달성 이전에 종결을 하게 되는 경우도 있습니다. 여기에는 여러 가지 이유가 있는데 첫째, 상담자의 이직이나 전직, 내담자의 이사 등의 환경적인 사정으로 종결하게 되는 경우가 있을 수 있습니다. 만일 이러한 상황 변화를 미리 알 수 있는 경우 내담자와 미리 상의하여 상담을 개시할지 다른 상담자와 상담을 시작하는 게 좋을지 등을 선택할 수 있도록 돕습니다. 갑작스럽게 조기 종결이 결정되는 경우에도 최대한 빨리 내담자와 상의하여 종결을 준비하도록 합니다. 상담의 목표가 달성되지 않고 중간에 종결하게 되는 것이기 때문에 이에 대한 정서적 반응을 충분히 다루며 상담 의뢰 가능성을 열어 두고 의뢰 필요성이 있을 때 다른 상담자에게 잘 연계될 수 있도록 돕는 것이 상담자의 책임입니다(이수정, 2007).

둘째, 내담자와 상담자의 목표가 불일치하여 상담이 중간에 중단될 수도 있습니다. 예를 들면, 내담자는 2~3회의 상담만으로 증상이 감소하여 편안함을 느끼면서 상담을 중단하고 싶을 수 있는데, 상담자는 증상의 심리적 원인을 좀 더 작업하는 것이 필요하다고 느낄 수 있습니다. 이때는 내담자의 변화와 변화 원인을 짚어 보고 재발 가능성의 감소를 위해 좀 더 상담을 하도록 안내할 수 있습니다(이수정, 2007).

셋째, 상담 중반에 자신의 진짜 어려움이 드러나거나 직면을 하는 것이 어려워 내담자가 종결을 원할 수 있습니다. 상담자는 이러한 자기노출의 어려움에 대해 충분히 논의를 해 봅니다(안이환,

1998).

마지막으로, 내담자가 상담자에게 이해받지 못한다고 느끼거나, 자신의 모습을 상담자에게 드러내기가 어려워서 내담자가 원치 않는 목표를 상담자가 목표로 잡는 경우, 상담자가 내담자의 문제에 압도되어 회피하려 하거나 무마시키려고 위안을 주는 경우에도 종결이 될 수 있을 것입니다.

내담자가 일방적으로 상담을 중단하고 싶다고 통보할 경우, 우선 종결 제안을 한 시점에서 바로 상담을 종결하는 것은 좋지 않으며 종결 작업의 시간을 확보하도록 하는 것이 중요합니다. 예를 들면, 내담자가 전화나 데스크에 종결을 원한다고 상담자에게 간접적으로 통보할 수도 있는데 이때는 이메일, 문자, 전화 등을 통해 연락하여 종결시간을 한 번 더 잡을 수 있도록 안내합니다. 종결시간이 확보되면 상담자는 내담자가 종결을 제안한 원인을 점검하고 평가하고 필요시에는 슈퍼비전을 받으면서 점검을 할 수도 있습니다. 종결 작업 시간을 얻게 되면 내담자가 종결을 하고자 하는 이유에 대해 파악하고자 합니다. 상담자는 내담자가 종결을 하고 싶은 이유를 잘 경청하면서 상담의 방향에 대해 의논해 봅니다. 상담자는 내담자의 종결 요구가 상담자에 대한 거절로 느껴져 방어적인 태도를 가질 수도 있는데, 내담자의 입장을 이해하고 공감하면서 종결에 대한 평가를 할 수 있어야 합니다. 혹시 내담자가 일방적으로 상담에 오지 않기로 결정했다고 하더라도 어쨌든 내담자가 종결을 원한다면 상담자의 의견을 제시하되 내담자의 뜻을 무리하게 반대하지 않고 존중함으로써 상담의 종결을 또 다른 실패로 갖고 가지 않도록 돕는 것이 필요합니다(신경진, 2010).

참고문헌

박태수, 고기홍(2008). 개인상담의 실제. 서울: 학지사.

신경진(2010). 상담의 과정과 대화기법. 서울: 학지사.

안이환(1998). 개인상담에서 최초면접과 상담의 중기, 종결 역동, 학생지도연구 18, 139-175.

이상희, 김계현 (1993). 상담회기 평가질문지의 타당화 연구. 한국심리학회지: 상담과 심리치료, 5(1), 30-47.

이수정(2007). 상담/심리의 주요 이론과 실제. 서울: 열린교육.

Stiles, W. B. (1980). Measurement of the impact of psychotherapy sessions. *Journal of Consulting and Clinical Psychology, 48,* 176-185.

부록

상담시간 평가질문지

이 질문지는 방금 마친 상담시간에 대하여 어떻게 느끼고 있는지를 알아보려는 것입니다. 각 문항마다 대조되는 단어가 쌍으로 제시되어 있습니다. 각 단어 쌍을 사용해서 이번 상담시간이 어떻게 느껴지는지, 그 정도를 가장 잘 나타내는 숫자에 동그라미표 하십시오.

날짜: 20〇〇년   월   일   ID: ＿＿＿＿＿＿＿＿

이번 상담시간은 ＿＿＿＿＿＿＿.

나빴다	1	2	3	4	5	6	7	좋았다
안전했다	1	2	3	4	5	6	7	위험했다 (−)
힘들었다	1	2	3	4	5	6	7	쉬웠다 S
가치 있었다	1	2	3	4	5	6	7	가치 없었다 D(−)
피상적이었다	1	2	3	4	5	6	7	깊이 있었다 D
마음 편했다	1	2	3	4	5	6	7	긴장되었다 S(−)
언짢았다	1	2	3	4	5	6	7	즐거웠다 S
가득 찼다	1	2	3	4	5	6	7	비었다 D(−)
약했다	1	2	3	4	5	6	7	강했다 D
특별했다	1	2	3	4	5	6	7	보통이었다 D(−)
거칠었다	1	2	3	4	5	6	7	매끄러웠다 S
편안했다	1	2	3	4	5	6	7	불편했다 S(−)

상담이 끝난 바로 지금 나는 (마음이) ＿＿＿＿＿＿＿.

기쁘다	1	2	3	4	5	6	7	슬프다 P(−)
속상하다	1	2	3	4	5	6	7	만족스럽다 P
생동감을 느낀다	1	2	3	4	5	6	7	덤덤하다 (−)
모호하다	1	2	3	4	5	6	7	분명하다 P
잔잔하다	1	2	3	4	5	6	7	흥분된다 A
자신 있다	1	2	3	4	5	6	7	두렵다 P(−)
깼다	1	2	3	4	5	6	7	졸린다 (−)
사람이 정답게 느껴진다	1	2	3	4	5	6	7	사람이 싫게 느껴진다 P(−)
느리다	1	2	3	4	5	6	7	빠르다 A
뜬다	1	2	3	4	5	6	7	고요하다 A(−)
몰입되어 있다	1	2	3	4	5	6	7	떠나 있다 (−)
조용하다	1	2	3	4	5	6	7	들뜬다 A(−)

S는 순조로움 문항, D는 깊이 문항, P는 긍정적 정서 문항, A는 각성도 문항, (−)문항은 긍정적인 쪽이 높은 점수가 되도록 바꿔 준다.

📖 찾아보기

내용

저자 소개

최명식(Choi, Myoung Sik)
연세대학교 심리학 박사, 상담심리사 1급
명심리상담연구소 소장

이경아(Lee, Kyung-Ah)
연세대학교 심리학 박사, 상담심리사 1급
연세대학교 심리상담센터 전임상담원

허재홍(Heo, Jaehong)
연세대학교 심리학 박사, 상담심리사 1급
경북대학교 심리학과 교수

박원주(Park, Wonju)
연세대학교 심리학 박사, 상담심리사 1급
한양사이버대학교 상담심리학과 교수

신혜린(Shin, Hae Lin)
연세대학교 심리학 박사, 상담심리사 1급
기연심리상담센터 대표

김민정(Kim, Minjeong)

연세대학교 심리학 박사, 상담심리사 1급

아주대학교 교육대학원 상담심리전공 교수

심은정(Shim, Eun Jung)

미국 바이올라대학교 임상심리학 박사, 상담심리사 1급

숭실대학교 베어드교양대학 교수

양현정(Yang, Hyunjung)

연세대학교 심리학 박사, 상담심리사 1급

연세대학교 학부대학 교수

신주연(Shin, Joo Yeon)

미국 콜로라도주립대학교 심리학 박사, 상담심리사 1급

인하대학교 교육대학원 상담심리전공 교수

유나현(Yoo, Nahyun)

연세대학교 심리학 박사, 상담심리사 1급

경성대학교 심리학과 교수

사례로 배우는 심리상담의 실제
Case Approach to Counseling and Psychotherapy

2020년 2월 28일 1판 1쇄 발행
2022년 1월 20일 1판 3쇄 발행

지은이 • 최명식 · 이경아 · 허재홍 · 박원주 · 신혜린
　　　　김민정 · 심은정 · 양현정 · 신주연 · 유나현
펴낸이 • 김 진 환
펴낸곳 • ㈜ **학지사**
　　　　04031 서울특별시 마포구 양화로 15길 20 마인드월드빌딩 5층
대표전화 • 02) 330-5114　　팩스 • 02) 324-2345
등록번호 • 제313-2006-000265호
홈페이지 • http://www.hakjisa.co.kr
페이스북 • https://www.facebook.com/hakjisabook

ISBN 978-89-997-2078-9 93180

정가 **14,000원**

이 도서의 국립중앙도서관 출판시도서목록(CIP)은 서지정보유통지원시스템
홈페이지(http://seoji.nl.go.kr)와 국가자료공동목록시스템(http://www.nl.go.kr/kolisnet)
에서 이용하실 수 있습니다.
(CIP제어번호: CIP2020008225)

출판 · 교육 · 미디어기업 **학지사**

간호보건의학출판 **학지사메디컬** www.hakjisamd.co.kr
심리검사연구소 **인싸이트** www.inpsyt.co.kr
학술논문서비스 **뉴논문** www.newnonmun.com
원격교육연수원 **카운피아** www.counpia.com